日本と世界の地域学

Regionology of Japan and World

奥野　一生

目次

【6】近畿地方の地誌 ……………………………………… 114

写真　目次 （写真はすべて筆者撮影）

地図　目次

※ 本書の授業での使用方法 ※

【2】〜【15】まで、各1週で半期14週分の内容となります。最初に「オリエンテーション」、または、最後に「まとめ」を加えて、15週目とすることができます。勿論、各週の内容に追加や取捨選択を適宜行ってください。

【2】〜【15】の各週の内容で、（1）〜（23）と区切って示した内容は、プレゼンテーションソフト「パワーポイント」での1シート（1コマ）を想定しています。したがって、説明の関係上、一部分、重複する内容構成となっています。本文から、ポイントとなる用語を画面上に示して、講義に使用することを想定しています。各週23シート（23コマ）としたのは、1シート（1コマ）を「科目名・今週のテーマ・連絡事項」用とし、計24シート（24コマ）を配布資料として、A4用紙1枚に6シート（6コマ）であれば4ページ（両面刷りで2枚）、4シート（4コマ）であれば6ページ（両面刷りで3枚）という設定に対応しています。学生の理解確認・フィードバック用に、「まとめ」と「考察」の項目を掲載しました。「意見・感想」の項目を加えて3項目とし、配布資料を配布する以外に、A4用紙1枚程度に「まとめ」「考察」「意見・感想」を記入し、毎週提出することを想定しています。

　また、それぞれの内容に関連した映像を組み合わせて、ご活用下さい。なお、通年開講の場合は、2週を1セットとし、1週を本書による講義、もう1週を「地誌（各地域）」をテーマとした学生のプレゼンテーション（スピーチ）や、アクティブ・ラーニング、ケース・スタディ、ケース・メソッドとする授業展開が考えられます。

【1】 はじめに

　小・中学校で「地理」を学び、「いつかは、日本各地へ」「いつかは、世界各地へ」と思った人は多いでしょう。それを実現して、旅行・留学、さらには居住された場合もあるでしょう。このような方々に、今一度、本書で「日本一周」「世界一周」というのもいかがでしょうか。また、小・中学校で「歴史」を学び、「いつかは日本史の舞台へ」「いつかは世界史の舞台へ」と思った人も多いでしょう。本書は、「教科書」として作成しましたが、「地理愛好家」「歴史愛好家」にも読んでいただけたらと思っています。

　松尾芭蕉の「夏草や兵どもが夢の跡」の句で代表されるように、歴史の舞台では、残念ながら「跡」が残るだけの場所も多いのです。紀行文『おくのほそ道』は17世紀末の作品ですが、すでに当時の平泉は、このような状況でした。そして、『おくのほそ道』当時と全く異なる景観の代表が、象潟です。象潟は、かつて松島と同様の多島海の風景でした。松島では「島々や　千々にくだきて　夏の海」と詠み、象潟では「象潟や　雨に西施が　ねぶの花」と詠みましたが、19世紀初頭の象潟地震で隆起、陸地化しました。ちなみに、象潟の近くで、19世紀後半に院内油田が開発されています。過去がよく残っているのが城と城下町とされますが、城の多くは明治期に取り壊され、戦後期に再建されたものがほとんどです。日本の奈良・京都・金沢・倉敷は第二次世界大戦中の空襲を免れた数少ない都市で、比較的古い景観が残り、有名観光地となっています。但し、倉敷美観地区は、昭和初期に倉敷川を半分埋め立て、蔵屋敷等を移築したものです。世界では、古代繁栄の地は、遺跡となっているところが多く、長安（西安）やアテネ・ローマのように、古代と現代が「同居」している都市もあります。ドイツの「古い」町並みは、第二次世界大戦で破壊されたのち、戦前と同様に再建されるという、いかにも「ドイツらしさ」を感じるところです。

　さて、高等学校の地理歴史科において、従来は「地理」が選択科目でした。したがって、かなり多くの人々は、高等学校で「地理」を学んでいないことが想定されます。せっかく、小・中学校で「地理」を学びながら、

　それが最後だった方々も多いと推察されます。しかし、長らく選択科目
だった「地理」が、「地理総合」として高校生全員が履修する必修科目と
なりました。グローバル化時代と長らく称されながら、遅きに失したとも
指摘されることがあります。必修化によって、高等学校地理歴史科（社会
科）教員は、「地理」が専門ではなくても、「地理総合」などの「地理」を
担当する可能性が高まることになったわけです。そのため、必然的に、大
学での高等学校地理歴史科教員免許状取得のための教科専門科目である地
理学科目（人文地理学・自然地理学・地誌学）が、従来以上に、高等学校地
理の内容を考慮して授業を行うべきとなり、受講生が高等学校で地理を担
当した場合に、どう指導するかという、この視点での内容が地理学科目で
必要となります。大学で、教職科目の地理学を担当する教員は、是非とも
この状況を考慮する必要があります。さらに、「地理」が選択科目の時代
は、「地理」を専門とする教員の採用が各都道府県で抑制された場合もあっ
たのですが、一転して、「地理」を担当できる教員の需要が高まる状況と
なり、この状況に対応した大学での地理学授業の充実、さらには高等学校
地理教員の養成が求められることとなっています。

　大学の地理学科目として「地誌学」が開講されている場合、多くは高等
学校地理歴史科教員免許取得の教職科目用です。その場合、文部科学省か
らは、教職科目である以上、特定の地域だけでなく、包括的に地域を取り
扱う内容で授業を行うことが求められています。ちなみに、高等学校で地
理の授業を担当する場合、特に大学受験科目とする生徒がいる場合は、大
学入学試験問題で幅広い地域が出題されるため、特定の地域にとどまらな
い、包括的な授業を行うとともに、各地域の自然と人文・社会事象すべて
を扱うのも当然となります。地形図読図やＧＩＳ、防災と地域づくりや地
域調査に関する大学入学試験問題で、日本の地域が出題されることもあり、
世界地誌のみならず、日本地誌も網羅しておく必要があります。大学入学
試験問題の指導を行う可能性がある場合は、是非ともこの点を、押さえて
おきたいところです。勿論、「地理総合」では、系統地理学の人文地理学で、
世界の事例として世界地誌的な取り扱いをすることがあるために、大学教
職科目の「地誌学」の重要性が相対的に増加したともいえます。

大学の授業では、一般的に、教員の「専門性」があって、細分化され
て専門的に深く扱うことが多く、限られた時間で包括的に扱う、すなわち
教職科目として精選するのは、意外と大変という、教授する側の課題があ
ります。また、大学の教員の場合は、圧倒的に系統地理学の一分野を専門
とする場合が多く、地誌学を第一の専門分野とすることは少ない状況です。
専門分野を提示する場合でも、系統地理学の研究でフィールドとした地域
を地誌学の専門分野（地域）とすることが多いのが実情です。

　そして、学生側からすると、小・中学校の地理学習は、地誌が中心で、
特に、日本地誌がかなりの割合を占めています。それに対して、高等学校
においては、系統地理を中心として学ばれ、世界がかなりの割合を占めて
います。その結果、生徒（現・学生）からすれば、中学校地理と高等学校
地理に大きな隔たりを感じることとなっています。また、高等学校地理歴
史科教員免許取得を目指して地理学を受講する学生が、本書刊行時では、
高校生時代に地理を履修していないことも多いという課題もあります。

　以上のような状況から、教授側と学生側ともに課題があり、文部科学省
の求める包括的な授業に対応し、限られた単位数（授業時間数）で教授で
きる「地誌学」の教科書が求められる所以でもあります。すなわち、「地
誌学」は、地理学の一分野であり、地理学は系統地理学（地理学と省略）
と地域地理学（地誌学）に二分され、地理学（系統地理学）は、地域での現
象の因果関係を空間的に解明する学問であり、例えば、自然環境と人間生
活の関係で、自然から自然地理学、人文から人文地理学としてアプローチ
することとなっています。そして、地誌学では、自然・政治・経済・文化
の相互関係を地域で考察するわけですが、考えてみれば、比較的短時間で
これらを扱うのは、相当の熟考を要します。学生の興味・関心も考慮する
必要があり、特に、大学卒業後に活躍すると予想される日本国内のみなら
ず、世界の各地域を学ぶことは、重要です。国内の、特に地方にあっては
地域振興と地域政策が強く求められており、海外にあってはグローバル
化に伴う留学および海外就労の機会が多く、「地誌学」を学ぶ重要性は高
まっていると考えられます。しかし、「包括的」と思われる大学用の教材
は、複数の著者による高価な書籍がほとんどで、一人の著者による包括的

で、一冊で教科書に使用できる比較的安価な書籍がないのが現状です。

　本書は、以上のような情勢を踏まえて、筆者の豊富な高等学校における地理指導の経験と、大学での地理学授業経験を踏まえ、包括的な内容を扱うとともに、学生の興味・関心と将来の必要性を考慮し、限られた紙面で、内容を厳選した、大学用の「地誌学」の教科書として企画したものです。教職科目としての「地誌学」は勿論、一般教養科目としても、使用できる構成となっています。具体的には、日本地誌と世界地誌、いずれもすべての地域を取り上げ、その地域区分も提示しました。特に、各地域については、自然（地形・気候など）と人文・社会（産業・都市など）、自然と人文・社会の相互関係の考察も含めることとし、また、各地域の課題も提示し、地域貢献にもつながる内容としました。さらに、学生の地域での実体験を促すとともに、旅行業務や通訳案内などの資格取得や実務上も必要となる、日本の各地域の比重を多くしました。半期の授業、例えば「地誌学概論」「地誌学総論」「地誌学総説」の授業で、あるいは一般教養科目の授業で、教職に役立つ・使える内容という学生の要望に対応しつつ、できるだけ網羅するならば、これらの項目になることは、必然と思われます。

　本書を使用した授業の受講生に対しては、以下のことを考えて受講していただきたい。

　まず、この授業がどのような人に役立つかです。勿論、高等学校地理歴史科教員免許状や中学校社会科免許状を取得して高等学校地理歴史科教員や中学校社会科教員を目指す人です。本書から、教材の精選、考え方、興味・関心を踏まえて、教育現場での授業構成に役立てていただきたい。また、地理学や地域学を専攻する場合、卒業論文でどこをフィールドとするかが、重要となります。選択したフィールドが学術論文等ですでに取り組まれていることもあり、現在では、ネット検索で過去の研究が検索できるので、まずはすでに取り組まれているかを確認しておきたい。特に、学会論文のみならず、学会発表がされている場合も多く、発表要旨集まで検索、さらには関連学会の学会誌や発表要旨集まで目を通しておきたい。例えば、島をフィールドとする場合、地理の学会のみならず、日本島嶼学会などです。意外と、すでに研究されていることが多く、「先行研究がある」

「重複している」「独自性がない」ということがないようにしたいところです。この『日本と世界の地域学』が、そのフィールド選択の参考になるよう、できるだけ多くの地域と内容を取り上げるようにしました。

　ついで、この授業は地誌だけでなく、地域考察という視点を重視しています。すなわち、地域を考える、特に、地域振興政策を是非とも考えていただきたい。日本は、国全体として、人口減少社会に入り、地方では、人口減少が特に深刻となっています。最新の国勢調査では、すでに都市部でも人口が減少しています。その大きな要因として、採算性の問題から、交通インフラなどが不便となって人口が減少、人口減少が交通利用者減少となって、更なる不便性の増大という、悪循環が生じています。その反面、地方でも、地域振興政策の結果、人口数に比べて交通の利便性が維持され、Uターンや I ターンなどの人口増加も見られる地域があります。ただし、地域間の競争が激しいのも事実です。地域にとって、基本的に求められるものを大切に、常に魅力ある地域を創出する努力が必要で、このことは、公務・公務員以外、地域密着型企業にも重要な事項となります。

　さらに、幅広く学ぶ必要性から、「網羅する」ことを重視し、幅広い項目を取り上げるとともに、「注目すべき分野」の考察、すなわち、「なぜ注目すべきなのか」「その理由や他の分野との相互関係・因果関係」も考えることとしました。勿論、各地域の歴史概観も取り上げており、歴史的地域形成を再確認するとともに、過去から現在、そして現在から未来を考察することも期待しています。

　筆者は、「地域学」を、「系統的地域学」と「地域的地域学」に区分、「地誌学」が「地域的地域学」です。「系統的地域学」については、『観光地域学』『自然地域学』『テーマパーク地域学』と「地域学シリーズ」を刊行しました。そこで、「地域的地域学」として、「地域学」を明確とし、「地域学シリーズ」の一環として、本書『日本と世界の地域学』を刊行した次第です。今日、大学において、「地域」を冠した学部・学科が多く設置されています。当然、社会の要請の高まりを反映しており、「地域学」が強く求められているということであり、そこから「地域学」の教科書が必要とされていることも事実で、その要望に応えられましたならば、幸いです。

【2】日本の地域区分

（1）日本の東西区分と愛知県

　名古屋・愛知県は、日本の東西区分で、「東」「西」のいずれでしょうか。中部地方や中京地区と称されますが、「中」「中間」であり、すなわち「間」の「境界」を示唆するということにも、注目したいところです。

　愛知県は、旧国名から、西部の「尾張」と東部の「三河」に区分され、かつては商業の「尾張」、農業の「三河」と、産業の差異により区分されました。「尾張」の国名（地名）の由来は、尾張までが「西国」であった、すなわち、西国の「おわり」であるところから、「尾張」となったのです。奈良・京都など、畿内に都があり、西国が日本の中心で「都会」であった時代、「尾張」までが西国で「都会」、尾張の東側に隣接する「三河」からが東国であり、「地方」の「はじまり」でした。したがって、愛知県は、かつて東西の境界が通過する地でした。では、尾張の「西」、三河の「東」以外に、東西の境界が中部地方のどこにあるかを、様々な事例で、考えてみましょう。

（2）日本の東西区分の代表的タイプ

　後述する東西区分の指標で具体的に示しますが、中部地方に、大きく３つの東西区分の境界があります。

　東西区分境界①は、中部地方でも、北陸は「西」、甲信越と東海は「東」というものです。東西区分の境界としては「最も西」のタイプで、食品や習慣で境界となり、例としては、日清食品どん兵衛、餅、カレー・肉じゃが、ところてん、トイレットペーパー、エスカレーターがあり、また、地名では西に多い「谷」、東に多い「沢」「谷」も例で、自然と言語習慣が影響しています。

　東西区分境界②は、中部地方の東海地方でも、愛知は「西」、静岡は「東」というものです。東西区分の境界としては「中間」のタイプです。食品でも比較的歴史が新しいもの、用品でも比較的使用の歴史が新しいものです。例としては、食パン、天津飯、酢だこ、灯油のポリタンクがあり、ま

た、中部地方でのコンビニの勢力圏（相対的多店舗による地域区分）境界も
あり、中部地方の西に多い「ファミリーマート」、東に多い「セブンイレ
ブン」も例です。「ファミリーマート」は、旧セゾングループ、現在は総
合商社伊藤忠商事の子会社、いずれも近江商人が源流です。「セブンイレ
ブン」は、イトーヨーカ堂が祖業、集中出店のドミナント戦略を採り、西
日本の店舗が比較的少ないのです。

　東西区分境界③は、中部地方の東海地方でも、愛知は「西」、静岡も大
部分は「西」、甲信越地方でも、長野県の大部分は「西」、新潟県の大部分
は「東」というものです。東西区分の境界としては「最も東」のタイプで
す。近代初期の状況が反映され、例としては、発電機の周波数があり、ま
た、地名では西に多い「本町（ほんまち）」と、東に多い「本町（ほんちょう）」も例で、行政と言語
習慣が影響しています。

　これらの東西区分境界は、太平洋側の東海地方では「東」「西」が異
なっていたりしますが、日本海側では、新潟県の糸魚川附近が境界という
点で大きくは共通しています。富山県と新潟県の境界には、飛騨山脈がす
ぐに海に落ちる断崖絶壁の海岸である「親不知」「子不知」があり、交通
の難所で、近代まで東西交流の困難さがあり、境界となったと考えられます。

（3）東西区分の指標①：日清食品「どん兵衛」

　食品ビジネスで、インスタント麺、特にカップ麺に注目、全国展開に
至って代表的銘柄になった事例を考えてみましょう。

　日清食品のカップ麺「どん兵衛」は、東西で味が異なります。これは、
基本的なだしの味、味の濃さ、つゆの色合い、これらの好みが東西で異な
り、どちらが好まれるかを検討して、境界線を導き出したもので、その境
界線は関ヶ原（岐阜県と滋賀県の県境）、製品には、「西」が「Ｗ」、「東」が「Ｅ」
の記号が印刷されています。その東西区分境界は、中部地方でも、北陸は
「西」、甲信越・東海は「東」、東西区分境界①の「最も西」のタイプです。

　日清食品は地域で「味」を変え、全国展開、代表的銘柄となりました。
その要因は、日清食品発祥の地である大阪が「味にうるさい」こととともに、
に、北大阪の会社であることが注目ポイントです。味の好みの違いが身近

にあることが影響していると考えられます。大阪から神戸・京都へ進出する際に、味の調整が必要となる課題に直面し、「鍛えられる」こととなるのです。勿論、多様な味の開発を認める柔軟性も重要な要因です。北大阪と東西区分の境界は、食品ビジネスなどの業界ビジネスにとって、重要な場所です。ちなみに、東京や名古屋の食品メーカーは、比較的単一の味が多く、関東の食品メーカーも含めて、「地元で愛される食品」があるものの、全国展開へは、味の好みの差異に直面することも多いのです。これは、外国発祥の食品も同様で、日本において、味を変えることによって、成功した事例があり、同じ銘柄でも、外国製の輸入品と国産の製品を比較して確かめることができます。

（4）東西区分の指標②：醤油・だし

　味の基本となるのが、日本では、「醤油」と「だし」です。それらを東西で考えてみましょう。

　醤油の生産量は、2020年（令和2年）で千葉県が37％、兵庫県が16％、両県で半分以上を生産しています。千葉県は、野田市のキッコーマン（旧・野田醤油）、銚子市のヤマサ醤油、兵庫県は、たつの市のヒガシマル醤油が有名な醤油メーカーで、スーパーによく置かれます。全国的には、これら大手メーカーの醤油が使われ、料理に合わせて使い分けられます。ただ、東日本では濃口（色が濃い）が、西日本では薄口（色が淡い）が、好まれる傾向にあり、薄口は、素材の色を活かすことから使用され、料理の見た目が「淡い色」にもかかわらず、しっかりとした「味」となっています。

　料理の「だし」をとる場合、鰹からとるか、昆布からとるかということも興味深い点です。関東では、かつお節が「おつゆ」の「だし」となり、関西では、昆布が「おだし」の中心で、「煮干し」や「かつお節」を加えることがあります。すなわち、昆布を中心として使用するかしないかで東西が分かれます。基本的には、東西の地質の違いによる水の違いと向き不向き、それに由来する味の違いが基本にあります。さらに、昆布入手の影響で、江戸期に蝦夷地（北海道）で生産の昆布は、日本海側の西廻り航路で運ばれ、途中、富山では昆布料理、敦賀ではとろろ昆布に加工、瀬戸内

海に入って大坂（大阪）で「だし」に使用、名物の「塩こんぶ」にも加工されました。反対に、関東の江戸、東北の太平洋側、東海地方ではあまり昆布が届かず、昆布を中心に使用しないこととなりました。

（5）東西区分の指標③：餅、カレー・肉じゃが

　日本では、餅は古来より食され、縁起物としても知られています。従来は、餅はついてすぐに食べるものであり、丸餅が主流でした。しかし、江戸期に切り餅が用いられるようになり、江戸から東北地方太平洋側や東海地方、高知や鹿児島に広まりました。一方、西廻り航路の影響で、近畿地方は勿論、東北地方日本海側から北陸・山陰、中国四国の瀬戸内海側では丸餅が主流です。東西区分の境界は、関ヶ原（岐阜県と滋賀県の県境）で、中部地方でも、北陸は「西」、甲信越東海は「東」、東西区分境界①の「最も西」のタイプです。しかし、1960年代に「パック餅」が登場、1980年代にはかなりの長期保存が可能となって、丸餅・切り餅の両者ともにスーパー等の店頭に並ぶこととなりました。

　カレー・肉じゃがは、西洋から導入された料理で、勿論、人気メニューです。いずれも、基本的には「肉」を入れますが、その肉は何でしょうか。関西では、「肉」といえば「牛肉」の事であり、「豚」の場合は、「豚まん」と称するように、「豚」を指しません。関東では、「豚肉」でも「肉まん」と称します。このように、関西では、カレー・肉じゃがで「牛肉」を使用するのが当たり前ですが、関東では「豚肉」をよく使用します。やはり、地質の差異、飼料の差異から、西日本で「牛」、東日本で「豚」、その飼育が比較的ですが盛んということが影響しています。東西区分の境界は、関ヶ原（岐阜県と滋賀県の県境）・三重県桑名市付近で、中部地方でも、北陸は「西」、甲信越東海は「東」、東西区分境界①の「最も西」のタイプです。

（6）東西区分の指標④：ところてん・トイレットペーパー

　ところてんは、奈良時代にはすでに食べられていたといわれ、庶民に普及したのは江戸時代です。関西では琉球産の黒砂糖が流通、比較的安価で

庶民にも手に入りやすく、ところてんに黒蜜をかけて食するようになりました。関東では、寿司に使われていた酢、蕎麦に使われていた醤油、この酢と醤油をかけて食べるのが「粋」として普及したようです。

　トイレットペーパーは、トイレの洋式化と水洗トイレの普及で、急速に使用量が増加しました。トイレットペーパーには「シングル」と「ダブル」があり、地方によって好みが微妙に違います。両者の差は僅かですが、北陸・近畿では「シングル」が、甲信越・東海では「ダブル」が好まれます。「シングル」はコストパフォーマンスから、「ダブル」は安定感から選ばれるとされます。東西区分の境界は、中部地方でも、北陸は「西」、甲信越東海は「東」、やはり東西区分境界①の「最も西」のタイプです。

（7）東西区分の指標⑤：エスカレーター左右のどちらを空ける？

　東西の習慣の違いとして、エスカレーターで、立ち止まって乗る場合、左を空けるか、右を空けるか、どちらを空けるかがあり、その境目はどこでしょうか。

　これをＪＲ東海道線の駅で確かめてみると、東京駅から垂井駅までが右をあける「東」タイプ、米原駅からが左を空ける「西」タイプです。ただし、名古屋でもホテルによって混在（両方のタイプ）もあり、また、九州・四国の都市で、東京の影響が強い都市では、「東」タイプもあります。実は、かつて、日本にエスカレーターが登場して以来、日本独自スタイルの右をあける「東」タイプが、全国的に主流でした。国際標準スタイルである左を空ける「西」タイプは、1970年（昭和45年）に、大阪の千里丘陵で日本万国博覧会が開催された際、「これを機会に、国際化を推進しよう、国際標準を採用しよう」という機運が高まり、大阪を中心に広まりました。すなわち、当時、大阪の影響圏だった地域に広まったということです。さらに、それを具体的に推進したのは、日本万国博覧会の会場への交通機関である阪急電鉄でした。当時、阪急梅田駅は地上乗り場から高架乗り場への移転中で、高架の阪急梅田駅のエスカレーター乗り場で、「立ち止まられる方は、（国際標準タイプの）左をあけましょう」と案内放送をされたのが、大きく影響したとされています。「国際化・国際標準」の一環で、あ

くまでもその一例がエスカレーターであったわけです。東西区分の境界は、関ヶ原（岐阜県と滋賀県の県境）で、中部地方でも、北陸は「西」、甲信越東海は「東」、東西区分境界①の「最も西」のタイプです。

（8）東西区分の指標⑥：食パン・天津飯

　食パンは、今日、朝食の定番として定着しています。もともとは、サンドイッチ用として８枚切りが製造されていましたが、単体でも食べられるように６枚切りへと厚さを増しました。パン屋さんでは、客の希望に応じて切る枚数を調整していました。関西では、さらにパン単体のおいしさを味わってもらおうと、関西のパン製造会社で５枚切りが登場、ホテルやモーニングを出す喫茶店で普及、関西では５枚切りが人気です。東西の境界は、飛驒山脈・木曽山脈で、北陸の富山と東海の岐阜・愛知より西が５枚切り、甲信越の新潟・長野と、東海の静岡より東が６枚切り、中部地方でも東海地方の東西で異なり、東西区分境界②の「中間」のタイプです。

　中華料理とされる天津飯は、実は、日本独特の中華料理で、中国にはなく、中国料理ではありません。このように、中華料理と中国料理は、厳密にいえば、別物です。この天津飯は、卵焼きの上の「あん」が、東西で異なります。すなわち、関西では卵焼きの上の「あん」は醬油色の茶色、関東では卵焼きの上の「あん」はケチャップ色の赤色、ではその境界はどこでしょうか。それは、愛知と静岡の県境に近い「浜名湖」です。浜名湖から東がケチャップの赤色、西が醬油の茶色です。これは、中華料理の料理人が、どこで修業したかによって、分かれるようです。ちなみに、静岡県の西部は旧国名で遠江は都から遠い湖（江）である浜名湖を指し、滋賀県は旧国名で近江は都から近い湖（江）である琵琶湖を指します。この天津飯から見れば、東海地方でも、愛知は「西」、静岡は「東」、中部地方でも東海地方の東西で異なり、東西区分境界②の「中間」のタイプです。

（9）東西区分の指標⑦：酢だこ・灯油のポリタンク

　酢だこは、関東では縁起物として「赤」で染められ、正月を中心に出されます。しかし、関西では、「たこ酢」あるいは「たこの酢の物（きゅうり

を添える）」で赤く染めませんが、比較的年中出されます。かつて、たこは、瀬戸内海を中心として、西日本でとれたことが影響、東日本では赤く染めて縁起物の季節商品として提供されました。ただ、現在はアフリカ大陸のモーリタニア沖産が多くなっています。その境界は、富山・岐阜・愛知より西が「たこ酢」、新潟・長野・静岡より東が「酢だこ」、となります。東海地方でも、愛知は「西」、静岡は「東」、中部地方でも東海地方の東西で異なり、東西区分境界②の「中間」のタイプです。

　灯油のポリタンクは、「練炭」「豆炭」から暖を取っていたところに、石油ストーブが登場、冬の必需品となりました。そのポリタンクの色は、「白以外を使用する」こととなっているのですが、東では「赤色」で「赤＝危険」という意味から使用されたとされますが、西では「青色」で、「青が染料として安価」ということから採用されたようです。東海地方でも、愛知は「西」、静岡は「東」、中部地方でも東海地方の東西で異なり、東西区分境界②の「中間」のタイプです。

（10）東西区分の指標⑧：電源周波数

　日本の各家庭に送電される電気は、交流ですが、その電源周波数（Ｈz・ヘルツ、50Ｈzと60Ｈz、交流で＋－が変化する）は、発電機によって東西で異なります。その境界は、どこでしょうか。

　50Ｈz（ヘルツ）が「東」で、北海道・東北・関東のすべてと中部地方の新潟県と山梨県、そして静岡県の富士川より東側です。60Ｈz（ヘルツ）が「西」で、九州・中国・四国・近畿・北陸のすべてと中部地方の長野県・岐阜県・愛知県、そして静岡県の富士川より西側です。したがって、富士川が境界となります。同じ静岡県内でも、かつては天竜川・大井川・富士川といった大きな河川に橋が少なく、大きな境界となったと考えられます。東海地方でも、愛知は「西」、静岡も大部分は「西」、甲信越地方の新潟・長野では一部混在で、中部地方でも東海地方の静岡の東部は「東」、甲信越地方でも新潟の西部は「西」、長野の西部は「東」と異なり、東西区分境界③の「最も東」のタイプです。

　東日本大震災発生時、原子力発電所の停止による東日本方面での電力不

足が発生しましたが、この周波数の違いによって、西日本方面から電力が直接供給できませんでした。周波数変換所もありましたが、能力はわずかで、今後に備えて、増備が必要とされています。

(11) 日本の電力会社の周波数と送電地域

　電力会社の周波数と送電区域を、具体的に見てみましょう。なお、発電所は、東京電力が東北電力管内の東北地方福島県に、関西電力が北陸電力管内の北陸地方富山県にと、周波数は同じながら送電区域以外に設置されて、各電力会社の送電区域に送電されていることがあります。

　北海道電力は、周波数が50Ｈｚで、北海道地方全域に送電されています。東北電力は、周波数が50Ｈｚで、東北地方（青森県・秋田県・岩手県・山形県・宮城県・福島県）全域と、中部地方の新潟県全域に送電されています。ただし、新潟県西部の糸魚川付近に60Ｈｚ地域があります。東京電力は、周波数が50Ｈｚで、関東地方（茨城県・栃木県・群馬県・埼玉県・東京都・千葉県・神奈川県）全域と、中部地方の山梨県全域および静岡県東部の富士川以東地域に送電されています。中部電力は、周波数が60Ｈｚで、中部地方の長野県・岐阜県・愛知県全域と、静岡県中西部の富士川以西地域、近畿地方の三重県全域に送電されています。ただし、長野県西部の松本周辺に50Ｈｚ地域があります。北陸電力は、周波数が60Ｈｚで、北陸地方（富山県・石川県・福井県）で、福井県は西部の若狭方面以外の地域に送電されている。関西電力は、周波数が60Ｈｚで、近畿地方（滋賀県・京都府・大阪府・兵庫県・和歌山県）と、三重県を除く全域と、北陸地方の福井県若狭方面に送電されています。中国電力は、周波数が60Ｈｚで、中国地方（鳥取県・島根県・岡山県・広島県・山口県）全域に送電されています。四国電力は、周波数が60Ｈｚで、四国地方（徳島県・香川県・愛媛県・高知県）全域に送電されています。九州電力は、周波数が60Ｈｚで、九州地方（福岡県・佐賀県・長崎県・大分県・宮崎県・鹿児島県）全域に送電されています。沖縄電力は、周波数が60Ｈｚで、沖縄県全域に送電されています。以上のように、地方区分を中心に周波数と送電区域が基本的に設定されていますが、中部地方方面では、隣接した電力会社の送電区域への送電や、一部

で50Ｈｚ地域となることもあります。

(12) 鉄道路線と電源周波数

　鉄道の電化路線には直流電化路線と交流電化路線があり、最初は直流電化でしたが、電化範囲の拡大により、1950年代の仙山線・北陸線で交流電化が始まり、以後は基本的に交流電化となりました。交流電化路線では、走行地域の電源周波数の影響を受けて、周波数が異なります。新幹線も、すべて交流電化です。なお、在来線で直流電化路線への車両乗り入れを考慮して、新規直流電化や、直流電化に変更された区間もあります。

　ＪＲ在来線で、交流電化されている区間では、周波数区分に従って各Ｈｚが用いられています。例えば、山陽本線下関駅から九州方面が60Ｈｚ、北陸本線敦賀駅（かつては北陸本線米原駅と田村駅間、湖西線近江塩津駅の先）から北陸方面が60Ｈｚ、東北本線黒磯駅から東北方面が50Ｈｚ、常磐線取手駅から茨城方面が50Ｈｚです。常磐線取手駅と、かなり東京寄りに境界があるのは、直流電化だと、茨城県にある地磁気観測所に影響を与えることが懸念されたとされています。水戸線も、分岐する栃木県小山駅から交流50Ｈｚ電化であり、つくばエクスプレスも、関東私鉄で唯一、交流50Ｈｚ電化です。このように、関東でも、茨城県だけはほとんどの区間が、九州や東北・北海道地方と同様の交流電化区間で、電気設備上は、地方路線規格ということとなります。なお、国鉄丸森線から転換した阿武隈急行も、交流50Ｈｚ電化です。

　新幹線は、東海道新幹線においては、60Ｈｚ区間の方が長いため、全線60Ｈｚ区間で、富士川以東においては、周波数を50Ｈｚから60Ｈｚに変換して供給しています。それ以降に開通した新幹線は、走行区間の周波数を採用しており、東北・上越新幹線は50Ｈｚ、山陽・九州新幹線は60Ｈｚです。走行区間が両方の周波数にまたがる北陸新幹線は、車両は両周波数に対応した車両を使用、軽井沢までが東京電力の送電区域で50Ｈｚ、軽井沢から上越妙高までが中部電力の送電区域で60Ｈｚ、上越妙高から糸魚川までが東北電力の送電区域で50Ｈｚ、糸魚川から金沢までが東北電力及び北陸電力の送電区域で60Ｈｚとなり、実に、３回も切り

替わり、近代期の発電機の影響が、現在の新幹線に影響を与えているわけです。

(13) 東西地域区分の原点：フォッサマグナ（大地溝帯）

　日本の東西区分を考える時、原点となるのが「フォッサマグナ（大地溝帯）」です。日本は、地帯構造上、北アメリカプレート上に位置する「東北日本」と、ユーラシアプレート上に位置する「西南日本」に区分され、その境界が「フォッサマグナ（大地溝帯）」です。1600万年前においては、深さ6000mの大きな溝の帯で本州は二つに分断されており、その大きな地溝帯のフォッサマグナに富士山をはじめ、多くの火山の噴火による溶岩や海流・河川が運んだ土砂が堆積して埋まり、陸続きとなりました。

　フォッサマグナの東西では地質が大きく異なる自然の境界となっていますが、特にフォッサマグナ西縁の糸魚川・静岡構造線が東西区分の自然の境界で、その東西で大きく地質構造が異なり、当然ながら水の性質が異なり、それに適する味覚など、東西の大きな差を生みだしました。なお、糸魚川には、フォッサマグナミュージアムがあります。

　また、糸魚川・静岡構造線の諏訪湖付近から、赤石山脈と伊那山地の間の断層谷（ゼロ地場で知られる分杭峠がある）を経て、愛知県豊橋に至っては、中央構造線（メジアンライン）の断層が走り、さらに伊勢湾から紀伊山地、紀伊水道から四国山地、豊後水道から九州山地、熊本県天草諸島から鹿児島県甑島列島の北側へと続きます。この中央構造線（メジアンライン）の北側が内帯、南側が外帯で、フォッサマグナ（大地溝帯）と共に、日本の自然の境界として、重要な境界線となっています。

(14) 日本の東西区分境界の推移

　フォッサマグナ（大地溝帯）の糸魚川（新潟県）〜長野県諏訪湖〜静岡構造線が、かつては明確な、東西の自然の境界でした。この糸魚川〜諏訪湖、諏訪湖から豊橋の中央構造線（メジアンライン）の境界が、前述した東西区分境界②と重複します。また、奈良・京都の都を中心として、上方の食生活や文化が、畿内・近畿地方へと広まり、近畿地方と東海地方との境界、

すなわち前述した東西区分境界①と重複します。さらに、近代当初に発電
機による電気が普及、西日本ではアメリカ製の発電機が、東日本ではドイ
ツ製の発電機が導入され、それぞれ電源周波数が異なることから、現在に
至りました。前述した東西区分境界③は、アメリカ製発電機の普及範囲と
重複することになります。

　明治期以降、東京と日本各地が交通の発達で交流が活発となり、特に東
海道線の全通によって東西区分境界が西方へ移動、中部地方の甲信越地方
が関東圏に入り、また、東海地方も「東」に入ってきます。さらに、現在
は「西」の影響が残っている北陸地方ですが、北陸新幹線の開通で、将来、
「東」に区分される可能性があり、結果、中部地方まで「東」、近畿地方か
ら「西」、中部地方と近畿地方の境界が東西の境界になりつつあります。

　以上のように、東西区分境界①から、自然の境界と一致する東西区分
境界②へ、さらに東西区分境界③へと東方へ移動しましたが、近代期に一
転して、西方へ移動方向が逆転し、東西区分境界③から東西区分境界②へ、
さらに東西区分境界①へと戻り、さらに「西」とされた北陸も「東」へと、
変化してきているわけです。まさしく、東西区分境界は動態的で「移動」
するということです。

(15) 三重県は近畿地方か東海地方か

　東西区分境界①は、近畿地方と東海地方の境界ですが、三重県が近畿地
方か東海地方かが、よく議論されます。三重県自体の見解は、近畿地方で
あり、東海地方でもあるとのことです。

　過去を振り返ってみると、東海道で、宮の宿（現在の愛知県熱田の宮）と
桑名宿（現在の三重県桑名市）の間は、道中で唯一の海路（七里の渡し）でした。
すなわち、熱田と桑名の間は海、木曽川・長良川・揖斐川の三河川に囲ま
れた中洲の輪中は島で、橋はかかっていませんでした。江戸時代、東海道
は、現在の愛知県と三重県の間は海を渡る、実質的には、海の向こうとい
う感覚で、海と同様の境界でした。昭和初期まで、木曽川・長良川・揖斐
川の３河川の架橋は少なく、大きな障害で、三重県は近畿地方で当然でし
た。1897 年（明治 30 年）に参宮線が山田（現・伊勢市）まで開通しますが、

亀山分岐で関西方面からの利便性を考慮した路線設定でした。1930 年（昭和 5 年）に大阪電気軌道・参宮急行電鉄（現・近畿日本鉄道）が大阪上本町〜山田（現・伊勢市）間を全通させて直通列車運転開始、松阪・伊勢市方面が大阪と直結されて、近畿地方としての結びつきが強化されました。

　1938 年（昭和 13 年）に関西急行（現・近畿日本鉄道）名古屋線開通で、ようやく名古屋との交流が活発化、県庁所在地「津」まで名古屋圏と称されることとなりましたが、名古屋から松阪・伊勢市へは伊勢中川駅（当初は江戸橋駅）での乗り換えが必要で、この状況は名古屋線が改軌される 1959 年（昭和 34 年）まで続きました。なお、ＪＲの関西線・伊勢鉄道線・参宮線を走行する「快速みえ」は 1990 年（平成 2 年）からの運行です。

　以上の鉄道交通事情から、近鉄山田線の松阪市・伊勢市は大阪圏、近鉄名古屋線の桑名市・四日市市・津市が名古屋圏、両者の境界は松阪市と津市の「雲出川」で、苗字分布でもこの「雲出川」が境界となっています。苗字は、婚姻圏・交流圏を反映するとされ、鉄道による交流圏の影響を示しています。なお、三重県南部の尾鷲・新宮方面は、かつては「紀伊」の国であり、林業が盛んで、和歌山県・奈良県と関係深く、架空索道で結ばれたこともありました。

(16) 南北区分の指標：気候

　日本の南北区分の指標としては、「北」の積雪地域・寒冷地域と、「南」の非積雪地域・非寒冷地域の区分があります。

　積雪地域・寒冷地域は、日本海側で、北海道・東北・甲信越・北陸・山陰地方であり、過去には「裏日本」の呼称がありましたが、現在では使用されていません。

　非積雪地域・非寒冷地域は、太平洋側で、関東・東海・近畿・山陽・四国・九州・沖縄地方であり、過去には「表日本」の呼称がありましたが、現在では使用されていません。

　積雪地域・寒冷地域と非積雪地域・非寒冷地域の境界は、本州においては山脈・山地が境界となります。「国境の長いトンネルを抜けると雪国であった」で知られる川端康成の『雪国』で有名な群馬県（関東）と新潟県（越

後）の越後山脈、関東と甲信（山梨県・長野県）の関東山地、長野県と静岡県の赤石山脈、山陰（鳥取県・島根県）と山陽（岡山県・広島県）の中国山地が、具体的な境界となる山脈・山地です。東海でも、岐阜県は山間部の飛騨、近畿でも日本海側の丹後（京都府）・但馬（兵庫県）が、積雪地域・寒冷地域となります。いずれも、山地で境界となりますが、滋賀県では湖北が積雪地域となり、平地で境界が現れる唯一の場所です。また、湖北に隣接する関ヶ原は山が低く、岐阜・名古屋に風雪が入ってくることがあります。

（17）日本の気候区分

日本の気候は、ケッペンの気候区分では、北海道が冷帯気候、本州・四国・九州・南西諸島が温帯気候です。さらに、日本国内は、年間降水量および降水季節によって、次の4つに気候区分されます。

太平洋岸気候は、降水が多く、夏季中心の降水で、北海道・本州・四国・九州の太平洋側、奄美・沖縄の各地域です。

日本海側気候は、降水が多く、冬季中心の降水で、北海道・本州の日本海側（西東北・北陸・山陰）の各地域です。

瀬戸内海式気候は、降水が少なく、晴天が多く、近畿・中国・四国・九州の瀬戸内海側の各地域です。

中央高地気候は、降水が少なく、寒冷で積雪もあり、北関東（栃木・群馬）・甲信（山梨・長野）・岐阜の各地域です。

（18）日本地域区分境界①：地形・気候

日本の地域区分の境界は、地形では、海・地質・山・河川が区分境界となります。四国と他の島の面積較差から、北海道・本州・四国・九州を四大島とし、海を区分境界として、北海道・本州・四国・九州に、地域区分されます。本州内では、地質差異となるフォッサマグナ（大地溝帯）で東西に地域区分され、また、山を区分境界として、東北地方と中部地方が越後山脈で、東北地方と関東地方が那須・八溝の山々で、関東地方と中部地方が関東山地で、近畿地方と中国地方が氷ノ山などの山々で、地域区分されます。山と河川を区分境界として、近畿地方と中部地方が伊吹山地・養

老山地・揖斐川・長良川・木曽川・鍋田川で、地域区分されます。河川が都府県区分の地域区分境界例は多いのですが、地方区分の地域区分境界例としては、近畿地方と中部地方の境界が唯一で、河川が果たした境界の重要性がわかります。その鍋田川は 1962 年（昭和 37 年）に締め切られて、三重県側と愛知県側が陸続きとなり、旧河川の平坦地が地方区分の地域区分境界の唯一の例となりました。なお、中央構造線（メジアンライン）でも、近畿を北中部と南部に、四国・九州も北部と南部に、地域区分されます。

　日本の地域区分の境界は、地形（主として山脈）の影響を受けた気候でも、区分境界となり、地域区分されます。本州における、日本海側・太平洋側・内陸地域の地域区分で、中部地方では甲信越・北陸・東海に地域区分、中国地方では山陰・山陽に地域区分、四国も瀬戸内海側と太平洋側に地域区分されることがあります。

(19) 日本地域区分境界②：歴史・交通

　日本の地域区分の境界は、歴史やそれに伴う交通の発達の影響を受けて、区分境界が誕生、変化が生じます。

　歴史では、関所の設置が大きな地域区分境界となりました。北海道・東北は開発の歴史が新しく、白河関（この関所より北を河北と称する）と勿来関（なこそのせき）で関東地方と東北地方以北が、地域区分されました。東海道は箱根関で関東（関所の東）と中部以西に地域区分され、不破関（ふわのせき）（関ヶ原）で中部と関西（関所の西）に地域区分されました。関所は、必ずしも自由に往来ができるわけではなく、交流の障害となり、地域区分の境界となったわけです。勿論、狭隘部（きょうあい）の峠など、僅かに通行が比較的容易な場所に街道が通じ、関所が設置されたわけです。

　明治期に入り、鉄道を中心とした交通の発達が交流を活発化させ、地域内の交流の活発化により、地域のまとまりが強化されました。それとともに、地域境界を越えた交通の発達が、地域境界を移動させることも生じています。特に、鉄道交通でも、ＪＲに分割される前の国鉄時代は、東京中心のダイヤ設定で列車が運行され、東京方面以外の地方路線では、比較的長編成ではありましたが、運転本数は比較的少なく、そのため、交流の

活発化は、運転本数が多い私鉄に依存することが多かったのです。関東各都県は、東武・西武・東急・小田急・京王帝都・京浜急行・京成の大手私鉄で、東京を中心として結びつき、近畿各府県は、近鉄・南海・京阪・阪急・阪神の大手私鉄で、大阪を中心として結びつくこととなりました。

　その一方で、関東から中部地方の静岡県や東北地方の福島県へと乗り入れる私鉄車両・路線が登場しました。小田急は 1955 年（昭和 30 年）に気動車で御殿場線経由、静岡県御殿場乗入、1968 年（昭和 43 年）御殿場線電化により S E 車（3000 形・Super Express）の特急車両に変更、1991 年（平成 3 年）R S E 車（20000 形・Resort Super Express）の特急車両で沼津まで延長、JR 東海も相互乗り入れ、2012 年（平成 24 年）M S E 車（60000 形・Multi Super Express）の特急車両に変更、御殿場までに短縮、J R 東海の相互乗り入れは廃止となりました。野岩鉄道は、1986 年（昭和 61 年）新藤原〜会津滝ノ原（現・会津高原尾瀬口）間開通、1990 年（平成 2 年）会津高原（現・会津高原尾瀬口）〜会津田島間電化、2017 年（平成 29 年）東武浅草〜会津田島間直通特急が運転開始されました。近畿からも、前述した近鉄名古屋線で中部地方の愛知県へと乗り入れる路線が登場しました。

(20) 日本地域区分境界③：新幹線開通とその影響

　地域区分を越えて、結びつきの強化に大きく影響したのが、新幹線の開通です。新幹線が与えた地域への影響は、大きいものがあります。

　1964 年（昭和 39 年）東海道新幹線東京〜新大阪間開通、東京〜名古屋・大阪間は日帰り圏となり、宿泊客が激減、飲食業も影響を受け、さらに並行する航空便も影響を受けました。その後、山陽新幹線・上越新幹線・東北新幹線・北陸新幹線・九州新幹線・北海道新幹線・西九州新幹線と開通、東海道新幹線開通と同様に、日帰り圏の拡大、宿泊業・飲食業への影響、航空便への影響も同様に生じました。なお、山形新幹線・秋田新幹線は在来線の改軌による新幹線車両の乗り入れのため、スピードは在来線と同等で、必ずしもフル規格新幹線と同じ影響が生じたとは言えません。

　新幹線開通の影響は、通勤時間を短縮させ、地域境界を越えた通勤圏の拡大となりました。東京への通勤圏の拡大としては、静岡県の三島駅・新

富士駅、東北新幹線の新白河駅からの通勤などが代表例で、関東地方を越えて、中部地方・東北地方からの通勤も可能となりました。

　また、大学入試にも、大きな影響を与えました。例えば、山陽新幹線博多開通・全通で、山陽地方のみならず、九州地方の高校生が京阪神の大学への進学が増加、東北新幹線開通で、東北地方の高校生が東京・関東の大学への進学が増加、九州新幹線の全通で、九州地方の受験生の福岡への進学増加等がありました。その一方で、都市部の高校生が地方の国立大学（現・国立大学法人）への進学という流れも大きくなり、大学によっては地元より地元外の出身者が多数を占めることとなったところもあります。その結果、地元大学から地元の教員へという流れが少なくなりました。

(21) 地域区分を超える結びつきの事例

　九州地方と中国地方では、山口県下関市が、関門海峡を越えて、北九州市小倉区との結びつきが強く、東京・大阪へは、一旦、小倉駅へ出てから「のぞみ」に乗車する方が便利となっています。

　中国地方と四国地方では、香川県坂出市・丸亀市は、瀬戸大橋を越えて、岡山市・倉敷市方面との結びつきが強くなり、香川県高松市が、四国内は勿論、香川県内でも中心性が低下しました。

　近畿地方と中国地方では、鳥取県鳥取市・倉吉市は、智頭急行線開通で、姫路・神戸・大阪方面との結びつきが強くなり、反対に、岡山市との結びつきが低下しました。

　近畿地方と四国地方では、徳島県徳島市・鳴門市は、鳴門海峡大橋・明石海峡大橋の開通で、神戸・大阪方面との結びつきが強くなり、実際、テレビも、関西方面と同様です。

　中部地方と近畿地方では、三重県桑名市・四日市市・津市等は、近鉄名古屋線・道路交通等によって、名古屋と強く結ばれ、三重県（北部）は東海地方との認識が強い状況です。

　関東地方と中部地方では、中部地方の甲信越は、関東地方との結びつきが強く、特に、山梨県は、関東地方ではないかとの認識が、山梨県内でも広がっています。

　関東地方と東北地方では、福島県白河市や南会津町は、栃木県と接し、東北新幹線新白河駅から東京方面への通勤客や、野岩鉄道開通とその後の会津鉄道接続区間の電化・直通化によって東京浅草への直通列車が運転開始され、東京方面との結びつきが強まりました。

　東北地方と北海道地方では、北海道函館市及び木古内町は、北海道新幹線の開通によって、新幹線で直接東京方面と結ばれ、徐々にですが、札幌志向よりは東京志向が高まっています。

(22) 日本の8地方区分：学校教育で使用

　明治以来の学校教育で用いられている、日本の8地方区分は、明治維新後の1871年（明治4年）の廃藩置県、その後の府道県の変遷後、1900年（明治33年）現在の府道県確定後に、使用が開始されたものです。すなわち、1904年（明治37年）の国定教科書『小学地理』に掲載されたもので、地方区分の代表的区分であり、現在に至るまで、よく用いられています。また、この行政区分は、100年以上が経過した現在でも、地方行政に大きな影響を与えています。したがって、地理学においても、この区分は重視する必要があります。

　具体的には、北海道地方（北海道）、東北地方（青森県・秋田県・岩手県・宮城県・山形県・福島県）、関東地方（東京都・神奈川県・埼玉県・千葉県・茨城県・栃木県・群馬県）、中部地方（山梨県・長野県・新潟県・静岡県・愛知県・岐阜県・富山県・石川県・福井県）、近畿地方（三重県・滋賀県・京都府・奈良県・和歌山県・大阪府・兵庫県）、中国地方（岡山県・広島県・山口県・鳥取県・島根県）、四国地方（香川県・愛媛県・徳島県・高知県）、九州地方（福岡県・佐賀県・長崎県・大分県・宮崎県・鹿児島県・沖縄県）、以上の8地方区分です。

(23) 本書での日本の地域区分

　本書では、8地方区分の地域区分を基礎として、以下のような地域区分で取り上げました。特に、南西諸島を一つの区分とするとともに、九州・中部・関東・東北はさらに地域区分を行うこととしました。具体的には、以下のとおりです。

南西諸島は、沖縄（沖縄）と、沖縄と関係深い奄美（鹿児島）、さらに薩南諸島を加えたものです。九州地方は、九州島とその周辺の島々を加えたもので、大きく南九州（鹿児島・熊本・宮崎県）と北九州（佐賀・長崎・大分・福岡）に区分しました。これは、中央構造線（メジアンライン）による地質構造の差異、それによる地形・資源・農業等の際を考慮しました。但し、奄美（鹿児島）と薩南諸島は南西諸島とし、除きました。中国・四国地方は、中国（山口・広島・岡山・島根・鳥取）と四国（高知・愛媛・徳島・香川）の地域区分です。近畿地方は、近畿（兵庫・大阪・京都・奈良・和歌山・三重）で、三重県は近畿地方としました。中部地方は、東海（岐阜・愛知・静岡）・甲信越（山梨・長野・新潟）・北陸（福井・石川・富山）の地域区分です。関東地方は、東京（東京）と、南関東（神奈川・千葉・埼玉）・北関東（群馬・栃木・茨城）の地域区分としました。東北地方は、南東北（福島・宮城・山形）・北東北（秋田・岩手・青森）の地域区分です。北海道地方は、全体としては北海道（北海道）ですが、さらに、道北・道東・道央・道南に地域区分しました。

「まとめ」：

　　日本の東西区分の指標には、何があるか。

　　フォッサマグナとは、何か。

　　日本の南北区分の指標には、何があるか。

「考察」：

　　地形で、海と山以外、川が地域区分の大きな指標となる理由は、何か。

　　歴史で、関所が地域区分の大きな指標となる理由は、何か。

　　交通で、私鉄が地域区分に大きな影響を与える理由は、何か。

写真1：七里の渡し　熱田　宮の宿（愛知県）

写真2：七里の渡し　桑名の宿（三重県）

写真3：白河関跡（福島県）

写真4：箱根関跡（神奈川県）

写真5：不破の関跡（岐阜県）

写真6：近江美濃両国境寝物語（滋賀県・岐阜県）

地図1：東西区分境界①〜③

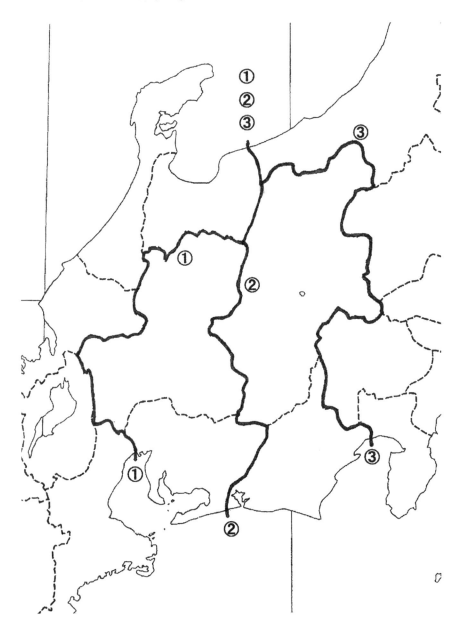

地図2：20万分の1輯製図「名古屋」明治27年修正

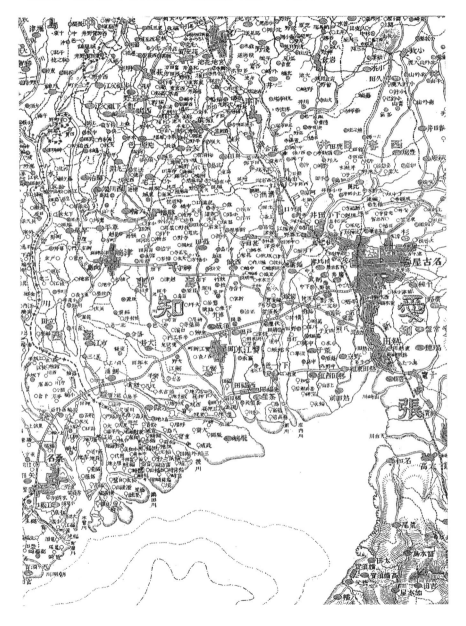

地図3：5万分の1地形図「市野瀬」「大河原」昭和27年応急修正
　　　中央構造線（メジアンライン）が通過する分杭峠
　　　V字型のラインは、赤穂駅（現・駒ヶ根駅）からの伊奈商事索道

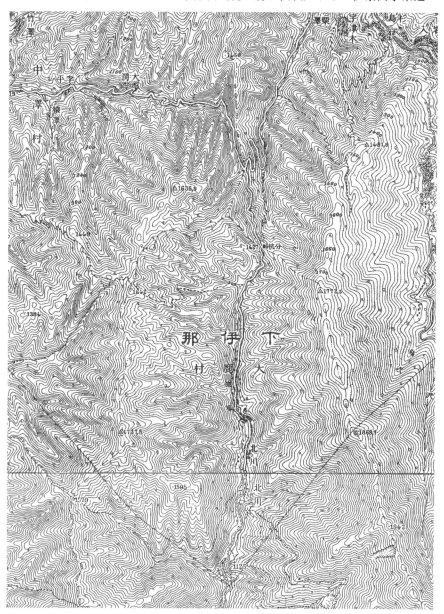

【3】 南西諸島の地誌

（1） 南西諸島

　南西諸島は、日本列島の南西に位置する島々で、行政区域では、鹿児島県の奄美群島（奄美大島・喜界島・徳之島・沖永良部島・与論島）と、沖縄県の沖縄本島・沖縄離島（沖縄本島周辺離島・大東諸島・先島諸島の宮古列島と八重山列島・尖閣諸島）で、ここではさらに薩南諸島も加えました。

　奄美群島と沖縄本島・沖縄離島は、現在、それぞれ鹿児島県と沖縄県と、行政区域の県が異なりますが、自然や歴史、文化、産業で、共通点が多いのです。自然では、地形でサンゴ礁地形の分布、気候で温帯だが亜熱帯性の気候が広がり、琉球王朝だった時代があって琉球王朝の文化が残ること、産業では、農業のサトウキビ栽培と肉牛飼育を中心とした畜産、昔ながらの風景を残す場所があり、リゾート開発によるリゾートホテルの立地などの観光化が進行していることなどです。1972年（昭和47年）の沖縄本土復帰まで、奄美群島の与論島が日本最南端（有人）でした。しかし、沖縄は本土への復帰で急速に経済が発展、奄美群島との格差が拡大しました。その要因としては、奄美群島が鹿児島県の一部に対して、沖縄本島・沖縄離島が、沖縄県として、一県を構成することも大きいのです。

（2） 沖縄県 （沖縄本島・沖縄離島）

　沖縄県（沖縄本島・沖縄離島）は、かつて15世紀半ばに成立した琉球王国で、日本と中国、両方と交易を行っていました。首里城は、両方と交易を行っていた象徴でした。江戸時代に薩摩藩が実質統治、明治時代の1872年（明治5年）に、琉球国を廃して琉球藩とした琉球処分が行われ、1879年（明治12年）に、琉球藩を廃して沖縄県が設置されました。

　沖縄県（沖縄本島・沖縄離島）は、1945年（昭和20年）の太平洋戦争終戦後、アメリカ合衆国が統治を行い、1972年（昭和47年）に、ようやく、沖縄が本土へ復帰しました。1975年（昭和50年）に、沖縄本島北部の本部町で沖縄海洋博覧会が開催されました。その跡地は、1976年（昭和51年）に国営沖縄海洋博覧会記念公園となり、1987年（昭和62年）に国営沖縄記念公園

海洋博覧会地区と改称され、2002年（平成14年）に現在の「美ら海水族館」が開館し、現在も人気の観光地となっています。ました。この沖縄海洋博覧会も契機となり、本土からの航空路線が多数開設され、本土からの航路も充実して豪華船が就航し、沖縄本島・離島もともに、多くのリゾートホテルも開設され、一躍、沖縄県は観光県となりました。

（3）沖縄本島と沖縄離島

　沖縄本島は、大きく中南部と北部に地域区分され、中南部は県庁所在地である那覇市が中心地、北部は名護市が中心地で、高速道路の沖縄自動車道が中南部と北部を結んでいます。

　沖縄離島は、広大な海域に点在しており、沖縄本島周辺離島は、沖縄本島北方に伊平屋島・野甫島・伊是名島・伊江島・古宇利島・水納島、西方に粟国島・渡嘉敷島・座間味島・阿嘉島・渡名喜島・久米島、東方に伊計島・宮城島・平安座島・浜比嘉島・津堅島・久高島、沖縄本周辺離島以外に、大東諸島（南大東島・北大東島）、宮古島諸島（宮古島・伊良部島・下地島・池間島・来間島・大神島・多良間島など）、八重山諸島（石垣島・西表島・与那国島・波照間島・竹富島・小浜島・黒島・新城島・鳩間島など）があり、古宇利島・伊計島・宮城島・平安座島・浜比嘉島は、現在、沖縄本島と架橋による道路で結ばれています。

　宮古島諸島と八重山諸島、沖縄本島周辺の慶良間諸島・久米島は、観光島が多い島々です。その一方、沖縄本島東方方面の大東諸島（南大東島・北大東島）や、沖縄本島北方の伊平屋島・伊是名島、西方の粟国島・渡名喜島などは、観光客がまだ少ない島々です。

（4）沖縄離島と航空交通

　沖縄離島へは、アメリカ統治下時代から、航空交通を発達させており、空港が開設され、航空路線も開設されました。現在、空港があり、定期航空路のある沖縄離島は、石垣島・宮古島・久米島・下地島・与那国島・南大東島・北大東島・多良間島で、石垣島（1979年ジェット化、以下同）・宮古島（1978年）・久米島（1997年）・下地島・与那国島（1999年）がジェッ

ト機対応空港です。現在、那覇からは、宮古島・下地島・石垣島・久米島・与那国島・北大東島・南大東島への航空路があり、また、石垣島・宮古島・下地島・久米島が東京から、石垣島・宮古島が名古屋・大阪から、石垣島が福岡からといった本土からの航空路線（季節便を含む）があって、那覇を経由せずに離島に直接向かえるため、観光に極めて便利です。

　現在、空港があるものの、定期航空路のない沖縄離島としては、慶良間諸島（外地島）・波照間島・粟国島などで、空港がない沖縄離島は、伊良部島・西表島・伊平屋島・渡名喜島などです。そのため、空港の有無、定期航空路の有無、那覇路線の有無、本土路線の有無によって、航空交通の利便性に大差があり、そのことによる格差が拡大しています。

（5）沖縄県の地形と気候

　沖縄県の地形は、石灰岩質のサンゴ礁地形が多く分布しています。サンゴ礁は海岸付近に分布する以外、島全体がサンゴ礁で、その隆起により、階段状の地形がみられることもあります。サンゴは建築用の材料としても利用され、石垣やセメント原料ともなります。また、石灰岩質に雨水が浸透して溶食され、カルスト地形の鍾乳洞も分布、観光にも活用されます。河川が少ないため、水不足となることもあり、特に離島では、かつては雨水の天水利用でしたが、南大東島や北大東島などでは、海水淡水化装置の設置により、水不足が解消された事例もあります。宮古島では、地下にダムが設置されました。ただ、水が貴重だった名残から、宿泊施設においては、浴槽が設置されていない、シャワーだけの民宿もあります。

　沖縄県の気候は、ケッペンの気候区分では温帯ですが、比較的温暖で雨量が多く、その特色から、亜熱帯性気候といっていい状況です。その位置から、台風が毎年、夏から秋にかけて襲来します。そのため、沖縄本島とともに、特に南方に位置する、宮古諸島や八重山群島などの先島諸島では、航空便が休航になることも多く、旅行には注意が必要となります。

（6）沖縄県の人口

　沖縄県は、継続して人口が増加しています。1970年（昭和45年）〜

2015年（平成27年）の人口増加率は52%で、地方県では異例の高率であり、大都市近郊の人口が増加している住宅都市並の水準です。人口増加率が高い理由は、出生率が比較的高いこと、すなわち自然増加率の高さにあります。その自然増加率の高さを支えているのが、若年人口率の高さです。地方県では、若者が大都市へ移動するため、若年人口率は低くなりがちです。それに対して、沖縄県は、地方県としては本土大都市への移動が比較的少なく、中学校や高等学校卒業後も、沖縄県内にとどまることも多く、また、本土の大都市へ進学・就職で移動しても、その後に沖縄県に戻ってくることが多いということも、若年人口率の高さに影響しています。

　沖縄県は、かつて平均寿命が長いことで有名でした。1985年（昭和50年）では、沖縄県が女性・男性ともに都道府県順位で47都道府県中、第一位でした。しかし、その後の伝統的な食生活が変化するなどの生活変化も大きくあり、2020年（令和2年）の平均寿命は都道府県順位で47都道府県中、沖縄県の女性は16位、沖縄県の男性は43位と、急激に低下しました。

（7）沖縄本島①

　沖縄本島は、中南部と北部に大きく分かれ、中南部の中心である那覇市（人口約31万人：2022年）と、北部の中心である名護市（人口約6万人：2022年）の間は高速道路で結ばれており、その沿線の恩納村（人口約1万人：2022年）などの西海岸にはリゾート地があります。中南部の都市としては、糸満市（人口約6万人：2022年）・豊見城市（人口約7万人：2022年）・浦添市（人口約12万人：2022年）・宜野湾市（人口約10万人：2022年）・沖縄市（人口約14万人：2022年）・うるま市（人口約13万人：2022年）等があり、中南部の都市は、すべて、人口が増加しています。しかし、北部の名護市以外の、本部半島及び国頭方面の町村地域は、標高400m以上の山頂を持つ山々が連なり、高速道路・都市はなく、名護市に隣接した本部町（人口約1万人：2022年）を含めて、すべて人口が減少しています。

　沖縄県に多くある米軍基地は、沖縄本島南部では返還が進んでいるものの、沖縄本島中北部には多く残っています。特に、嘉手納基地・普天間基地が大きい基地の代表です。ちなみに、普天間基地の移転先とされる辺野

古は、沖縄本島北部の南端に位置します。

（8）沖縄本島②

　沖縄本島の史跡と観光としては、まず、那覇の国際通りと首里城があります。国際通りは、那覇の中心繁華街で、戦前は後背湿地帯、戦後に那覇の中心地として急発展、その長さから「奇跡の一マイル」と称され、観光シーズンには多くの観光客でにぎわいます。首里城は丘の上にあり、戦後に琉球大学が置かれ、その移転後に、1992年（平成4年）正殿が復元されましたが、2019年（令和元年）正殿が焼失しました。2026年（令和8年）の完成を目指して再建工事中です。2003年（平成15年）に沖縄都市モノレール（愛称：ゆいレール）那覇空港駅〜首里駅間が開通して便利となり、2019年（令和元年）首里駅〜てだこ浦西駅間が延長開通しました。

　沖縄本島南部には、聖地の斎場御嶽があり、最も有名な御嶽です。ひめゆりの塔は、ひめゆり部隊の最期の地で、周辺には摩文仁の丘などの南部戦跡が広がっています。

　沖縄本島中部には、通称「安保の丘」と称される、嘉手納基地を遠望できる丘があり、西海岸の恩納村には、リゾートホテルが立ち並んでいます。沖縄本島北部の本部には、国営沖縄記念公園海洋博覧会地区に美ら海水族館があり、巨大水槽が人気となっています。

（9）沖縄離島

　沖縄離島では、八重山諸島に石垣島（石垣市・人口約5万人：2022年）があり、人口が増加している離島の代表です。しかし、沖縄本島周辺離島では、沖縄本島へ移住する傾向があり、八重山諸島の離島では、石垣島へ移住傾向があり、また、石垣島では、さらに本土からの移住者も加わって、石垣島が人口増加することとなっています。その人口増加の要因には、前述したように、東京・大阪・名古屋・福岡からの定期航空便があって航空交通の利便性が高く、そのために観光客の来訪が多く、さらに観光業が発展していることが大きく影響しています。

　沖縄離島の産業は、かつてサトウキビ栽培の農業が中心でした。現在で

は、観光業と畜産業が増加しています。離島の交通は、前述の航空交通以外に、石垣島から周辺離島などへ、高速船が就航している例もあり、那覇からは、渡嘉敷島や座間味島・阿嘉島へ高速船が就航しています。このように航空交通や高速船就航などの交通状況が、観光客数に影響、当然、観光業の盛衰にも関係、それが人口増減にも影響しています。このように、沖縄離島では、離島間格差がみられますが、それは交通や観光の取り組みの影響が大きいと指摘できます。

(10) 大東諸島：南大東島・北大東島・沖大東島

　沖縄本島の東方300kmに位置する、大東諸島の南大東島（南大東村・人口約1,200人：2022年）・北大東島（北大東村・人口約600人：2022年）は、かつて無人島、1900年（明治33年）に、東京都八丈島からの開拓で、南大東島・北大東島の両島が有人島となりました。

　沖縄本島が位置する西南日本のユーラシアプレートと異なり、フィリピン海プレートに位置する南大東島・北大東島・沖大東島は洋島で、2000mの海底からそそり立つ、世界的にも極めて珍しい、隆起サンゴ礁の島々です。位置的に近海で台風が発生、そのため勢力を維持した台風が常に襲来する地で、その台風の波の力で「微小地震」が発生します。

　南大東島は、広大なサトウキビ畑が広がり、農家一戸当たりの平均耕地面積も広大です。また、地下にはカルスト地形の鍾乳洞が発達しており、星野洞が有名です。北大東島は、最初、燐鉱石採掘で開拓され、のちに、サトウキビ栽培が中心となり、また、早くに出荷できるジャガイモ栽培も行われています。沖大東島は、別名・ラサ島、ラサ工業発祥の地、戦前は、燐鉱石を採掘、戦後は無人島で、米軍の射爆場となっています。

(11) 伊平屋島・伊是名島・伊江島

　沖縄本島の北方には、伊平屋島・野甫島（伊平屋村・人口約1千人：2022年）・伊是名島（伊是名村・人口約1千人：2022年）・伊江島（伊江村・人口約4千人：2022年）があり、伊平屋島・伊是名島へは運天港から、伊江島へは本部港からフェリーが就航しています。

　伊平屋島は細長く、標高200mの山が連なり、観光客は少なく、昔なが
らの沖縄の風景が残っています。伊平屋島と橋で結ばれた野甫島は、伊是
名島への不定期の渡船があります。サトウキビや米の栽培、モズクの養殖
が行われ、念頭平松などの松の木があります。

　伊是名島は丸く、最高峰の山も120m程度で、伊平屋島と極めて対照的
です。展望台や農場の圃場整備が進み、サトウキビ栽培、モズクの養殖が
行われています。場外離着場が設置され、那覇との不定期便が就航したこ
ともありましたが、定期航空路はありません。

　伊江島は、最高峰である標高172mの城山（タッチュー）がシンボルです。
島の半分以上が米軍演習場となっています。飛行場があり、沖縄海洋博覧
会時に不定期便が就航しましたが、定期航空路はありません。サトウキビ
栽培、花卉（かき）や葉タバコの栽培が行われています。

(12) 久米島・渡名喜島・慶良間諸島

　沖縄本島の西方には、久米島・渡名喜島・慶良間諸島（渡嘉敷島・座間
味島・阿嘉島・慶留間島・外地島など）が位置します。渡名喜島以外は、観光
客の来訪が多い島々です。

　久米島（久米島町・人口約7千人：2022年）は、島名どおり、かつては米
の栽培が盛んでした。現在は、サトウキビ栽培と車エビ養殖が中心です。
また、イーフビーチにはリゾートホテルが並び、架橋島の奥武島（おう）には「畳
岩」（柱状節理）があり、沖には「はての浜」の砂浜が海の中に延びていま
す。渡名喜島（渡名喜村・人口約3百人：2022年）は、昔ながらの沖縄の風
景を残す島です。渡嘉敷島（渡嘉敷村・人口約7百人：2022年）には、1972
年（昭和47年）に国立沖縄青年の家（現・国立沖縄青少年交流の家）が開設
され、体験学習を中心とした観光の島となっています。座間味村（人口約
9百人：2022年）の座間味島は、ダイビングなどのマリンスポーツが体験
でき、民宿・ペンションが多い観光の島で、阿嘉島も座間味島と同様、ダ
イビングの観光の島です。阿嘉島は慶留間島と架橋、さらに慶留間島と架
橋の外地島には「ケラマ空港」（場外離着場）がありますが、現在、定期航
空路はありません。

（13）宮古列島：宮古島・池間島・大神島・来間島・伊良部島・下地島・
　　　多良間島・水納島

　宮古諸島には、宮古島市（人口約5万人：2022年）の宮古島・池間島・大神島・来間島・伊良部島・下地島と、多良間村（人口約1千人：2022年）の多良間島・水納島があります。宮古諸島の中心は宮古島で、宮古島の最高峰は標高109mの野原岳、全島平坦、トライアスロン大会は有名で、1998年（平成10年）完成の地下ダムの設置により、水不足が解消されました。サトウキビ栽培の農業と共に、リゾート観光地としても知られ、美しい与那覇前浜には、1984年（昭和59年）開設の宮古島東急ホテル＆リゾーツがあります。また、1996年（平成8年）うえのドイツ文化村にドイツのライン川畔のマルクスブルグ城を再現しました。

　池間島・来間島・伊良部島は、宮古島と架橋され、池間島はカツオ漁の漁業の島、来間島はサトウキビ・葉タバコの農業の島、伊良部島はカツオ漁の漁業の島、伊良部島と架橋された下地島には、1979年（昭和54年）に3000m滑走路のパイロット訓練飛行場が建設され、2019年（平成31年）に新ターミナルを開設、本土方面への定期航空路が再開されました。

　多良間島は、楕円形の平坦なサンゴ礁島、サトウキビ栽培と肉牛飼育が行われ、宮古島から航空便とフェリー航路があります。

（14）八重山列島①：石垣島・竹富島・小浜島・黒島・新城島

　八重山諸島の中心である石垣島は、かつてサトウキビ栽培とウナギ養殖が盛んな島でしたが、現在は観光と畜産（石垣牛飼育）が大きく発展、大規模なリゾートホテルが建ち並ぶ観光の島に変貌、石垣港から周辺離島へは高速船が就航、周辺離島航路の発着拠点ともなっています。2013年（平成25年）に空港が移転して新石垣空港が開港、那覇や与那国への航空便以外に、東京・大阪・名古屋・福岡への直行便が就航、離島としては極めて航空利便性が高い状況です。

　石垣島周辺には、竹富町（人口約4千人：2022年）の島々である竹富島・小浜島・黒島・西表島・波照間島があり、役場は、それぞれの島への航路発着地の石垣市内にあります。竹富島は、昔ながらの沖縄の家並みが残る

観光島、石垣島から僅か 10 分で到着します。小浜島は、サトウキビ・米の栽培の農業島から、1979 年（昭和 54 年）開設のリゾートホテル「はいむるぶし」がある観光の島となり、テレビドラマ「ちゅらさん」の舞台ともなりました。黒島は、島の最高峰が標高 11 m の平坦なハート形の島で、島全体で肉牛飼育が行われています。新城島は、定期船はありませんが、やはり島全体で肉牛飼育が行われています。

(15) 八重山列島②：西表島・波照間島・与那国島

西表島は、石垣島・宮古島より広く、沖縄本島に次ぐ面積の島で、全島に亜熱帯原生林が広がり、かつては農業の島でしたが、急速に観光の島へと変貌しています。ただし、石垣島からの日帰りツアーによる観光客が多く、西表島自体に宿泊する観光客は少ない状況です。カンピレーの滝、マリユドゥの滝、ピナイサーラの滝、星砂の浜などがあります。

波照間島は、有人島では日本最南端の島、楕円形で、平坦なサトウキビ栽培の島です。島の周辺は波が荒いため、船で来島する場合は揺れることがあるために観光客は少なめですが、レンタサイクルで走るのにちょうどよく、島の周遊など、のんびり過ごせます。

与那国島（与那国町・人口約 2 千人：2022 年）は、日本最西端の島、台湾との国境の島で、サトウキビ栽培と肉牛飼育、カジキマグロで有名な農業と漁業の島ですが、人工的な海底遺跡とも見えるような海底地形があり、近年、ダイビング観光など、観光客も多く訪れるようになりました。那覇空港と石垣空港から、定期航空便があり、テレビドラマ「Dr. コトー診療所」ロケ地で知られ、撮影に使用の診療所セットが残っています。

(16) 沖縄の課題

沖縄の課題としては、地域格差の問題があります。県内格差としては、沖縄本島と沖縄離島間、沖縄本島内では中南部と北部間、沖縄本島周辺離島と宮古諸島・八重山群島間、沖縄離島間では、観光離島と非観光離島間での、交通問題を含めた地域格差があります。地域格差と関連して、産業偏在では、沖縄県ではかつて圧倒的にサトウキビ栽培を中心とした農業就

業者が多かったのですが、農業でもサトウキビ栽培から肉牛飼育の畜産業への移行、観光開発による観光業が発達しました。そのため、農業地域と観光業地域との地域格差、サトウキビ栽培などの工芸作物栽培地域と畜産業地域の地域格差があります。その地域格差が、人口移動の要因となり、人口増加地域と人口減少地域を生み出すこととなっています。

　沖縄県は、工業製品などを本土からの移入しているため、相対的に価格が高く、沖縄離島ではさらに高くなります。また、観光業は、本土の景気に左右されることもあります。沖縄県は、米軍基地が多く、基地問題の解消に基地の返還は進んではいますが、まだ広大な基地が残っています。より一層の基地縮小や移転が、求められるところです。

(17)　奄美群島（鹿児島県）①：歴史

　奄美群島は、かつて15世紀半ばに成立した琉球王国の一部でしたが、江戸時代の17世紀に薩摩藩が、琉球王国から割譲（かつじょう）によって直轄地とし、各地に役人を派遣して統治、サトウキビ栽培を奨励して生産が増加しました。1871年（明治4年）に廃藩置県で薩摩藩から鹿児島県となり、1945年（昭和20年）の太平洋戦争終戦後はアメリカ合衆国が統治した時期があり、1953年（昭和28年）に奄美群島が本土復帰を果たしました。奄美群島が、戦後の一時期、アメリカ合衆国に統治されていたことは、意外と知られていません。

　本土復帰後の戦後復興期と高度経済成長期の約20年間は、日本最南端ということで、観光客がようやく増加し始めた時期であったのですが、1972年（昭和47年）に沖縄が本土復帰を果たし、沖縄県が一気に本土からの人気観光地となり、相対的に奄美群島の観光客は減少することとなりました。やはり要因で大きかったのは、航空便の不便性が継続していることで、ジェット化対応空港は、1980年（昭和55年）の徳之島空港、1988年（昭和63年）の奄美空港のみで、喜界空港・沖永良部空港・与論空港は、まだ、ジェット化未対応です。

(18) 奄美群島（鹿児島県）②：産業

　奄美大島は、奄美群島の中心、その中心は名瀬市です。大島紬の生産で有名であり、そのため、第一次産業の農業が有名な他の島々と比べて、第二次産業比率が比較的高い状況にあります。加計呂麻島との間ではマグロの養殖が行われ、与路島・請島は、牛・豚の畜産が盛んです。

　喜界島は、ユーラシアプレートとフィリピン海プレートの境界である南西諸島海溝に近く、そのため隆起量が多い隆起サンゴ礁の台地状地形となっています。徳之島は、サトウキビ栽培と肉牛の畜産が盛んな農業島で、闘牛でも知られており、長寿世界一だった泉重千代さんなど長寿の島としても有名、出生率も比較的高い島です。沖永良部島は、花の栽培が盛んで、昇龍洞や水連洞など、美しい鍾乳洞でも有名です。与論島は、かつて日本最南端の離島として観光の島でしたが、現在は肉牛飼育が盛んです。

　奄美群島の共通している産業は、サトウキビ栽培と、奄美群島のみ特別許可の黒糖焼酎生産があり、各島に代表的銘柄があります。また、沖縄離島と同様に、畜産が増加していますが、島によって差異があり、観光も含めて、産業による地域格差が顕著になっています。

(19) 奄美群島（鹿児島県）③：奄美大島・加計呂麻島・与路島・請島・
　　　　徳之島・沖永良部島・喜界島・与論島

　奄美大島は、奄美市（人口約4万人：2022年）・龍郷町（人口約6千人：2022年）・大和村（人口約1千人：2022年）・宇検村（人口約2千人：2022年）・瀬戸内町（人口約8千人：2022年）に分かれ、加計呂麻島・与路島・請島は、瀬戸内町です。徳之島は、徳之島町（人口約1万人：2022年）・天城町（人口約5千人：2022年）・伊仙町（人口約6千人：2022年）の1島3町、沖永良部島は、和泊町（人口約6千人：2022年）・知名町（人口約6千人：2022年）の1島2町です。喜界島は喜界町（人口約6千人：2022年）、与論島は与論町（人口約5千人：2022年）と1島1町ですが、喜界島と与論島に1島1町以外の奄美大島・徳之島・沖永良部島は1島1市町村ではなく、平成の大合併でも島内自治体の合併は行われていません。

　日本の離島全体を見ると、佐渡島・隠岐島島後・壱岐島・対馬島・福

江島・屋久島・宮古島は、島内の自治体が合併、佐渡島・壱岐島・対馬島は佐渡市・壱岐市・対馬市となって１島１市、隠岐島島後は隠岐の島町となって１島１町、福江島は下五島で合併して五島市、屋久島と口永良部島は屋久島町の２島１町、宮古島と周辺離島で宮古島市となりました。

(20) 奄美群島（鹿児島県）の課題

　奄美群島の課題としては、行政の問題があります。行政問題は、奄美群島が鹿児島県の一部のため、県政レベルの施策に困難性が伴うということです。さらに、前述したように、同一島内に複数の行政体（自治体）があり、まずは島内で施策をまとめる必要があります。

　奄美群島の産業問題は、まだ農業が中心で、沖縄県と比べて、観光化が比較的進んでいません。勿論、その分、昔ながらの奄美が残っているということでもあり、それが沖縄と異なって魅力ともいえます。また、沖縄県と同様ですが、本土に多くの物資を依存しており、比較的物価が高くなります。それと関連しますが、交通問題では、航路体系が長年にわたって変化がなく、貨物主体の船舶就航が継続、所要時間も大きな変化がありません。就航船舶の大型化・高速化を行って輸送の効率化を進め、輸送経費の節減も求められるところです。前述したように、航空路のジェット化は進んでおらず、ジェット化対応空港でも、季節運航など、ジェット機就航は限られた路線・季節のみで輸送力に限界があり、さらに本土からの直行便も少なく、鹿児島空港で乗り換えが必要となる場合も多くあります。

(21) 薩南諸島①：種子島

　種子島は、鹿児島県で、奄美・沖縄と同様に農業のサトウキビ栽培が盛んです。また、サツマイモ栽培発祥の地で、いも焼酎も生産されています。最近では、とても甘い「安納芋」が「焼き芋用」として有名となっています。島内は、行政体（自治体）の西之表市（人口約１万人：2022 年）・中種子町（人口約７千人：2022 年）・南種子町（人口約５千人：2022 年）に分かれており、国主導で進められた平成の大合併でも、合併しませんでした。

　種子島は、歴史的には、鉄砲伝来の地として知られており、以前から

砂鉄を産出していたところから、鉄器製造の歴史があり、まさに鉄砲製造には最適の場所に伝来、種子島銃を生産、現在では、種子島はさみを生産、和裁用のはさみとして有名です。種子島宇宙センターがあり、ロケットの発射時には大勢の観光客が訪れる、「鉄砲とロケットの島」です。

　種子島へは、鹿児島港から西之表港へ、フェリーと超高速船のジェットフォイルが就航、鹿児島空港から種子島空港（中種子町）へ飛行機が就航、2006年（平成18年）に移転でジェット化対応空港となりましたが、ジェット機就航は臨時便・季節便に限定されます。

（22）薩南諸島②：屋久島・口永良部島

　屋久島と口永良部島は、鹿児島県で、屋久島は1993年（平成5年）世界自然遺産に登録されて、一躍有名となり、観光客が急増しました。縄文杉、ウィルソン株、屋久杉ランド、白谷雲水峡と、屋久杉世界遺産センター・屋久杉自然館などの屋久杉に関する観光施設があります。宮之浦岳は、九州最高峰で、洋上アルプスと称され、雨が多く、麓が晴れても、山中は雨であることが多い気象で、登山には、専門家の同行が求められます。

　かつては屋久杉伐採の林業が中心産業で、最盛期の1960年（昭和35年）には人口が2万4千人と現在の2倍でした。2007年（平成19年）に屋久島島内の自治体が合併、屋久島町（人口約1万1千人：2022年）が誕生、口永良部島は噴火することがある活火山島です。

　屋久島へは、種子島と同様、鹿児島港より宮之浦港へ、フェリーと超高速船のジェットフォイルが就航しており、屋久島空港へは、鹿児島・福岡・大阪より飛行機が就航、滑走路を延長したジェット化が予定されており、東京方面からの直行便就航が期待されます。

（23）薩南諸島③：三島村・十島村

　九州本土と屋久島の間に三島村（人口約4百人：2022年）の島々（竹島・黒島・硫黄島）が、屋久島と奄美大島の間に十島村（人口約7百人：2022年）の島々（口之島・中之島・諏訪之瀬島・悪石島・宝島・小宝島）があり、三島村・十島村ともに、村役場は鹿児島市内です。

竹島は筍栽培と肉牛飼育、黒島はシイタケ・筍栽培と肉牛飼育、硫黄島は火山島で、かつて硫黄を採掘、温泉があり、1973年（昭和48年）にヤマハリゾートがリゾート施設と共に薩摩硫黄島飛行場を開設、リゾートの島となりましたが、施設は閉鎖、1994年（平成6年）に村営飛行場となり、2014年（平成26年）より鹿児島空港からのチャーター便があります。

口之島・中之島・諏訪之瀬島は火山島、特に諏訪之瀬島は活動が活発、宝島・小宝島は隆起サンゴ礁の島、霧島・桜島から続く火山島と奄美・沖縄から続くサンゴ礁島との接点に位置、産業は肉牛飼育の畜産が中心です。諏訪之瀬島には、1975年（昭和50年）ヤマハリゾートが諏訪之瀬島飛行場開設、1983年（昭和58年）運用停止、2022年（令和4年）諏訪之瀬島場外離着陸場新ターミナル開設、鹿児島空港からのチャーター便があります。

「まとめ」：
　南西諸島とは、どこか。
　沖縄の課題は、何か。
　奄美の課題は、何か。

「考察」：
　沖縄で航空交通が発達している理由は、何か。
　沖縄の産業とその発達理由は、何か。
　奄美の課題の発生理由は、何か。

写真7：日本最西端の地　与那国島（沖縄県）

写真8：日本最南端の碑＜有人島＞　波照間島（沖縄県）

写真 9 ：南大東島地方気象台（沖縄県）

写真 10：長寿世界一泉重千代翁像　徳之島（鹿児島県）

地図4：5万分の1地形図「那覇」大正10年測図

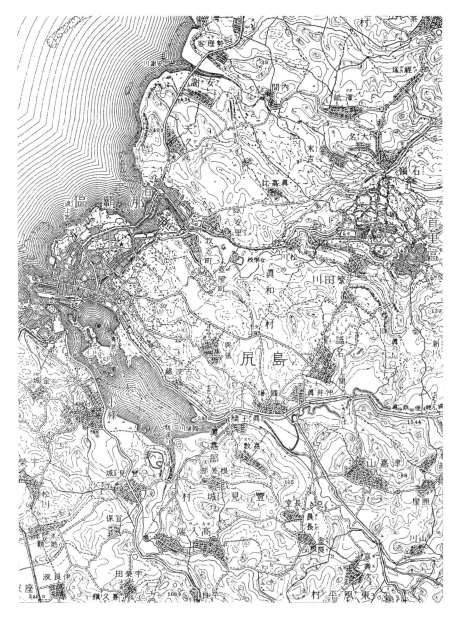

【4】 南九州・北九州地方の地誌

（1） 九州は「ひとつ」「ふたつ」？

　九州の中心は、「福岡県」「福岡市」、そして「博多駅」が鉄道交通の中心駅です。1889 年（明治 22 年）に福岡市が誕生、同年に博多駅（当時は私鉄の九州鉄道）が開設され、市名と中心駅名が異なります。

「北九州」3 県の県庁所在地である佐賀（佐賀県）・長崎（長崎県）・大分（大分県）へは、「博多駅」から在来線特急で 2 時間前後、佐賀（佐賀県）と大分（大分県）へは直通特急があり、長崎（長崎県）にも直通特急がありましたが、2022 年（令和 4 年）西九州新幹線開業で、途中の武雄温泉乗り換えとなりましたが、所要時間はさらに短縮されました。

「南九州」3 県の内、2 県の県庁所在地の熊本（熊本県）・鹿児島（鹿児島県）へは、「博多駅」から 2011 年（平成 23 年）全通の九州新幹線で、1 時間前後となりました。「南九州」3 県の内、県庁所在地の宮崎（宮崎県）へは、航空以外の最短所要時間ルートは、九州新幹線新八代駅乗り換えの高速バスで 3 時間以上かかります。このように、宮崎だけが相対的に所要時間が長い状況です。かつての「北九州」と「南九州」の区分が、「宮崎以外」と「宮崎」の区分にと、交通状況から地域区分されることとなりました。

（2） 宮崎から考える：その 1

　1941 年（昭和 16 年）に太平洋戦争が開戦、軍事輸送の必要性から、1942 年（昭和 17 年）に関門海底鉄道トンネルが開通、それまで下関（山口県）と門司（福岡県）間は鉄道連絡船でしたが、本州と九州間が鉄道で直接つながりました。1945 年（昭和 20 年）に太平洋戦争が終戦、それにともない多くの若い男性が戦場から復員、結婚が多くなるとともに、1947 年（昭和 22 年）～ 1949 年（昭和 24 年）は「ベビーブーム」と称される、以前と比べて格段に出生率が高い・出生数が多い年となり、その後は少し低下しましたが、今日と比べれば、出生率が高い状況がしばらくは続きました。

　戦後、進駐軍統治時代に東京～佐世保間等の進駐軍専用直通列車が運行され、1956 年（昭和 31 年）には特急あさかぜ運転開始、以後、東京～九州

間の直通列車が数多く運行されました。1960年（昭和35年）に昭和天皇第
五皇女が結婚、新婚旅行で宮崎県青島等を訪れ、大きく報道されたことが
契機となり、ベビーブーム世代の新婚旅行先として宮崎が大人気で、1970
年代まで「フェニックスハネムーンブーム」と称されました。勿論、宮崎
も、いち早く観光地化を推進し、沿道にヤシ並木を整備するなど、「南国
ムード」を盛り上げたことも、大きく貢献しています。

（3）宮崎から考える：その2

　九州の空港では、幹線空港である福岡空港が、1961年（昭和36年）ジェッ
ト化、勿論、九州の空港で最初です。ついで、宮崎空港が、1966年（昭
和41年）ジェット化、全国の地方空港でも最初で、ジェット化はスピード
アップのみならず、輸送人員の増加と就航率の向上になり、前述の「フェ
ニックスハネムーンブーム」を支えました。しかし、1970年代に入ると、
熊本空港と大分空港が1971年（昭和46年）移転によるジェット化、鹿児
島空港が1972年（昭和47年）移転によるジェット化、長崎空港が1975年
（昭和50年）移転によるジェット化と、いずれも移転によって長い滑走路
を有する空港となり、移転しなかった宮崎空港の優位性がなくなりました。
ジェット化とともに、大型化に滑走路の延長が必要であったわけです。

　2011年（平成23年）の九州新幹線全通により、福岡〜鹿児島間の航空便
は大幅減少、現在（2023年）の九州島内航空は、福岡〜鹿児島が1便、福
岡〜宮崎が13便で、「宮崎は、福岡から飛行機で行く場所」、すなわち九
州でもっとも遠い場所、もっとも「不便？」という位置づけとなり、「宮
崎以外」と「宮崎」の地域区分が、明確となりました。

（4）宮崎から考える：その3

　2004年（平成6年）に九州新幹線新八代〜鹿児島中央間が開通、この区
間は在来線の鹿児島本線でもカーブが多い区間で、時間短縮効果が大きく、
新八代乗り換えですが、博多〜鹿児島間が一気に便利となり、九州新幹線
全通も見えてきました。「宮崎が、九州で、取り残される？」というわけです。
そこで、「宮崎をどげんかせんといかん！」というわけで、東国原英夫氏

が宮崎県知事を目指すこととなりました。ちなみに、東国原英夫氏は、宮崎県都城市の出身、都城は薩摩藩の私領であったのが、明治の廃藩置県後、宮崎県になった地です。

　2007 年（平成 9 年）に東国原英夫氏は、宮崎県知事に立候補して当選しました。宮崎県庁舎には東国原英夫氏の写真パネルが設置されるなど、「観光名所」となり、代表的農産物の「マンゴー」も有名となりました。新幹線計画のない宮崎県の交通改善に、高速道路整備を推進しました。2011 年（平成 13 年）に九州新幹線が全通、鹿児島が博多から 1 時間台となり、「宮崎が取り残されたことが決定的に？」となりました。同年、東国原英夫氏は任期満了に伴い、宮崎県知事を退任しました。その後は、宮崎県の交通は、ほぼ現状維持が継続しています。

（5）北九州と南九州の自然と資源

　九州の中央を、中央構造線（メジアンライン）が東西に通過しています。中央構造線（メジアンライン）は断層で、熊本地震などの活断層型地震の発生につながる場所です。その北側は内帯、南側は外帯と称され、南北で地質が大きく異なります。中央構造線付近には、世界一のカルデラ火山である阿蘇山（熊本県）があり、温泉が多数噴出しています。中央構造線（メジアンライン）に沿ったすぐ南側には石灰岩層が続き、その位置にある石灰石産出地の津久見（大分県）は日本有数の石灰石の産地でセメント工業が発達、八代（熊本県）にも石灰石産地がありました。石灰岩地域には、カルスト地形が発達、大分県には風連鍾乳洞、小半（おながら）鍾乳洞、熊本県には球泉洞などの鍾乳洞があり、観光地となっています。

　中央構造線の北側が北九州で、火山が少なく、海岸線は入り組み、漁港に向くため水産業が盛んで、地下資源は、石炭を産出します。但し、現在は炭鉱がすべて閉山となりました。

　中央構造線の南側が南九州で、火山が多く、海岸線は比較的単調で、比較的肥沃な土壌であるために農業が盛ん、地下資源は金鉱石を産出、現在も採掘を継続しています。

（6） 九州の地理的位置と歴史的出来事

　九州は日本の西端であるため、古代にあっては中国大陸との交流があり、邪馬台国九州説では、日本の中心であったとも言われています。すなわち、古代においては、九州は遣隋使・遣唐使の出発点であり、長崎県福江島や鹿児島県坊津は、出港・入港地として有名です。中世においては、博多が日宋貿易の中心地で、平家の繁栄をもたらし、鎌倉時代の元襲来の元寇も北九州の地でした。室町時代の日明貿易（勘合貿易・朝貢貿易）も、博多や坊津、五島福江島が経由地です。近世に入り、西の五島列島・平戸島と東の西彼杵半島の三角形の頂点に位置する長崎県平戸に商館が置かれ、のちに長崎の出島がオランダを中心とした海外貿易地となり、また長崎県対馬では、対馬藩宗氏が朝鮮半島と交易を行っていました。

　近代（明治）においては、中国南部では石炭を産出しないことから、福岡県大牟田の三池炭鉱の石炭を中国へ輸出、かわりに中国大冶（ターイエ）の鉄鉱石を輸入、福岡県北部の筑豊地方でも石炭を産出、北九州の八幡に製鉄所が立地しました。このように、古代から近代まで、九州の地理的位置が歴史的出来事と、大きく関係していました。

（7） 近世（江戸時代）から近代（明治時代）へ

　九州が、近世（江戸時代）から近代（明治時代）の時代に、与えた影響を考えてみましょう。

　肥前は、現在の長崎県と佐賀県で、長崎出島での海外交易は、鉄砲・大砲等の最先端の武器入手が容易であったということにつながります。また、肥前は、長崎の高島炭鉱など石炭を多く産出する地であり、幕末期から明治期にかけては、石炭は蒸気船の燃料と製鉄用に重要な資源でした。このように、肥前藩は、交易と資源の有利性を併せ持つ藩でした。

　薩摩は、現在の鹿児島県で、江戸期には琉球（沖縄）を支配、琉球では中国との交易を行うとともに、サトウキビを栽培し、黒糖を生産、当時は、黒糖は貴重品でした。また、地元で金を産出、また火山で硫黄（火薬原料となる）採掘、硫黄は中国（火山がない）へ輸出していました。薩摩藩も、交易と資源の有利性を併せ持つ藩だったのです。

このように、九州の肥前・薩摩は、海外交易と重要な資源を産出しており、財源が豊かで最先端の武器を購入することができました。四大雄藩である薩長土肥（薩摩・長州・土佐・肥前）の内、半数の二藩が九州の藩で、明治維新へとつながることになります。

（8）北九州の地形と資源・産業

　北九州の入り組んだ海岸線と多い島が、水産業と造船工業を発展させました。また、北九州では石炭を産出、鉄鉱石を輸入して八幡製鉄所が立地、石炭化学工業も立地しました。筑豊炭田があった福岡県は、飯塚の嘉穂劇場等で流行の芸能が上演され、芸能人を多く輩出、代表は、タモリ・井上陽水・武田鉄矢、芸能レポーターの井上公造氏などです。

　北九州での優良炭鉱経営によって、政商から財閥へと企業を発展させた経営者が輩出されました。すなわち、長崎の高島炭鉱経営の三菱は、海運・重工業へ、福岡県大牟田の三池炭鉱経営の三井は、商業・化学工業へと、企業グループが展開・発展しました。近代以降の産業発展を担った財閥・企業グループである三菱・三井の発祥の地が北九州で、これらを含めて、明治日本の産業革命遺産が、2015 年（平成 27 年）に世界遺産に登録されました。北九州に製鉄所と造船所が立地、広島に原爆が投下された後、次の目標となったのは八幡製鉄所のある小倉でした。しかし、当日は小倉付近が視界不良で、急遽、第一目標であった小倉から、長崎造船所のある第二目標の長崎に変更され、原爆が投下されることとなりました。

（9）九州の中心で工業県・元炭鉱県、福岡県

　福岡市（人口約 160 万：2022 年）は、県庁所在地で、福岡県のみならず、九州の中心都市、国の出先などの行政機関や大学も多く立地しています。久留米市（人口約 30 万人：2022 年）は、県中部の中心都市で、靴製造などの化学工業（ゴム工業）が立地、大牟田市（人口約 11 万人：2022 年）は、県南部の中心都市で、三池炭鉱から発展した化学工業が立地しています。西日本鉄道は、福岡～久留米～大牟田間のこれら 3 都市を結んでいます。

　北九州市（人口約 92 万人：2022 年）は、1963 年（昭和 38 年）に門司・八

幡・小倉・戸畑・若松の各市が合併して誕生、100万人都市となりました。北九州工業地域の中心で、代表的工業は重工業（製鉄）です。日本三大カルストの平尾台があり、石灰石からのセメント工業も立地しています。

　飯塚市（人口約12万人：2022年）は、炭鉱が多く存在した筑豊地域の中心都市で、嘉穂劇場、旧・伊藤伝右衛門邸があり、篠栗線の飯塚直通により、福岡市との結びつきが強まっています。太宰府市（人口約7万人：2022年）は、太宰府天満宮で有名な都市ですが、大宰府政庁跡もあり、「令和」ゆかりの坂本八幡宮があって、全国からの来訪者があります。

(10) 日本海と有明海に面する、佐賀県

　佐賀市（人口約23万人：2022年）は、佐賀県の県庁所在地、街中にはクリーク（水路）が張り巡らされ、1998年（平成10年）佐賀空港が有明海の干拓地に開港、有明海では、ムツゴロウやノリの養殖などの漁業が行われています。佐賀県の唐津線沿いにはかつて多久市（人口約2万人：2022年）など、炭鉱都市が多く存在、松浦川河口の唐津市（人口約11万人：2022年）は日本海に面した港湾都市、かつては石炭の積み出し港、唐津城とともに、虹の松原の景勝地があります。佐賀県西部の伊万里市（人口約5万人：2022年）は、伊万里焼（焼き物）、有田町（人口約2万人：2022年）は、有田焼と、焼き物の産地として知られています。

　鳥栖市（人口約7万人：2022年）は、鹿児島本線と長崎本線の分岐駅である鳥栖駅がある交通都市、九州新幹線新鳥栖駅も設置されました。2022年（令和4年）西九州新幹線武雄温泉～長崎間開通、武雄市（人口約5万人：2022年）の武雄温泉駅が在来線と新幹線の乗換駅、嬉野市（人口約3万人：2022年）に新幹線の嬉野温泉駅開設、鹿島市（人口約3万人：2022年）は、舞台づくりの社殿がある祐徳稲荷神社があり、三大稲荷の一つです。

(11) 一村一品運動と温泉県、大分県

　大分市（人口約47万人：2022年）は、県庁所在地で工業都市、佐賀関は、ブランド魚の「関サバ」「関アジ」で有名です。別府市（人口約11万人：2022年）は、温泉観光都市で、古くから瀬戸内海航路の九州側の港、大阪

から「フェリーさんふらわあ」が就航しています。由布市（人口約3万人：2022年）も、人気の温泉観光都市で、博多から特急ゆふいんの森が運行、日田市（人口約6万人：2022年）はかつて天領で木材の集散地、旧・大山町は「梅栗植えてハワイに行こう」と提唱、農家の収益向上に貢献、大分県の「一村一品運動」の原点となり、人気アニメ「進撃の巨人」の作者である諫山創氏の出身地で、実家が梅農家です。日田駅前や大山ダムには、「進撃の巨人」キャラクター等身大銅像が設置されています。

　中津市（人口約8万人：2022年）は、景勝地耶馬渓があり、菊池寛の『恩讐の彼方に』のモデルとなった青の洞門が残る。宇佐市（人口約5万人：2022年）は、八幡宮総本宮の宇佐神宮があり、豊後高田市（人口約2万人：2022年）は、昭和の町並みが残ります。竹田市（人口約2万人：2022年）は、名曲「荒城の月」の岡城があり、作曲家・瀧廉太郎記念館もあります。

（12）半島と離島の観光県、長崎県

　長崎市（人口約40万人：2022年）は、県庁所在地で、出島やグラバー邸などの史跡がある代表的観光都市、造船工業都市、端島（軍艦島）は世界遺産登録で一躍有名となりました。佐世保市（人口約24万人：2022年）は、戦前期は軍港、戦後は造船工業都市、1992年（平成4年）ハウステンボス（ＨＴＢ）開園で代表的観光都市となり、博多から特急が運行されています。

　諫早市（人口約13万人：2022年）は、長崎本線・大村線・島原鉄道がX状に交差、2022年（令和4年）には西九州新幹線諫早駅も開業しました。大村市（人口約10万人：2022年）は長崎空港があり、西海市（人口約2万人：2022年）は、沖合の大島・蛎浦島・崎戸島（架橋島）と松島・池島は元・炭鉱島、1983年（昭和58年）に開園した長崎オランダ村がありました。松浦市（人口約2万人：2022年）は伊万里湾に面し、アジの水揚げで有名な水産都市、鷹島は元寇の史跡があります。平戸市（人口約3万人：2022年）は、かつてオランダ商館が置かれた地で、九州本土と架橋されています。島原市（人口約4万人：2022年）は、島原半島の中心都市、背後の雲仙は、1934年（昭和9年）国立公園に初めて指定されました。

(13) 南九州の地形と資源・産業

　南九州は、阿蘇山・桜島・霧島山など、活火山が多く、海岸線は比較的単調です。火山が多く、火山が肥沃な土壌をもたらすこととなり、農業が盛んとなっています。特に、畜産と畑作が中心で、ブランド豚の「薩摩黒豚」や、さつまいもからの「いも焼酎」が有名です。

　日本の火山は、プレートの沈み込みによって東へ移動、そのため火山西側にかつてのマグマの噴出地点があり、金山があります。鹿児島県にはかつて多くの金山がありましたが、現在でも、世界有数の含有量を誇る菱刈金山、枕崎の春日金山など、金を産出しています。かつて大口（現・伊佐市）にも金山があり、鉱山には照明と掘削に電気が必要で、大口金山に電気を供給する発電所が立地しました。金山で活用以外に、その発電所の電気を活用して、八代海に面した熊本県水俣市に電気化学工業が立地、1908 年（明治 41 年）日本窒素肥料（チッソ）となりました。このチッソ水俣工場から排出された有機水銀が公害病の水俣病の原因となりました。1923 年（大正 12 年）日本窒素肥料が宮崎県延岡で合成アンモニアの製造を開始、1946 年（昭和 21 年）日本窒素肥料延岡工場を旭化成工業に変更しました。

(14) 九州の中央で火の国、熊本県

　熊本市（人口約 74 万人：2022 年）は、県庁所在地、白川が流れる城下町です。人気アニメ「ワンピース」の作者である尾田栄一郎氏の出身地で、2018 年（平成 30 年）県庁前に「ルフィ」銅像をはじめとして、2022 年（令和 4 年）宇土市の住吉海岸公園に「ジンベイ」銅像まで、県内に 10 体の「ワンピース」銅像が設置されました。菊陽町（人口約 4 万人：2022 年）は、熊本空港に隣接、台湾の半導体製造大手ＴＳＭＣの工場が立地、臨空立地の代表例です。阿蘇市（人口約 2 万人：2022 年）は、阿蘇山と温泉の観光都市、南小国町（人口約 4 千人：2022 年）は、人気有名温泉地の黒川温泉があり、1964 年（昭和 39 年）の別府阿蘇有料道路（愛称：やまなみハイウェイ）の開通により、九州横断ルートの経由地となって発展しました。

　八代市（人口約 12 万人：2022 年）は、県南部の中心都市で化学工業都市、八代平野では畳原料のイグサを栽培、人吉市（人口約 3 万人：2022 年）は、

球磨川の上流、温泉と球磨焼酎が有名、五家荘の五木村（人口約9百人：2022年）は、五木の子守歌発祥の地です。天草市（人口約7万人：2022年）は、九州本土と架橋された天草諸島にあり、史跡の島々です。

（15）日本神話から観光神話、宮崎県

　宮崎市（人口約40万人：2022年）は、県庁所在地、亜熱帯性植物群落の青島がある観光都市、日南市（人口約5万人：2022年）は、モアイ像設置のサンメッセ日南があり、都城市（人口約16万人：2022年）は内陸の中心都市で、周辺では農業・畜産業（肉牛・豚・鶏）が盛んです。

　延岡市（人口約11万人：2022年）は、県北部の中心都市、旭化成の化学工業都市、高千穂町（人口約1万人：2022年）は、景勝地の高千穂峡、天孫降臨・天岩戸の「日本神話」の地です。耳川上流には、諸塚村（人口約1千人：2022年）に1938年（昭和13年）完成の塚原ダムがあり、戦前期で最も高い重力式コンクリートダム、また、椎葉村（人口約2千人：2022年）に1955年（昭和30年）完成の上椎葉ダムがあり、日本初の高さ100m級のアーチ式コンクリートダムで、日本のその後のダム建設に大きな影響を与え、建設には、延岡から塚原まで40km、上椎葉まではさらに延長して延岡から58kmの索道を設置、建設資材を輸送、ダム建設用索道では長さがトップクラスです。米良荘の西米良村（人口約1千人）は、九州山中で、村政施行以来、合併をしていない宮崎県で最も人口が少ない村です。

（16）桜島と金産出、鹿児島県

　鹿児島市（人口約59万人：2022年）は、県庁所在地、桜島を有する活火山に最も近い都市、かつては錫を産出、市内の鴨池に鹿児島空港がありましたが、1972年（昭和47年）に霧島市に移転しました。霧島市（人口約12万人：2022年）は、火山噴出物であるシラス台地が広がり、「タバコは国分」と称される農業が盛んで、霧島山の観光都市です。伊佐市（人口約2万人：2022年）は、かつて大口金山、現役の菱刈金山があり、焼酎でも有名です。

　指宿市（人口約4万人：2022年）は、砂蒸し風呂の温泉観光都市、枕崎市（人口約2万人：2022年）は漁業と金山で有名、南さつま市（人口約3万人）に

は、かつての貿易港の坊津があり、いちき串木野市（人口約3万人：2022年）も、かつては串木野金山がありました。薩摩川内市（人口約9万人：2022年）は、北薩の中心都市で九州新幹線駅があり、沖合の甑島列島も市域となりました。志布志市（人口約3万人：2022年）は、志布志湾に面し、大阪から「フェリーさんふらわあ」が就航しています。鹿屋市（人口約10万人：2022年）は、大隅半島の中心都市、鉄道の通っていない市（沖縄県を除く）では、もっとも人口が多い市です。

(17) 九州の課題とJR九州による特色ある列車運行

九州の課題は、北九州と南九州の差異の拡大です。南九州でも、宮崎県が鉄道・道路ともに交通不便となっています。また、南九州では、県庁所在地と二位の都市の格差が大きいのも特徴です。九州全体では、福岡を中心とした交通の発達で、福岡県と福岡市への一極集中が著しく、政治・経済のみならず、教育・文化でも大きく、例としては、司法試験にみる福岡県内の大学と他の大学（国立大学法人の大学含む）との合格数の差異があります。

九州の観光に大きく貢献しているのが、JR九州の特色ある列車運行です。唐池恒二氏は、1987年（昭和62年）国鉄分割民営化でJR九州に、JR九州の特急列車を企画、水戸岡鋭治氏に数々のJR九州特急のデザインを依頼、2009年（平成21年）JR九州社長、2014年（平成26年）JR九州会長、2022年（令和4年）JR九州相談役となりました。水戸岡鋭治氏は、1989年（平成元年）「ゆふいんの森」、1992年（平成4年）「つばめ」、1995年（平成7年）「ソニック」、2000年（平成12年）「白いかもめ」、2013年（平成25年）「ななつ星in九州」と、JR九州の列車をデザイン、鉄道列車デザインの第一人者として知られています。

(18) 南九州の地域問題①：公害病

日本における公害の原点としては、明治期の足尾銅山鉱毒事件があります。そして、戦後に、地方工業都市で四大公害が発生します。1956年（昭和31年）公式確認の熊本県八代海沿岸での水俣病、1959年（昭和34年）ぜ

んそく患者増加の三重県四日市市周辺での四日市ぜんそく、1961年（昭和36年）原因物質が岐阜県神岡鉱山からのカドミウムであると発表の富山県神通川流域でのイタイイタイ病、1965年（昭和40年）確認の新潟県阿賀野川流域での第二水俣病です。他の公害病が、関東・中部・近畿地方に対し、水俣病は九州の南九州で発生しました。

　九州の南九州で発生した、四大公害病の最初である水俣病の原因企業は、熊本県水俣市のチッソ（日本窒素・日窒）で、水俣工場からの廃液であるメチル水銀化合物が原因物質です。四大公害の最後である第二水俣病の原因企業は、新潟県東蒲原郡鹿瀬町（現・阿賀町）の昭和電工で、鹿瀬工場からの廃液であるメチル水銀化合物が原因物質です。ちなみに、日窒と昭和電工は、明治期の財閥に対して、昭和期に誕生した、新興財閥の代表で、地方都市に工場を開設、企業城下町を形成、地方の工業都市に大きな影響を与えました。

(19) 南九州の地域問題②：経済と政治

　地域振興政策には、①交通整備、②企業誘致、③地元産業振興、④地方公務員給与優遇策がありますが、地方経済衰退で、①第三セクター化や鉄道・バス交通の廃止、②工場・事務所撤退、③地元商店街の衰退、④地方公務員給与の削減が、行われることとなります。

　南九州の鹿児島県阿久根市は、地方経済衰退の典型例で、1997年（平成9年）巨大スーパー1号店開店、2004年（平成16年）九州新幹線新八代～鹿児島中央開通で、ＪＲ鹿児島本線八代～川内間が肥薩オレンジ鉄道となり、交流電化ですが、旅客列車はディーゼルカーの運行、博多～西鹿児島（現・鹿児島中央）間の特急つばめ停車がなくなりました。阿久根市が唯一、新幹線駅開業やＪＲ鹿児島本線存続がなかった鹿児島県の市となりました。

　阿久根市では、2008年（平成20年）当選の市長に対し、不信任決議案可決、市議会解散、不信任決議案再可決、市長失職、市長再選、専決処分連発、市長リコール失職、市長交代と、短期間で目まぐるしく変化、阿久根市の人口は、1950年（昭和25年）41,344人、2022年（令和4年）11月1日18,314人、72年間の人口減少率は56％、半分以下に減少しました。

(20) 九州離島①：壱岐

　壱岐島は、玄界灘の長崎県の離島で、2004年（平成16年）に島内の町がすべて合併して壱岐市（人口約2万人：2022年）となった、農業と漁業、観光の島です。古代、魏志倭人伝で「一大國」、随書で「一支國」とされた地で、2010年（平成22年）に一支国博物館が開館、弥生時代集落跡の原の辻遺跡、掛木古墳・鬼の岩屋と称される多数の横穴式古墳があります。男岳神社石猿群は、多数の寄進された石猿が置かれており、奇岩「猿岩」は巨大な猿の横顔岩、鬼の足跡は海食洞の天井が陥没した陥没地形、かつて大砲が設置されていた砲台跡が残っています。丘ノ辻に展望台があり、湯ノ本に温泉があります。島内の集落は、港を中心とした漁村は集村ですが、農村は散村で、景観が異なります。

　壱岐島への交通は、芦辺・郷ノ浦港へは福岡県博多港からジェットフォイルとフェリーが就航、印通寺港へは佐賀県唐津東港からフェリーが就航、1966年（昭和41年）開港の壱岐空港へは、長崎空港から航空便が就航しています。かつて、福岡空港からの航空便がありましたが、ジェットフォイル就航で、廃止となりました。

(21) 九州離島②：対馬

　対馬島は、対馬海峡の長崎県の離島で、2004年（平成16年）に島内の町が合併して対馬市（人口約3万人：2022年）となった、農業と漁業、観光の島です。朝鮮半島との対馬海峡に位置する国境の島として知られ、中心地の厳原は、対馬藩宗氏の城下町、対馬藩宗氏の菩提寺である万松院や武家屋敷、かつての朝鮮との交易港のお船江跡が残ります。浅茅湾はリアス式海岸で、竹敷は現・対馬空港開港前に運航されていた水上機航空路の発着地、現在は海上自衛隊対馬防衛隊基地となっています。小船越は、かつて小舟を引っ張って陸を越えた場所、大船越は江戸時代の漁船用人工運河、万関運河は明治時代の軍艦用人工運河で、日露戦争で活用、万関橋が架かっています。朝鮮半島側の海岸に面する椎根には、強風のため、瓦の代わりに石を使用した石屋根が残り、上対馬町には韓国展望所があります。

　対馬島への交通は、厳原港へ福岡県博多港からジェットフォイルとフェ

リーが就航、比田勝港へもフェリーが就航しています。1975年（昭和50年）に開港した対馬空港は、山頂を崩して滑走路を建設、ジェット化対応空港で、福岡と長崎空港から航空便が就航しています。

(22)　九州離島③：五島列島

　五島列島は、長崎県の離島で、2004年（平成16年）下五島の島々が合併して五島市（人口約3万人：2022年）となりました。上五島の宇久島は、2006年（平成18年）佐世保市に編入、中通島の新上五島町と小値賀島の小値賀町は、合併せず、単独自治体のままです。

　下五島は、福江島・久賀島・奈留島・嵯峨ノ島などから構成され、福江島が五島列島の中心です。福江は、元・城下町で、海城の福江城と、武家屋敷が残っています。鬼岳はトロイデ火山で、堂崎天主堂など多くの教会が各集落にあり、玉之浦には断崖に大瀬崎灯台があります。嵯峨ノ島は、火山海食崖で、火山の男岳と女岳の両火口断面が見られ、久賀島には木造の教会の元・五輪教会、奈留島には江上教会と奈留高等学校にユーミンの歌碑があります。福江港へは、長崎港からジェットフォイルとフェリー、福岡県博多港からフェリー、1963年（昭和38年）開港の福江空港へは、福岡・長崎空港から航空便が就航しています。

　上五島は、中通島・若松島・頭島・小値賀島・宇久島などから構成、中通島が上五島の中心です。中通島へは長崎・佐世保から、小値賀島・宇久島へは佐世保から航路があります。

(23)　九州離島④：甑島列島

　甑島列島は、鹿児島県の離島で、2004年（平成16年）甑島列島内の村が、九州本土の川内市などと合併、薩摩川内市となりました。従来は、串木野港からの航路のみで、フェリーと高速船が就航していました。薩摩川内市となったところから、九州新幹線駅がある薩摩川内からの高速船航路も開設され、串木野港からはフェリー航路のみとなりました。就航した高速船は、水戸岡鋭治氏のデザインです。壱岐・対馬・五島に就航しているジェットフォイルは、甑島列島には就航せず、単胴型の高速船のみで、空

港も開設されていません。

　甑島列島は、上甑島・中甑島・下甑島から構成される、過疎化が著しい離島です。かつては、ユリの球根栽培で有名でした。上甑島には、トンボロ地形（砂州で島が繋がる）の里村（砂州の上に集落がある）、沿岸砂州の長目の浜があり、景勝地です。下甑島の西海岸には「ナポレオン岩」など奇岩があり、手打集落の手打診療所医師がドラマ「Dr.コトー診療所」のモデルとなりました。中甑島は 1994 年（平成 6 年）に上甑島と架橋され、下甑島は 2020 年（令和 2 年）に中甑島と架橋され、上甑島から中甑島を経て下甑島までつながりました。

「まとめ」：
北九州の自然と産業の特色は、何か。
南九州の自然と産業の特色は、何か。
南九州の地域問題には、何があるか。

「考察」：
九州のどのような地理的位置が、歴史的出来事に影響したか。
北九州と南九州に区分する自然的理由は、何か。
九州において、交通はどのように影響しているか。

写真 11：坊津　秋目浦（鹿児島県）

写真 12：福江島　武家屋敷（長崎県）

写真 13：平戸和蘭商館跡（長崎県）

写真 14：出島和蘭商館跡（長崎県）

地図5：5万分の1地形図「福岡」昭和11年第二回修正

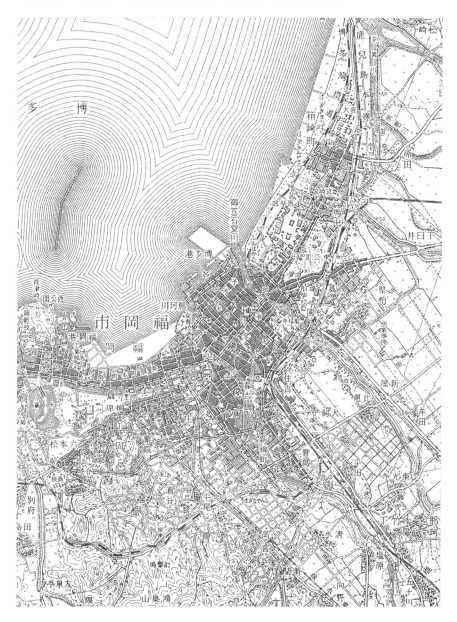

地図6：5万分の1地形図「佐賀」昭和6年鉄道補入

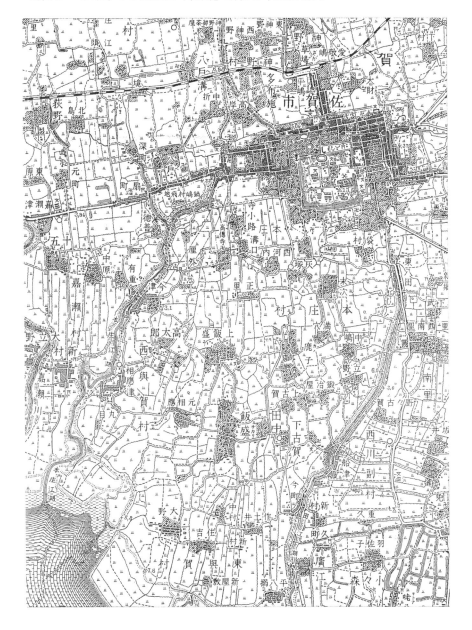

地図７：５万分の１地形図「大分」昭和15年部分修正

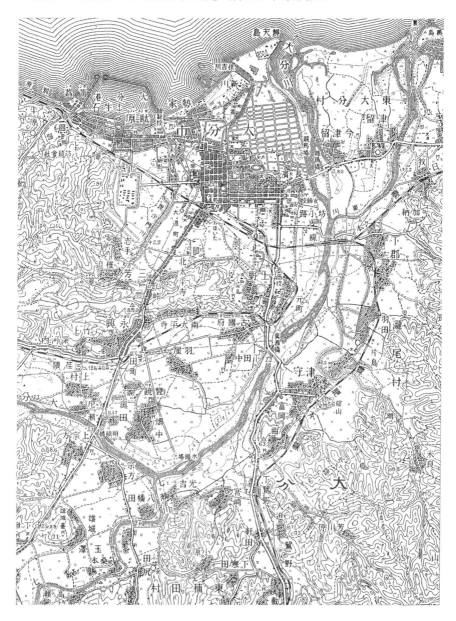

地図8：5万分の1地形図「長崎」昭和20年部分修正

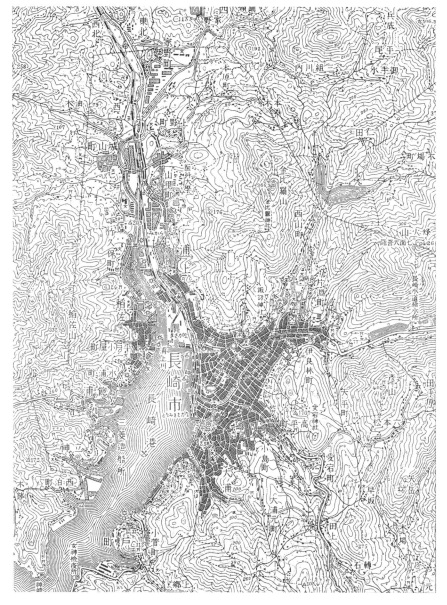

地図 9 ： 5 万分の 1 地形図「熊本」昭和 6 年部分修正

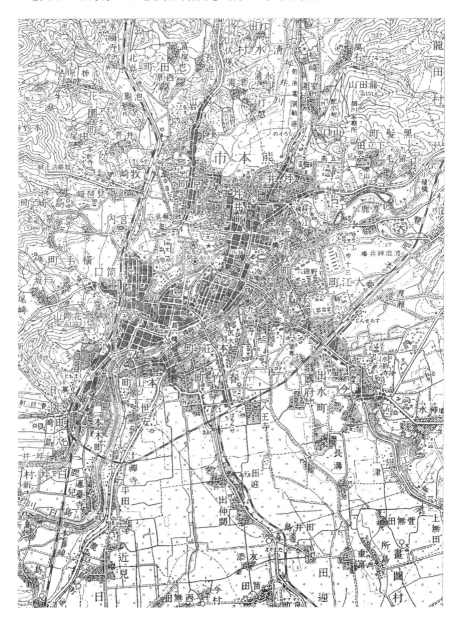

地図10：5万分の1地形図「宮崎」昭和10年部分修正

地図 11：5 万分の 1 地形図「鹿児島」昭和 10 年部分修正

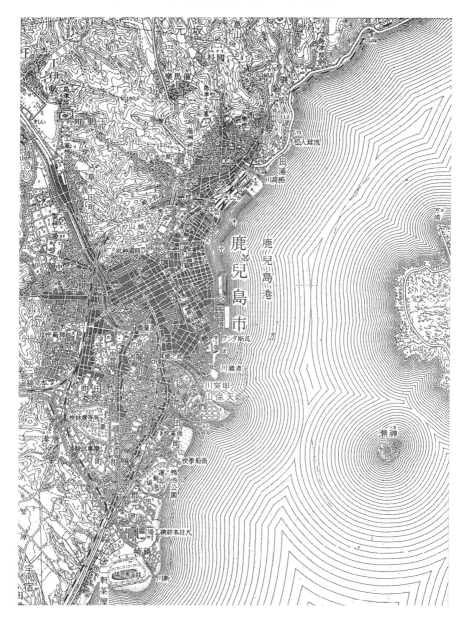

【5】中国・四国地方の地誌

（1）中国・四国地方の地形と交通

　中国・四国地方の自然環境において、最大の特徴は、活動中の活火山がないため、火山災害の危険性が低く、その点に関しては安全・安心といえます。また、最大の内海である瀬戸内海があり、外海にくらべて穏やかであるため、船舶での輸送路として活用されています。瀬戸内海は干満の差が大きく、干潮時には遠浅の砂浜が広がり、海水浴で賑わいました。

　鉄道が登場する近代（明治以降）以前においては、船舶が物資輸送の中心で、北海道から日本海側を通って瀬戸内海に至る西廻り航路などがあり、北海道・本州日本海側ののみならず、瀬戸内海沿岸の物資が大坂へ運ばれました。特に、海運は重量物の石材輸送に適し、採石業が瀬戸内海沿岸に発達、石材輸送の海運業も発達、寄港地の港も栄えました。

　近代以降に鉄道が発達、鉄道路線と並行する船舶交通が衰退しましたが、旅客船航路から、フェリー航路が登場し、トラック輸送に利用されています。現在でも、中国地方と四国地方間の航路のみならず、東京〜北九州、大阪・神戸〜北九州、大阪・神戸〜別府・大分、大阪・神戸〜高松・新居浜・東予などのフェリー航路があり、物流の大動脈となっています。

（2）中国・四国地方の気候と産業

　中国・四国地方の自然環境において、多様な気候も特徴です。すなわち、日本海側・瀬戸内側・太平洋側と異なる気候が分布、そのため、様々な農業が行われ、様々な農産物を生産できます。

　日本海側や中国山地では、畜産（肉牛・乳牛）が盛んで、牛肉以外に乳製品も生産され、農産物では、日本海側の砂地での梨・らっきょ・すいかの生産が、特に鳥取県で有名です。瀬戸内側では、雨が少ないため、かつてより塩田での塩の生産が行われ、現在でも工場生産で塩づくりが行われ、伯方の塩が有名です。また、香川県小豆島でのオリーブ、広島県・愛媛県の特に島嶼部での柑橘類（ミカン・レモン）、岡山県でのブドウ・桃の生産が有名です。雨が少ない、晴天が比較的多い気候は、野外作業が多い造船

業に適しており、瀬戸内海沿岸に造船工業が立地・発達しました。岡山県の玉野（宇野）、広島県の尾道・向島・因島・大崎上島・呉、香川県の坂出、愛媛県の今治などには、多くの造船所が立地しています。太平洋側では、高知県での早場米や二期作米の生産、雨が多い山の斜面を利用して茶を栽培、紅茶生産も行われ、四万十川流域の「四万十レッド」が有名です。

（3）中国・四国地方の資源

　中国・四国地方の自然環境は、四国を断層の中央構造線（メジアンライン）が通過するため、北側の内帯、中央構造線付近、南側の外帯と、地質構造が異なり、それぞれで多様な資源を産出します。前述したように、この地域は海運が発達、産出された資源は、遠方へ運ばれました。

　北側の内帯では、銀を産出、特に島根県の石見銀山が有名で、かつては温泉地でもある温泉津から海外へも運ばれました。北側の内帯及び中央構造線付近では、銅を産出、特に愛媛県の別子銅山や山口県の長登銅山が有名です。その鉱脈は、四国では四国山地に沿って、徳島県から高知県を通って愛媛県の佐多岬半島にまで延びていました。同じく北側の内帯および中央構造線付近では、石灰石を産出、岡山県新見の足立鉱山、山口県秋吉台の伊佐鉱山、高知県四国カルストの鳥形山鉱山（単独鉱山では日本最大）などが有名です。長登銅山の銅は、奈良の大仏建立等の仏像製作用に使用、石見銀山の銀は、かつて世界に輸出されて貨幣に使用、土佐の石灰は、江戸時代に城郭の漆喰と肥料用に使用と、地質構造の差異による多様な資源産出が、このように歴史に大きく関わることとなりました。

（4）近世（江戸）から近代（明治）へ

　長州は、現在の山口県で、下関は瀬戸内海の西の入口、北前船西廻り航路の寄港地でした。長州藩は下関に越荷方を設置、下関海峡を通過して上方に物資輸送する海運業者に資金を貸し出し、利息利益を獲得、交易で大坂商人との交流が活発と、瀬戸内海での物流輸送に大きく関わりました。また、前述したように、長州では、銅鉱石・石灰石、宇部附近で石炭を産出、いずれも幕末から明治にかけて、必要とされた資源でした。

　土佐は、現在の高知県で、太平洋に面し、海外への関心が高く、多くの
人材を輩出しました。また、前述したように、石灰石を産出、土佐石灰は
有名で、また、銅を産出する鉱山もありました。長州と同様、銅と石灰石
という、必要とされた資源でした。

　このように、中国・四国の長州・土佐は、交易と人材輩出、重要な資源
を産出しており、そのため財源が豊かで、最先端の武器を購入することが
できました。四大雄藩である薩長土肥（薩摩・長州・土佐・肥前）の内、半
数の二藩が中国・四国で、明治維新へとつながることになります。勿論、
薩長土肥の、交易・資源という共通点にも注目すべきでしょう。

（5）中国・四国地方の中心地：広島県①

　広島市（人口約119万人：2022年）は、明治期から戦前期にかけて軍事都
市でした。1894年（明治27年）6月10日山陽鉄道広島開業、同年7月25
日豊島沖海戦、同年8月1日日清戦争宣戦布告、同年8月21日宇品線（広
島〜宇品港）開業、同年9月13日広島に大本営設置、全国から徴兵された
兵隊は宇品港から戦場へ送られました。1945年（昭和20年）4月8日広島
に第二総軍司令部（鈴鹿山脈以西の西日本、海軍と陸軍を総括）設置、同年8
月6日広島に原爆が投下されました。山陽鉄道広島開業を急いだため、急
勾配の瀬野〜八本松ルートとなり、1966年（昭和41年）まで特急電車は急
勾配を登るために後押しの補助機関車を要し、現在でも広島貨物ターミナ
ル駅から西条駅への貨物列車に補助機関車が連結されます。

　呉市（人口約21万人：2022年）は、1903年（明治36年）呉海軍工廠設立、
現在でも造船工業が有名、呉市海事歴史科学館（愛称：大和ミュージアム）
や海上自衛隊呉資料館（愛称：てつのくじら館）があり、府中町（人口約5万
人:2022年）は、東洋工業・マツダの企業城下町で、海軍工廠指定工場から、
三輪トラック生産へ転換、四輪乗用車へと展開しました。

（6）中国・四国地方の中心地：広島県②

　広島高等師範学校は、1902年（明治35年）に創立、1986年（明治19年）
設立の東京高等師範学校（のちの東京文理科大学・東京教育大学・筑波大学）

とともに、戦前の旧制中学校（戦後の新制高等学校）教員を養成、西日本の旧制中学校・新制高等学校教員を多く輩出しました。広島文理科大学は、1929年（昭和4年）に設立、1949年（昭和24年）に国立（現・国立大学法人）広島大学が設置されました。この経緯から、西日本方面の教員養成とともに、教材作成などの教育関連産業が発達しました。その後、高等学校進学率の上昇に伴って、各府県で高等学校が増設され、その影響もあって、各府県では地元大学を中心とした教員が増加、広島出身者がかつてほどの比率を占めることはなくなりました。また、広島県以外での教育関連産業の発達によって、かつてほどの比率を占めることはなくなりました。さらに、山陽新幹線開通によって、広島県の高校生の進学動向も変化することとなり、広島から関西方面、さらには東京方面への進学が増加、かつては教員志望者が広島に来ることがありましたが、それは少なくなり、教員志望者以外の高校生が他の地方から来ることがあります。

（7）中国・四国地方の中心地：広島県③

　広島県が面する瀬戸内海は、内海で穏やか、入り組んだ湾入があり、養殖に適する環境で、特に「カキ」が有名です。また、干満差が大きく、宮島の厳島神社が干満差により、様々な風景を見ることができ、この瀬戸内海の観光地を巡るクルーズ船が運行されています。

　福山市（人口約45万人：2022年）は、広島県東部の中心都市、鉄鋼一貫製鉄所がある工業都市で、景勝地鞆の浦があり、1999年（平成11年）に西瀬戸自動車道（しまなみ海道）が開通、しまなみライナー（福山〜今治）バス路線が開設され、四国への交通の拠点となりました。尾道市（人口約13万人：2022年）は、坂の町、文学の町、多くの映画が撮影された映画の町で、千光寺公園から向島との尾道水道を眺められる代表的観光都市でもあります。竹原市（人口約2万人：2022年）や東広島市（人口約20万人：2022年）の西条は日本酒造りで有名で、竹原市の竹鶴酒造は、ニッカウヰスキー創始者の竹鶴政孝の生家です。三次市（人口約5万人：2022年）は、内陸部の中心都市で、霧の町で有名です。広島県の山間部の豪雪地帯には、多くのスキー場があり、シーズンには多くの客で賑わいます。

（8）中国・四国地方の中心地：広島県④

　東海道新幹線（東京～新大阪）は、1964年（昭和39年）に開通、大阪は東京からの日帰り圏となり、大阪の西日本方面での中心的な地位は相対的に低下することとなりました。

　山陽新幹線（新大阪～博多）は、1975年（昭和50年）全通、広島県内には、広島駅以外に福山駅・三原駅が開設されましたが、尾道に当初は新幹線駅が開設されず、広島県東部の中心としての地位は低下することとなりました。それまで、尾道から今治や松山方面への航路が発達していましたが、三原市（人口約9万人：2022年）の三原に新幹線駅が開設され、駅から港が近く、三原が四国・今治への高速船航路開設で発展しました。

　山陽新幹線開通前は勿論、開通直後も、広島は東京からの日帰りが難しく、大企業の中国・四国地方を管轄する支店を広島に継続設置することとなり、中国・四国経済の中心地として発展することとなりました。広島市の人口は、1950年（昭和25年）448,346人、2015年（平成27年）1,194,034人、65年間の人口増加率は166％、約2.7倍となり、市街地が平地から山間部へと拡大、急傾斜地の住宅街での豪雨で土砂災害が発生しました。

（9）中国・四国地方の中心地：広島県⑤

　東京～広島間は、高速交通である航空と新幹線の競合・競争の最も激しい区間で、航空と新幹線の関係を検討する場合に典型的事例であるため、必須の研究対象と指摘できます。

　山陽新幹線は、1975年（昭和50年）に全通、航空便の広島～大阪・福岡線は廃止となりましたが、前述したように広島の地位を高め、1979年（昭和54年）にジェット機が東京線に就航した旧・広島空港はまだ広島市内にあって、東京～広島間は航空が優位でした。1993年（平成5年）に山陽新幹線「のぞみ」運転開始、同年に広島空港が移転、広島市内からアクセスに1時間を要し、東京～広島間の航空旅客が新幹線へと流れることとなりました。1995年（平成7年）に阪神淡路大震災が発生、それに伴い山陽新幹線が一時不通となり、一転して、東京～広島間の新幹線旅客が航空へと流れることとなりました。その後、山陽新幹線「のぞみ」が増発され、特

に広島始発の増発が行われて着席率を含めて利便性が向上、一方、広島空港の広島市内からのアクセス問題は、短縮道路建設で若干の時間短縮はありましたが、基本的には解消されず、それにより東京〜広島間の新幹線旅客の増加があって、運賃も含めて競合・競争が激化しています。

(10) 中国・四国地方の交通の要衝：岡山県①

　岡山県の県庁所在地である岡山市（人口約72万人）は交通の要衝で、近代以降の鉄道交通でも、岡山駅は山陽本線のみならず、津山線・因美線で鳥取へ、伯備線で米子・松江へ、宇野線で宇野へ、さらに宇高連絡船で四国・高松へと、つながっていました。1972年（昭和47年）に山陽新幹線岡山開通、岡山の利便性が向上するとともに、伯備線が米子・松江・出雲方面へのメインルートとなりました。1994年（平成6年）に智頭急行が開通、1997年（平成9年）に岡山から鳥取へは山陽線・智頭急行線経由の特急「いなば」が運行されることとなりました。

　瀬戸大橋が、1988年（昭和63年）開通、岡山から高松・松山・高知へ直通列車の運転が開始され、特に松山・高知は高松経由の必要性がなくなり、岡山が四国各地への交通の拠点となりました。なお、明石海峡大橋が1998年（平成10年）開通して明石鳴門間が全通、しまなみ海道が1999年（平成11年）全通、本四連絡橋3ルートが、20世紀中に全通しました。

　以上のように、岡山は、山陰の鳥取・島根、四国の香川・愛媛・高知への列車乗り換え地点として、いわば「鉄道交通の十字路」として、要衝の地位を確立することとなりました。

(11) 中国・四国地方の交通の要衝：岡山県②

　岡山は、江戸時代に藩主が閑谷学校を設置するなど、教育・文化を重視したことで有名です。そのため、現在でも岡山県は教育県とされ、岡山に本社がある教育関係の代表的企業がベネッセ（旧・福武書店）です。1972年（昭和47年）に山陽新幹線が岡山まで開業、一気に大阪、そして名古屋・東京方面へセールスの利便性が向上しました。また、この時期は、高等学校増設期、大学志望率上昇期ということもあって、教材や進学情報の

必要性が高まったことも、教育関連産業の発展に関係しています。

　岡山県は、農業県で、ぶどう、桃など、付加価値が高い果実の生産があり、また、高速道路の中国自動車道が1970年代に開通、岡山県内陸部で乳牛飼育による牛乳生産や酪農製品が活発となりました。さらに、農業振興のために古くから干拓により耕地を拡大、干拓は、海に堤防を築き、水を抜いて元・海底であったところを耕地とするもので、瀬戸内海での干満差が大きいという、干満の活用が干拓工事を容易にしました。児島湾での干拓以外に、笠岡市（人口約4万人：2022年）や白石島でも行われ、稲作以外、イグサ生産にも利用されました。イグサは、畳表に利用、近代以降、庶民にも畳が普及して需要が増大しました。

(12) 中国・四国地方の交通の要衝：岡山県③

　岡山県は、かつて鉱業県で、高梁市（人口約3万人：2022年）吹屋での銅鉱石と弁柄の採掘、美咲町（人口約1万人：2022年）の柵原鉱山での硫化鉱（黄鉄鉱）採掘、北木島・白石島での花崗岩採石、鏡野町（人口約1万人：2022年）の人形峠でのウラン採掘、新見市（人口約3万人：2022年）での石灰石採掘、倉敷や瀬戸内海の犬島・上水島には精錬所が立地しました。

　岡山県は、工業県で、近代以降、工業化が大きく推進されました。倉敷市（人口約47万人：2022年）での繊維工業が代表的であり、クラボウ（倉敷紡績）やクラレ（倉敷レーヨン）の工場が立地しました。倉敷紡績に出資したのが大原家で、大原孫三郎は1930年（昭和5年）に大原美術館を開館、周辺の倉敷川岸を整備、現在の美観地区となりました。倉敷市児島（旧・児島市）は、近代における教育の普及と工場労働者の増加で、需要の増大した学生服の生産やジーンズの生産を発展、ジーンズの街として知られます。また、戦中から戦後にかけて高梁川河口部を埋め立て、水島コンビナート（水島臨海工業地帯）ができました。なお、伝統的工業としては、備前市（人口約3万人：2022年）での窯業（備前焼の焼き物）が有名です。

(13) 鉱工業県、ＳＮＳ映えスポットも：山口県

　山口市（人口約19万人：2022年）は、県庁所在地で、湯田温泉のある温

泉観光都市でもあります。1975年（昭和50年）新幹線小郡駅開業、2003年（平成15年）小郡駅が新山口駅に改称、2005年（平成17年）山口市が小郡町と合併、県庁所在地にある新幹線駅となりました。

岩国市（人口約13万人：2022年）は、県東部の中心都市で、在日米軍と自衛隊の基地や名勝・錦帯橋でも知られ、山間部は、かつて日本有数のタングステンの産出地でした。下関市（人口約25万人：2022年）は、県西部の中心都市で、関門海峡に面した商業・水産都市でも知られています。テレビコマーシャルに登場した角島にかかる角島大橋や、長門市（人口約3万人：2022年）の元乃隅神社は、ＳＮＳ映えスポットとして有名です。

美祢市（人口約2万人：2022年）は、かつて奈良の大仏造営に使用された長登銅山の銅を産出、また、カルスト地形の秋吉台・秋芳洞があって、石灰石を産出、宇部・小野田でのセメント工業の立地につながりました。さらに、宇部・小野田ではかつて石炭を産出、現在は化学工業都市となり、宇部興産がその代表的企業で、周南市も化学工業都市です。

（14）農業・漁業・アニメ観光：鳥取県

鳥取市（人口約19万人：2022年）は、鳥取県東部の因幡に位置する、県庁所在地で、1994年（平成6年）に智頭急行が開通、京阪神から特急スーパーはくとが運行され、大阪から2時間半です。鳥取砂丘でも知られ、鳥取空港の愛称は鳥取砂丘コナン空港、空港内には人気アニメ「名探偵コナン」のキャラクターのオブジェが設置されています。

米子市（人口約15万人：2022年）は、鳥取県西部の伯耆に位置する中心都市、岡山から伯備線特急やくもが運行され、岡山から2時間10分、砂州の弓ヶ浜の砂地ではらっきょうが栽培されます。倉吉市（人口約5万人：2022年）は、白壁土蔵群と特産品の二十世紀梨記念館があり、北栄町（人口約1万人：2022年）は、アニメ「名探偵コナン」作者である青山剛昌氏の出身地、コナンのモニュメントや青山剛昌ふるさと館があります。

境港市（人口約3万人：2022年）は、水産都市で、アニメ「ゲゲゲの鬼太郎」作者である水木しげる氏の出身地、水木しげるロードにゲゲゲの鬼太郎のモニュメントや水木しげる記念館があります。三朝町（人口約6千人：

2022年）は、三朝温泉とともに三徳山三仏寺投入堂があります。

（15）神話から世界遺産観光：島根県

松江市（人口約20万人：2022年）は、島根県東部の出雲に位置する県庁所在地で、松江しんじ湖温泉・玉造温泉があり、岡山から伯備線特急やくもが運行され、岡山から2時間35分です。出雲市（人口約17万人：2022年）は縁結びの神様で有名な出雲大社があり、全国の神々が集合、古くより、たたら製鉄が行われ、砂鉄から鉄を生産、刀剣製造によって神話の国である出雲が大きな権威をもつことができたとされます。

大田市（人口約3万人：2022年）は、島根県西部の石見に位置し、間歩（鉱山の坑道）や代官所が残る石見銀山は世界遺産に登録され、かつて世界流通量の3分の1の銀を産出、銀を積み出した温泉津港に温泉津温泉があります。この地を支配した毛利氏は、西国大名の代表となり、フランシスコ・ザビエルは近くに長期滞在しました。江津市（人口約2万人：2022年）は山陰で最も人口が少ない市、浜田市（人口約5万人：2022年）は、島根県西部の中心都市で水産都市、津和野町（人口約7千人：2022年）は、山陰の小京都と称される町並みが残ります。益田市（人口約4万人：2022年）は、島根県西端の市で、石見空港があります。

（16）藍から特色ある企業：徳島県

徳島市（人口約25万人：2022年）は、県庁所在地で、四国一の大河吉野川の河口に位置し、阿波踊りが有名です。かつては、大阪・神戸方面に多数の高速船やフェリーが就航、鳴門市（人口約5万人：2022年）や小松島市（人口約4万人：2022年）は、その発着港でした。1985年（昭和60年）大鳴門橋架橋、1998年（平成10年）明石海峡大橋開通、大阪・神戸方面とのバス便が多数運行され、関西との一体化が進んでいます。阿南市（人口約7万人：2022年）は、県南部の中心都市、三好市（人口約2万人：2022年）は、県西部の中心都市で四国山脈を横断する吉野川による峡谷の大歩危・小歩危があり、かずら橋で有名な祖谷があります。

徳島県は、かつては阿波の国、染料用の藍生産で知られ、四国で最も

関西に近くて昔から交流活発、進取の気風があり、大塚製薬・日亜化学・ジャストシステムなど、特定分野で有名な企業があります。買い物難民対策の移動スーパー「とくし丸」発祥の地、上勝町（人口約1千人：2022年）は「葉っぱビジネス」で知られ、神山町（人口約4千人：2022年）は光ファイバー網を整備、ＩＴ企業のサテライトオフィスが進出しました。

(17) うどんと瀬戸大橋：香川県

　高松市（人口約41万人：2022年）は、県庁所在地で、瀬戸大橋開通前は、香川県内のみならず、宇高連絡船から高知・松山方面への列車の乗り換え地でした。1988年（昭和63年）瀬戸大橋開通で、四国のみならず、香川での中心的性格が大きく低下しました。岡山から快速マリンライナーで、坂出まで40分、高松まで1時間、坂出市（人口約5万人：2022年）は、瀬戸大橋開通で四国の玄関口となり、一躍、岡山への通勤圏となりました。

　香川県は、かつては讃岐の国、雨が少ない瀬戸内気候の代表的地域で、満濃池などのため池が多く、そのため、米の栽培よりは、かつては小麦栽培が盛んで、うどん・そうめんとなり、かつては塩田で塩を生産、醤油もつくられました。現在でも「うどん県」として県内各地で名物うどんが提供されます。瀬戸内式気候は、地中海性気候と似ており、オリーブを栽培、小豆島では、そうめん・醤油・オリーブの生産・栽培が行われます。

　琴平町（人口約8千人：2022年）には、「こんぴらさん」で親しまれる海上交通の守り神「金刀比羅宮」があり、かつて、宇野～高松航路以外、下津井～坂出、笠岡～多度津の瀬戸内海横断航路が発達していました。

(18) 坊ちゃんと農水産鉱工業：愛媛県

　愛媛は、かつては伊予の国、東予（新居浜・西条・今治）・中予（松山・伊予）・南予（大洲・八幡浜・宇和島）に分かれ、東予・中予は瀬戸内式気候、南予は太平洋側気候です。

　中予の松山市（人口51万人：2022年）は、県庁所在地、中予の中心地、道後温泉の温泉観光都市で、中国・四国地方では、広島市・岡山市に次ぐ人口です。俳人正岡子規の出身地、『坊ちゃん』で有名な文豪夏目漱石の

ゆかりの地、司馬遼太郎の『坂の上の雲』で有名な軍人秋山兄弟生誕の地、古くから温泉を活用して、観光振興を重視した街づくりでも有名です。

東予の新居浜市（人口約11万人：2022年）は、別子銅山があった住友財閥発祥地で、工業都市、「マイントピア別子」「旧広瀬邸」など、銅山・住友関連の観光施設があります。今治市（人口約15万人：2022年）は、タオル生産と造船業が有名で、1999年（平成11年）西瀬戸自動車道（しまなみ海道）全通、広島県東部の福山・尾道との交通が便利になりました。

南予の宇和島市（人口約7万人：2022年）は、南予の中心都市、水産都市で、周辺ではハマチの養殖など水産養殖業が有名です。また、海岸近くに段々畑が残ります。

(19) 坂本龍馬と農水産鉱工業：高知県

高知県は、かつて土佐の国、中央構造線（メジアンライン）が通過する四国山地の南側で石灰石を採掘、鳥形山鉱山は日本最大の石灰石鉱山、約20kmのベルトコンベアでセメント工業都市の須崎市（人口約2万人：2022年）へ運ばれます。石灰石は江戸時代でも採掘、土佐石灰は城郭建築（漆喰）・石灰肥料に活用、入交グループは、石灰販売業から発展した企業です。大川村（人口約4百人：2022年）は、かつて白滝銅山があり、四国山脈を越えて約30kmの索道で銅鉱石を瀬戸内側の伊予三島港へ輸送しました。また、南国市（人口約5万人：2022年）の黒滝にあった穴内鉱山では、マンガン鉱も多く産出しました。

高知市（人口約32万人：2022年）は、県庁所在地で、坂本龍馬ゆかりの地、桂浜があり、漫画家の横山隆一・西原理恵子両氏の出身地、香美市（人口約3万人：2022年）は、漫画家のやなせたかし・はらたいら両氏の出身地で、鍾乳洞の龍河洞や、やなせたかし記念館があります。

室戸市（人口約1万人：2022年）と土佐清水市（人口約1万人：2022年）は水産都市、県西部では、最後の清流の四万十川が流れ、河川の増水に備えた欄干のない沈下橋があります。

(20) 中国・四国地方の交通と地域課題①

　中国・四国地方は、山間部での過疎化が著しい地域です。1991年（平成3年）に、高知県の集落を例に、「限界集落」の概念と用語が登場、「消滅集落」に向かうとされました。山村（中山間地）と離島が事例とされますが、消滅に至ったのは圧倒的に山村が多く、離島は少ない状況です。そこから、山村や中国・四国地方の全体像解明と、山村振興が求められます。

　中国・四国地方は、中国自動車道のように、鉄道や高速道路が、京阪神と九州を結ぶことを主眼とし、主要駅やジャンクションから県内各都市方面へ分岐する、いわゆる通過・交差型路線形態で、必ずしも地域の中心（県庁所在地など）からではないため、まとまりがない状況となります。京阪神や福岡に行く方が便利なこともあり、県内の地元客が減少、地域中心都市の商業が衰退、地域中心都市の衰退が、近くで買い物をしたい人々にとって不便となり、地域全体が衰退するということにつながります。中国・四国地方は、戦後の高度経済成長期に、瀬戸内海沿岸地域である京阪神・瀬戸内工業地域の発展により、人口の移動が活発となり、特に山間部からの人口流失が顕著で、山間部が過疎化することとなりました。

(21) 中国・四国地方の交通と地域課題②

　中国・四国地方の鉄道交通を検討すると、山陽新幹線の駅数では、岡山県2駅に対し、広島県・山口県5駅と、大きな差があります。岡山県の新幹線駅は開業当初から増加していませんが、広島県と山口県の新幹線駅は増加しました。「のぞみ」停車駅は岡山県では、岡山駅のみですが、広島県では広島駅・福山駅（通過列車もある）に停車、山口県では全駅通過列車もありますが、徳山駅・新山口駅のいずれかで、停車列車があります。

　ＪＲ在来線の電化では、中国地方では、ＪＲ山陽本線・伯備線は全線電化ですが、ＪＲ山陰線での電化は米子から松江を経て出雲市まで、県庁所在地の鳥取は未電化です。四国地方では、瀬戸大橋線は全線電化、予讃線は高松から松山・伊予市まで、土讃線は多度津から琴平まで、高知県・徳島県はＪＲ線の電化はありません。四国方面のＪＲ線は、岡山～高松・松山・高知の運行が中心で、徳島の四国離れ、高松の中心性低下があります。

　以上から、交通を重視し、その影響を考えた地域政策が必要です。また、四国は、県庁所在地都市と他の都市との人口格差が大きいことにも、注目する必要があります。

（22）中国・四国地方の島々①：日本海側の島・太平洋側の島

　中国地方の日本海側の島としては、島根県の隠岐諸島があり、島後、島前の西ノ島・中之島・知夫里島があります。畜産（肉牛）・水産業・観光が中心産業で、古代の国司が使用したとされる駅鈴や後鳥羽上皇と後醍醐天皇の史跡が残り、国賀海岸や知夫赤壁などの断崖絶壁が続きます。島後島に隠岐空港があり、大阪（伊丹）・出雲からの航空便が運航されています。境港・七類港から、ジェットフォイルとフェリーが就航していますが、他のジェットフォイル就航離島よりも就航時期が遅く、1隻のみで、就航効果は限定的です。

　山口県には、萩沖合に萩諸島があり、萩港から高速船とフェリーで、溶岩台地の島々で、漁業と葉タバコ栽培が行われています。同じく山口県の角島は、架橋島で、角島大橋がテレビコマーシャルに登場して絶景ロードとして有名となり、他には蓋井島があります。

　四国の太平洋側の島としては、愛媛県に宇和島から高速船の戸島・日振島があり、はまちの養殖など、水産業の島です。高知県には柏島があり、架橋島で、宿泊学習施設の黒潮実感センターが設置され、ダイビング観光でも知られ、他に沖の島や鵜来島があります。

（23）中国・四国地方の島々②：瀬戸内海の島

　瀬戸内海には、架橋された島々が多くあり、バス等で行けます。

　瀬戸大橋の島では、香川県の架橋島として、櫃石島・岩黒島・与島があり、与島は、架橋前は採石の島でしたが、架橋後はフィッシャーマンズワーフといった観光施設が開設され、瀬戸大橋開通直後は観光客が多数来島しましたが、現在は観光施設が撤去されています。

　とびしま海道の島々では、広島県の架橋島として、下蒲刈島・上蒲刈島・豊島・大崎下島があり、愛媛県の岡村島まで架橋されています。下蒲

刈島・上蒲刈島は架橋によって人口が大きく減少、大崎下島はミカン栽培と御手洗の昔ながらの街並みで知られています。

しまなみ海道の島々では、広島県の架橋島として、向島・因島・生口島があり、因島は造船業、生口島は西の日光と称される日本各地の代表的建造物が配置された耕三寺、大理石の丘の未来心の丘、そしてレモン栽培が有名です。愛媛県の架橋島としては大三島・伯方島・大島があり、大三島は大山祇神社、伯方島は塩、大島は採石で知られています。

広島県の大崎上島は未架橋島で、ミカンと造船の島であるとともに、広島商船高専があります。向かいの契島は、全島精錬所の島です。

「まとめ」：
中国・四国地方の地形には、何があるか。
中国・四国地方の気候には、何があるか。
中国・四国地方の資源には、何があるか。

「考察」：
広島市が、中国・四国地方の中心となった理由は何か。
岡山県が、教育県・農業県となった理由は何か。
中国・四国地方の交通が、どのような地域問題を発生させたのか。

写真15：角島大橋（山口県）

写真16：元乃隅神社（山口県）

写真17：境港駅前（鳥取県）

写真18：高知駅前（高知県）

地図12：5万分の1地形図「広島」昭和7年部分修正

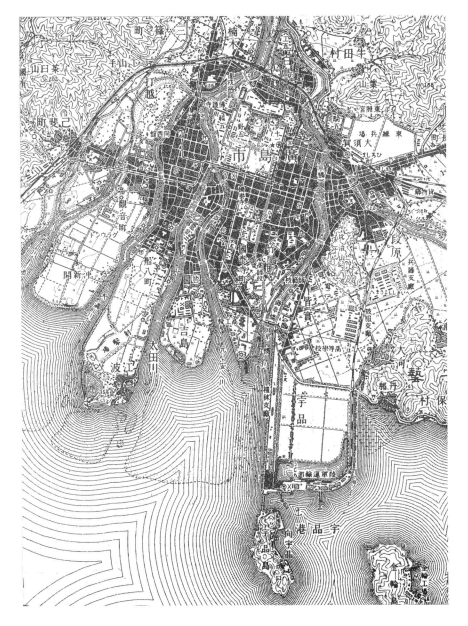

地図 13：5 万分の 1 地形図「岡山北部」大正 12 年第二回修正
　　　　5 万分の 1 地形図「岡山南部」大正 14 年修正

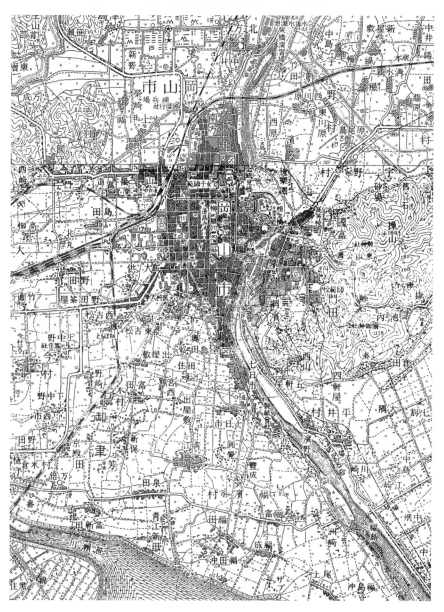

地図14：5万分の1地形図「山口」昭和15年部分修正
　　　　5万分の1地形図「小郡」昭和15年部分修正

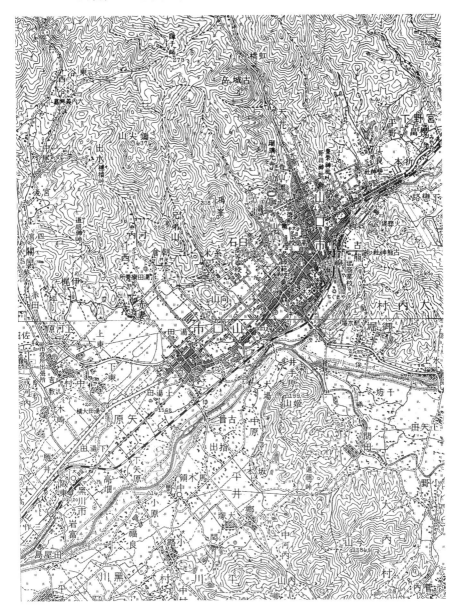

地図 15：5万分の1地形図「鳥取北部」昭和7年修正
　　　　5万分の1地形図「鳥取南部」昭和7年修正

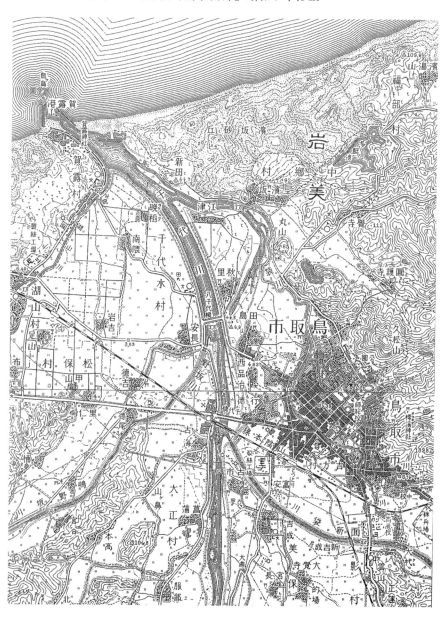

地図16：5万分の1地形図「松江」昭和7年鉄道補入

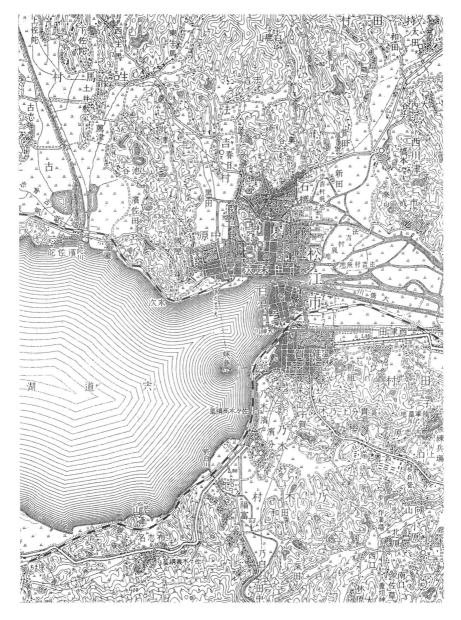

地図 17：5万分の1地形図「徳島」昭和3年鉄道補入

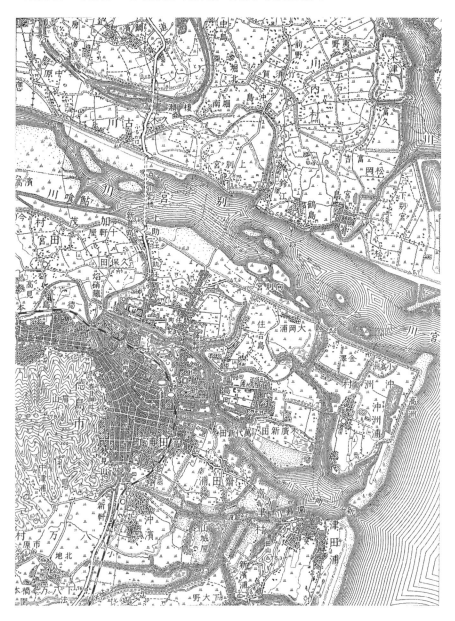

地図18： 5万分の1地形図「高松」昭和7年鉄道補入
5万分の1地形図「高松南部」昭和7年鉄道補入

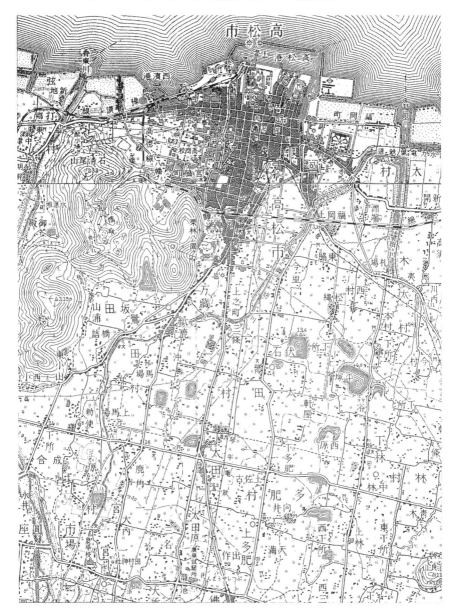

地図19：5万分の1地形図「松山北部」昭和3年修正
　　　　5万分の1地形図「松山南部」昭和7年鉄道補入

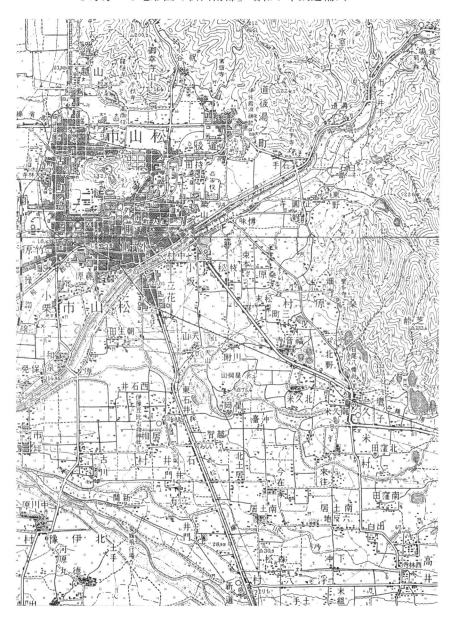

地図20：5万分の1地形図「高知」昭和8年修正

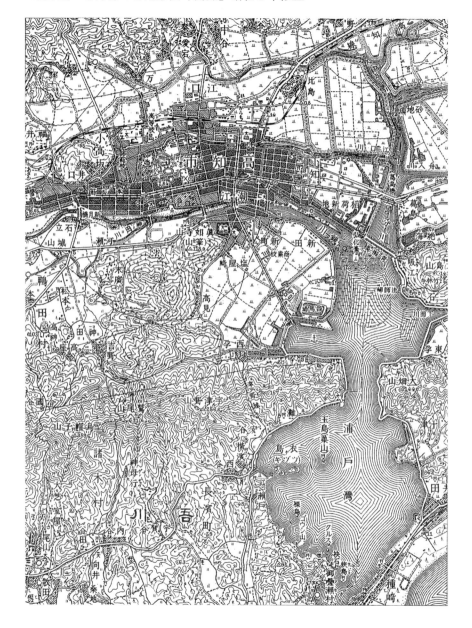

【6】 近畿地方の地誌

（1） 近畿地方の自然環境

　近畿地方の自然環境において、最大の特徴は、活動中の活火山がないため、火山災害の危険性が低く、その点では安全・安心といえます。また、最大の内海である瀬戸内海があり、外海にくらべて穏やかであるため、船舶での輸送路として活用されています。

　近畿地方は、多様な気候も特徴です。すなわち、日本海側・瀬戸内側・太平洋側と異なる気候が分布、様々な農業が行われ、様々な農産物が生産されます。日本海側の兵庫県但馬では、畜産（肉牛）が盛んです。瀬戸内側では、雨が少ないため、兵庫県の赤穂などで、かつてより塩田で塩を生産、兵庫県の淡路島は玉ねぎの栽培が有名です。太平洋側では、和歌山県での、斜面を利用した、柑橘類（ミカン）や梅の栽培が知られています。

　近畿地方は、断層の中央構造線が通過するため、兵庫県の生野銀山・多田銀山で銀、兵庫県の明延鉱山・神子畑鉱山で錫、三重県の紀州鉱山・和歌山県の妙法鉱山で銅、京都府でマンガン・クロム・タングステン、奈良県で水銀と、多様な資源を産出しましたが、いずれもすでに閉山しました。滋賀県の伊吹鉱山と三重県の国見鉱山では石灰石を産出します。

（2） 近畿地方の自然環境と歴史

　邪馬台国は、九州か畿内（近畿）かという論争があります。いずれにしても、日本の中心が、九州から畿内（近畿）に移動したことは確かなようです。すなわち、大陸に近い九州が、かつては日本の中心でしたが、九州では火山噴火が頻発、特に南九州の縄文文化が巨大火山噴火で、壊滅的な打撃を受けました。海岸付近は、今のように堤防等はなく、台風などで津波・高潮・波浪の被害が、特に外海に面した海岸で、多くありました。

　そこで、内海で火山のない畿内（近畿）へ、中心が移動することとなったわけです。中国思想の風水では、内陸の盆地は良き地です。それは、山々に囲まれ、台風などの風を遮り、山々の森が利用でき、盆地に水が集まります。近畿地方で、大きな盆地であった奈良盆地、そして京都盆地に、

中国の都を模倣した碁盤目状の、藤原京・平城京・平安京が建設されました。都が置かれた奈良盆地・京都盆地で、住居地域が拡大、農業が行われ、それに伴って土砂が淀川と大和川を下って大阪湾へ流失、瀬戸内海の大阪湾が土砂の堆積で陸地化して平野が拡大、大坂（大阪）は港でしたが、平野の拡大で都市に発展する基礎ができたこととなりました。

（3）近畿は「ひとつ」？

　近畿地方は、かつて長期間、日本の中心でした。その近畿地方の各地は、それぞれ、独自性が強いのが特色です。都の置かれた地域として、かつては畿内と称され、都会とされた西国の中心で、歴史が古く、それだけ先進的であるとともに、課題も先進的に発生するとも指摘できます。課題を乗り越えて発展、乗り越えられずに衰退、これも地域差を生みます。

　奈良（奈良県）は、かつて藤原京と平城京があって、都として、最も古い地です。京都（京都府）は、かつて平安京があり、都として、最も歴史が長い地です。大阪（大阪府）は、かつて天下の台所と称され、経済の中心とされました。神戸（兵庫県）は、平家以来の港町、ハイカラな地として知られています。近江（滋賀県）は、安土城があり、交通の要衝で、近江商人を輩出しました。和歌山（和歌山県）は、近畿の中心から離れ、「おまけ」と称されることがあります。三重（三重県）は、近畿地方か東海地方かと、近畿に含まれるかという議論があります。近畿地方は、全体像が捉えにくく、自然は勿論、歴史的背景、交通状況、各都市の特徴を見据え、各府県の特色のみならず、特に課題を整理することが必要となります。

（4）京阪神は「ひとつ」？

　近畿地方を見る時、大阪・京都・神戸の三都、そしてその都市間交通を、まず見る必要があります。この個性的な都市が、時間的には、すぐのところに位置しているわけで、この点が極めて興味深いところです。

　近畿の三都（京都・大阪・神戸）は、それぞれ個性的で、大阪が一応は中心ですが、京都・神戸もまた中心です。京都は「着倒れ」と称され、「衣」で有名です。ちなみに、京都大学は京大と略され、「鏡台」に通じます。

大阪は「食い倒れ」と称され、「食」で有名です。ちなみに、大阪大学は阪大と略され、「飯台」に通じます。神戸は、特に山手が高級住宅街とされ、「住」で有名です。ちなみに、神戸大学は神大と略され、「寝台」に通じます。

大阪〜京都間は、JR在来線新快速で24分（新幹線で14分）、阪急電車・京阪電車もあります。大阪〜神戸間は、JR在来線新快速で20分（新幹線で13分）、阪急電車・阪神電車もあります。短時間で結ばれるとともに、多くの路線があり、京都〜神戸間も、最短1時間もかかりません。1987年（昭和62年）の国鉄民営化・JR化以前は、私鉄が優位な状況がありましたが、JR化後は、JR新快速と私鉄特急が激しく競争しています。

（5）私鉄沿線でまとまる？

近畿地方・関西では、私鉄の多くが軌道法で建設されたため、当初は短編成で、昔から運転本数が多いこととなり、それによる私鉄の影響は大きく、府県境を越えて、私鉄沿線でのまとまりが顕著です。

阪急沿線は、大阪から淀川以北の北大阪・神戸・京都を結ぶ地域で、大阪を頂点とする逆三角形の三角州（デルタ）形から「阪急平野」と称されます。三都を結ぶため、沿線の旧・摂津国である北大阪は、大阪だけでなく神戸・京都の文化も、大きく影響する地域となりました。

阪神沿線は、大阪から尼崎・西宮・芦屋と神戸を結ぶ海沿い地域で、沿線はかつて漁村、のちに臨海工業地帯となりました。

京阪沿線は、大阪から淀川以南の北河内・京都南部・大津を結ぶ地域で、大阪から北東の方角を走り、沿線には電気機械工業が立地しました。

近鉄沿線は、大阪から中南河内・八尾・奈良・名張（三重県）と伊勢を結ぶ地域で、沿線は町工場・奈良の史跡・山間部の住宅地と、車窓から様々な風景が展開、有料特急も多く運行され、観光路線でもあります。

南海沿線は、大阪から泉州・和歌山・南河内・高野山を結ぶ地域で、沿線は繊維工業・農村・山間部の住宅地・山岳鉄道と、車窓から様々な風景が展開、関西国際空港線もあり、空港アクセス鉄道でもあります。

（6）北大阪（キタ）と南大阪（みなみ）

　大阪を語るとき、北大阪（キタ）と南大阪（みなみ）によく区分されます。

　北大阪は、京阪神文化圏、私鉄から、阪急文化圏とも称されます。阪急文化圏は、京阪神（大阪は北大阪）を結ぶ阪急電車の沿線で、大阪大だけでなく、関関同立の関西学院大・関西大など、大学が多く立地します。関西学院大学は、明確に阪急が誘致したもので、阪急の創業者である小林一三氏は山梨の出身、創業時より車体の色は「ぶどう色」が特色です。

　南大阪は、阪奈和文化圏、私鉄から、近鉄・南海文化圏とも称されます。近鉄・南海文化圏は、阪奈和（大阪は南大阪）を結ぶ近鉄・南海の沿線で、いわゆる「河内」と称される地域を中心とし、他県からみると、「大阪らしさ」が残る場所として、大阪の特色を取り上げるテレビ番組等でロケがよく行われ、南大阪が大阪を代表する地域とされます。

　ちなみに、大阪は「せっかち」といわれることが多いのですが、かつて「上方の方はおっとりされている」とされました。大阪は、西日本からの移住者が多く、大阪に関わる人物とされる、豊臣秀吉・小林一三氏など、他地方出身者であることも多いのです。

（7）大阪は「ひとつ」？

　大阪は、南大阪を代表的地域として、他県から見れば「ひとつ」に見えます。しかし、淀川と大和川で、大阪は大きく三つに地域区分されます。

　まず、淀川の北側の地域で、旧・摂津が中心、摂津は、「大阪」というよりも、前述したように、阪急沿線で、京都や神戸に近い感覚があります。

　ついで、淀川と大和川の間の地域で、旧・河内が中心、河内は、他県から「大阪」とされることが多く、ここでTVロケがよく行われます。

　さらに、大和川の南側の地域で、旧・和泉が中心、和泉は、「現代」に対して、一昔前の「近代」が残る感覚があります。

　よく、「お笑いの大阪」と言われますが、地元で活躍する人が多い「河内」（純大阪？）と東京へも進出する人が多い「摂津」（京阪神ミックス？）に大きく二分されます。

　大阪でも、地域区分の事例で示しましたように、河川は、かつて橋が少

なく、大きな区分境界になったことを示しています。

（8）大阪から、全国展開した食品会社

　大阪は、食い倒れと称される「食」の都市ですが、大阪から全国展開した食品会社が多数あります。サントリーは、葡萄酒・ウイスキーから、ビール・缶コーヒーなど、総合飲料メーカーへ展開しました。日清食品は、インスタント麺・カップ麺のトップメーカーに発展しました。エースコックは、ワンタンメン・スープ春雨などが有名です。ハウス食品は、カレールーのトップメーカー、バーモントカレーなどカレーを大人のみならず子供にも好まれる、国民食へと発展させたことで知られます。江崎グリコは、キャラメルのグリコから、ポッキーなど、総合お菓子メーカーになりました。日本ハムは、ハムのトップメーカーで、いずれも大阪から全国展開しました。

　これらの企業は、いずれも、大阪市を含む北大阪に本社（大阪本社含む・工場は別）があり、創業者は大阪以外の出身もおられます。大阪は、人材と食材が集まる場所であり、三都の味覚差が、まずは地元での販売の工夫となり、それが大きなヒントとなって、全国展開への道筋ができたと指摘できます。特に「味覚」は、好みに微妙な差があります。

（9）大阪府の諸課題①

　大阪府は、新幹線の開通の影響を、最初に大きく受けた地域です。

　東海道新幹線は、1964 年（昭和 39 年）に開通、当初は東京～新大阪間を 4 時間で走行、翌年には 3 時間 10 分となりました。山陽新幹線は、1975 年（昭和 50 年）に全通、府県庁所在地の在来線駅に新幹線駅が開設されなかった駅は、横浜・岐阜・大阪・神戸・山口で、新大阪駅から大阪駅へ手間がかかります。新幹線開通で大阪は東京から日帰り圏となり、大阪にあった支社・支店の機能が東京へ移転、山陽新幹線開通で、広島の中国・四国の中心機能強化、福岡（博多）の九州の中心機能強化となり、大阪の西日本の中心機能衰退となりました。

　大阪市の人口は 2022 年（令和 4 年）で 286 万人、東海道新幹線開通直後

の 1965 年（昭和 40 年）の 316 万人から約 10％減少、1980 年（昭和 55 年）に横浜市の人口が大阪市の人口を上回って全国第三位となりました。かつては、東京と大阪が、日本の 2 大都市とされましたが、東京と横浜の 2 大都市となり、大阪の地位低下は、東京への一極集中を加速させました。勿論、その後の東京からの新幹線開通が、同様に働き、大きく影響しています。

(10) 大阪府の諸課題②

　大阪府は、府内の人口増加に対応するため、1960 年代に吹田市と豊中市にまたがる千里丘陵に、千里ニュータウンの大規模住宅都市を建設、当時、20 〜 30 代の世代が多く入居しました。本書の裏表紙に土地利用図を掲載しましたように、緑豊かで、緩やかにカーブした道路網を配置、ニュータウンの周囲は緑地帯で縁取り、ゆったりとした町並みとなりました。その世代が、1990 年代から 50 〜 60 代と高齢化、「千里オールドタウン」と称されるようになりました。なお、その一方で、他の在来都市は、多くはあまり計画のないまま人口が増加しました。

　千里ニュータウンに代表される新興都市は、同一世代の居住で年を経て、保育所・小学校・中学校・高等学校と、次々と新規教育施設の整備が継続するという負担があります。その後は、若者が転出と高齢化が進行、住居の空き部屋が増加、開設した教育施設の遊休化、そして人口が減少、税収入の減少へとつながりました。

　このように、大阪府が全国に先駆けて取り組んだ住宅政策・教育政策は、課題が先駆けてあらわれることとなりました。同様の状況にある他の県にとって、参考になるでしょう。

(11) 京都府の諸課題①

　京都府の課題としては、京都府と京都市の二重構造があります。2022年の人口で、京都府は 255 万人、京都市は 145 万人、府の人口の半分以上が京都市に集中しています。府内 2 位の宇治市は 18 万人、3 位の亀岡市は 9 万人で、10 万都市は 1 市のみ、京都北部の中心都市である舞鶴市も 8 万人です。このように、圧倒的に府庁所在地の京都市に集中しているこ

とは、全国の道府県をみても、極めて異例ともいえます。

　また、京都市内の格差が顕著で、京都市の範囲が広いため、京都市の盆地平坦部市街地の過密地域と周囲山間部農村地の過疎地域があり、人口密度に格段の差があります。勿論、地下鉄と頻繁なバスがある市街地と、バスの本数が少ない農村地と、交通利便性の格差があります。さらに、京都府内の南北格差も顕著で、京都市を中心とした京都府南部は、大阪からのＪＲ東海道線・学研都市線（片町線）、阪急京都線、京阪本線・宇治線、奈良へのＪＲ奈良線、近鉄京都線と、大阪奈良への交通利便性が高く、人口も安定しています。しかし、京都市周辺以外の京都府北部は、反対に交通利便性が低く、過疎化が著しい地域です。

（12）京都府の諸課題②

　京都の町でよく言われるのは、「先の戦争」は太平洋戦争ではなく、「応仁の乱」です。応仁の乱は、室町時代の 1467 ～ 77 年（応仁 1 年～文明 9 年）の乱で、京都の町が戦渦に巻き込まれて荒廃、これをきっかけに戦国時代へと推移しました。それに対して、第二次世界大戦（太平洋戦争）では、空襲を受けず、古い町並みが残りました。ちなみに、大きな空襲を受けなかった主要な都市は、京都以外、奈良・金沢・倉敷です。

　京都の町の気候は、盆地気候で夏暑く・冬寒い、町屋と称される間口狭く細長い建物が並び、快適とはいいがたいわけですが、文化財保護で変更が困難なところも多いわけです。そこから、開発や景観変更論争が発生、保護と変更の両面の問題があります。住民自体は、創意工夫で観光向けと生活向けの区別を行っています。例えば、日常生活は「和風」にこだわらない、朝食にパンを好むなど、意外と「洋風」です。

　京都の町には多くの大学が立地、代表的な教育文化都市でしたが、規模の拡大が難しく、立命館大学が滋賀県や大阪府に進出するなど、大学の移転が活発化しています。

（13）滋賀県の諸課題①

　滋賀県は、気候で、平地に積雪地域と非積雪の境界があります。地形で、

日本最大の湖である琵琶湖（断層湖）があり、本州で最も狭い、狭隘部の地でもあります。織田信長は、交通の要衝である安土に築城、賤ヶ岳などが戦国時代の歴史の舞台となりました。

　琵琶湖の西は、湖西と称され、京都の影響が強い地域です。県庁所在地の大津市（人口約 35 万人：2022 年）も、 ＪＲ東海道線と京都市営地下鉄に乗り入れる京阪京津線で京都と結ばれ、一体化が進行しています。琵琶湖の東は、湖東と称され、交通の要衝で、全国に商いに出向いた近江商人発祥の地でもあります。ちなみに、西武鉄道の創始者は近江出身で、滋賀県には近江鉄道やホテルなど、西武グループの企業があります。

　古くは、東海道と中山道の街道交通が発達、宿場町が立地、近代以降も鉄道交通が発達、湖東では東海道線・草津線・東海道新幹線・名神高速道路があり、米原から北陸線が分岐、湖西では江若鉄道から湖西線があり、交通利便性の高さから多くの工場立地、また住宅も増加、人口が増加しています。スーパーは「平和堂」がほぼ独占状態です。

（14）滋賀県の諸課題②

　滋賀県では、中央に大きな琵琶湖があるため、恵みをもたらすとともに、大きな交通の障害という側面もあり、東西南北の大きな境界となって、湖東・湖西・湖南・湖北と地域区分されます。

　滋賀県では、南北格差があり、湖南の京都・大阪に近い非積雪地域は、住宅地として、急速に発展、草津市を代表例として人口が増加しています。草津市の人口は、1960 年（昭和 35 年）35,022 人、2022 年（令和 4 年）146,463 人、62 年間の人口増加率は 318％、実に 4 倍以上になりました。湖北の京都・大阪から遠い積雪地域は、過疎地域で、産業が衰退、人口が減少しています。また、東西格差があり、湖西は断層山地直下のために平地が少なく、湖東は河川による堆積で平地が多い地形です。湖西には、ＪＲ湖西線が走っていますが、平地が狭いために住宅地化に限界があり、近江舞子以北では運転本数が減少、強風で列車が運休になることがあります。

　以上から、滋賀県では、湖南・湖東が発展、現在は人口が増加しています。他の地域の例で見ると、新興住宅地は 30 年後に高齢者住宅地になっ

ています。やがて空き家増加、教育施設の遊休化といった事態が予想され、将来を見越すことが求められます。

(15) 滋賀県の諸課題③

　滋賀県には、国立大学法人の滋賀大学があり、大津に教育学部、彦根に経済学部と、校舎が分かれたまま統合されず、2017年（平成29年）にデータサイエンス学部が新設されるまで、純粋の文系学部のみでした。彦根市にある滋賀県立大学は、1995年（平成7年）に開学です。

　以上の状況から、京都の大学を誘致することとなり、1989年（平成元年）大津市に龍谷大学、1994年（平成6年）草津市に立命館大学、2000年（平成12年）守山市に平安女学院大学が一部の学部の移転や新設を行いました。従来、新幹線駅は米原のみでしたが、大学が多く移転してきた湖南に新幹線駅の誘致を進めたものの、新幹線駅誘致を進めた地元が誘致を撤回、中止となりました。北陸・上越新幹線の本庄早稲田駅と同様、新幹線は遠方からの学生の通学の利便性向上が大きいわけです。少子化により、高等学校卒業生が減少しており、滋賀県では大阪・神戸方面からの通学が不便で、立命館大学や龍谷大学が京都から一部の学部が移転しましたが、再度、大阪や京都に一部学部を移転しています。2005年（平成17年）に平安女学院大学は、滋賀県から撤退しました。今後、加速する可能性があります。

(16) 兵庫県の諸課題①

　兵庫県の南東部、旧・摂津の神戸市・芦屋市・西宮市・尼崎市は、大阪と結ぶ鉄道のJR・阪神・阪急の3鉄道があり、宝塚市・川西市・伊丹市・猪名川町は、直通列車が大阪方面のみ、三田市もJR線の利便性向上で、いずれも大阪方面への通勤客が多く、大阪指向が強い状況です。

　六甲山地は、断層による隆起で誕生、平地が乏しい。そのため、神戸電鉄や地下鉄が六甲山の反対側に通じ、そこに住宅地が開発されました。断層により、水深が深いため、港が発達、臨海部は港湾・工業都市となりました。当然、活断層が多く、阪神淡路大震災では大きな被害を出しました。宮水は、六甲山から浸透して出てきた水で、日本酒造りに向いています。

神戸市灘区や西宮市は「灘の酒どころ」として古くから有名です。酒造所の中には、「桶買い」といって、他の酒造所から日本酒を桶で購入することによって、大量生産が可能となり、販路を拡大して大手日本酒メーカーに発展したところが登場しました。その一方で、「桶売り」を行う中小酒造所は大手に販売することとなり、格差が拡大、日本酒離れもあって、中小日本酒メーカーの中には廃業するところも出ました。

(17) 兵庫県の諸課題②

　兵庫県の南西部、旧・播磨の姫路市・明石市・加古川市・高砂市・相生市・赤穂市は、臨海部が工業地帯となっています。明石は漁業も有名で、姫路市は、姫路城が世界遺産に登録、戦前、官立の旧制高等学校がありましたが、戦後、国立大学が設置されなかった唯一の場所です。三木は金物（大工道具）、小野はそろばんと金物、相生は造船業、赤穂は製塩業、龍野は醸造業（醤油）と、古くから知られる特色ある産業が立地しています。

　姫路の沖合には、海運業の家島、水産業の坊勢島、採石業の西島・男鹿島で知られる家島群島があります。また、淡路島は、1985年（昭和60年）大鳴門橋架橋、1998年（平成10年）明石海峡大橋開通、関西と四国を結ぶルートとなるとともに、観光開発も行われ、2021年（令和3年）の人材派遣業のパソナの本社機能移転でも注目されることとなりました。

　兵庫県の北部、旧・但馬は豊岡市（かつて市は豊岡のみであった）が中心都市、積雪地帯で、冬のカニとスキーが有名です。城崎・湯村は温泉地、出石はそばが名産、竹田城跡は雲海の城で知られます。ＪＲ山陰線電化は城崎までで、旧・但馬は過疎化が進行しています。

(18) 奈良県の諸課題①

　奈良県は、南北格差、すなわち、北部の奈良盆地の平地部と南部の紀伊山地の山間部の地域格差が大きい状況です。

　奈良県北部は、大阪が河口の大和川上流、近鉄奈良線・生駒線・大阪線・橿原線・天理線・田原本線・御所線沿線で、奈良市・生駒市・大和郡山市・天理市・香芝市・大和高田市・葛城市・橿原市・御所市・桜井市・宇陀市

等、大阪への通勤が多く、大阪指向が強く、「奈良府民」と称され、大阪からの移住も多いのです。名阪国道で大阪と名古屋に通じています。

奈良県南部は、和歌山が河口の紀ノ川の上流、吉野川流域と、新宮が河口の熊野川上流、十津川流域と北山川流域で、紀伊山地山中の五條市・吉野町・川上村・十津川村・天川村・下北山村・上北山村等、五條と吉野以外、山間部に鉄道はなく、交通は比較的不便です。かつての産業の中心は林業で、吉野杉など美林が多くあります。しかし、過疎化が進行、山が険しく、吊り橋も多いため、観光資源として利用されます。十津川には温泉もあり観光開発が期待されますが、交通状況から観光客増には限界があるとも考えられます。近鉄大和八木駅～十津川温泉～新宮駅間のバスは、日本最長の路線バス（高速道を経由しない）で、約7時間を要します。

(19) 奈良県の諸課題②

奈良では、「大仏商法」と指摘される状況があります。すなわち、「座って、待つ。依存する。」ということを指摘したもので、就業先、購買先、娯楽先を大阪に依存する傾向が強い状況です。大学も、人文科学・社会科学・自然科学のすべての学部が揃った総合大学がありません。

歴史が古いため、史跡は数多くありますが、それに比較して観光業は低調です。例えば、観光客数に対して、宿泊施設が少なく、イベントを行うのにも、人が集まる施設が少ない状況です。また、交通は、近鉄電車・近鉄バスに大きく依存しており、近鉄奈良線と京都線が交差する大和西大寺駅、大阪線と橿原線が交差する大和八木駅は、鉄道交通の十字路です。1973年（昭和48年）に奈良まで電化されたJR関西線の王寺駅も、近鉄生駒線と田原本線が接続する鉄道交通の要衝で、JR高田駅から和歌山線が分岐します。奈良県は、経由地点としての脚光をもう一度、鉄道で三度目が期待されます。明治期に関西線全通で大阪～名古屋間の経由地点となり、昭和期に近鉄大阪・名古屋線全通で、再度経由地点となり、未来では、リニア新幹線で大阪～名古屋間の経由地点となります。

(20) 近畿地方の？：和歌山県

　和歌山県の自然環境は、気候では温暖な太平洋側気候で、地形では山間部が多くて平地が少ないのです。産業は農林水産業が中心、有田市のミカン、みなべ町の梅の果実栽培、串本町・那智勝浦町・太地町（捕鯨で有名）などは水産業、湯浅町は醤油生産で知られています。

　和歌山県には、海岸部に白浜温泉・那智勝浦温泉・湯川温泉、山間部に龍神温泉・湯の峰温泉・川湯温泉と、有名温泉が多くあります。白浜町には、パンダで有名なアドベンチャーワールドなどの観光施設があり、南紀白浜空港もあって、関西方面からのみならず、関東方面からの来客があります。和歌山市の和歌山マリーナシティは、1994 年（平成 6 年）に開催された世界リゾート博の会場となったところで、そのポルトヨーロッパゾーンは、地中海を連想させる建物が配置されており、隣接して、海産物を取り扱う黒潮市場、果物を販売する紀ノ国フルーツ村があります。

　紀州山地の霊場と参詣道は、2004 年（平成 16 年）に世界文化遺産に登録され、熊野古道の沿道には、熊野速玉大社・熊野那智大社・熊野本宮大社・高野山があります。新宮市は、熊野速玉大社の鳥居前町で、熊野川河口に位置する木材の集散地、林業都市です。

(21) 和歌山県の諸課題

　和歌山県の課題としては、和歌山県と和歌山市の二重構造があります。2022 年の人口で、和歌山県は約 90 万人、和歌山市は約 35 万人、県の人口の 3 分の 1 以上が和歌山市に集中しています。県内 2 位で、和歌山県南部の紀南の中心都市である田辺市の人口は約 7 万人（2022 年）で、10 万人以下です。また、和歌山県内の南北格差も顕著です。

　和歌山市を中心とした和歌山県北部の紀北は、大阪からの JR 阪和線・和歌山線、南海本線・高野線があり、人口も比較的安定しています。和歌山市以外に、紀ノ川流域に岩出市（人口約 5 万人：2022 年）、紀の川市（人口約 6 万人：2022 年）、橋本市（人口約 6 万人：2022 年）があり、大阪への通勤圏で、人口減少は僅か、特に岩出市は人口が増加、1960 年（昭和 35 年）人口は 12,810 人、2022 年人口は 54,233 人、62 年間の人口増加率は 323％、

4 倍以上となりました。しかし、和歌山県南部の紀南は、鉄道が海岸部の
ＪＲ紀勢線のみで、交通利便性が低く、特に山間部の過疎化が著しい地域
です。田辺市以外に、有田市（人口約 3 万人：2022 年）・御坊市（人口約 2 万人：
2022 年）・新宮市（人口約 3 万人：2022 年）があります。

(22) 近畿地方？：三重県

　三重県は、近畿地方から東海地方（中部地方）化が進行しています。

　鉄道交通の変遷を見ると、1893 年（明治 26 年）に参宮線が伊勢まで開通、
すでに 1890 年（明治 23 年）に草津〜柘植間（現・草津線）、柘植〜亀山間（現・
関西線）が開通しており、東海道線草津経由で、京阪神方面と結ばれるこ
ととなりました。1895 年（明治 28 年）に関西線が名古屋まで全通、名古屋
と結ばれることとなりました。1898 年（明治 31 年）に関西線が大阪まで全通、
大阪との路線距離が短縮されました。1930 年（昭和 5 年）に近鉄大阪線・
山田線が全通、大阪〜松阪・伊勢との交流が活発化しました。1938 年（昭
和 13 年）に近鉄名古屋線が全通、名古屋〜桑名・四日市・津との交流活発
化しましたが、松阪・伊勢方面は乗り換えが必要でした。1959 年（昭和 34
年）に近鉄名古屋線の改軌が完成、名古屋〜松阪・伊勢との直通列車の運
転が開始されました。ただ、津と松阪の間の雲出川に、名古屋指向と大阪
指向の境界があります。なお、名張市・伊賀市があります伊賀地方は、近
鉄大阪線を利用した通勤・通学があり、大阪指向となっています。

(23) 三重県の諸課題

　三重県の課題としては、北部・中部・南部の三重構造があります。すな
わち、三重の三重というわけです。

　三重県北部は、雲津川の北側、近鉄名古屋線・ＪＲ関西線・伊勢鉄道の
沿線で、津市・亀山市・鈴鹿市・四日市市・桑名市があり、名古屋と強く
結びつきます。1973 年（昭和 48 年）国鉄伊勢線開業、1982 年（昭和 57 年）
関西線名古屋〜亀山間電化、1987 年（昭和 62 年）伊勢線が伊勢鉄道に転換、
1990 年（平成 2 年）快速「みえ」運転開始と、利便性が向上しました。

　三重県中部は、伊賀・伊勢地域で、名張市・松阪市・伊勢市・鳥羽市・

志摩市があり、近鉄大阪線で大阪との結びつきが強い。観光流動も多く、多くの特急電車が運転されています。特に、名張は、1960年代に桔梗が丘住宅地が開発されましたが、今では高齢化が進行しています。

　三重県南部は、かつては紀伊の国で、紀北町（鉄道駅は紀伊長島駅）・尾鷲市・熊野市があり、奈良・和歌山とは林業地域でつながっています。1959年（昭和34年）紀勢線全通、1965年（昭和40年）特急くろしお運転開始、1978年（昭和53年）特急南紀運転開始で、所要時間がかかります。

「まとめ」：
近畿地方の自然環境の特色は、何か。
大阪は、どのように分けられるか。
三重県は、どのような状況にあるか。

「考察」：
近畿地方の自然環境が、歴史にどのような影響を与えたか。
私鉄は、どのような影響を与えているか。
大阪の食品会社が、全国展開した理由は何か。

写真 19：神子畑製錬所跡（兵庫県）

写真 20：一円電車（兵庫県）

写真 21：熊野本宮大社（和歌山県）

写真 22：どろ峡とジェット船（和歌山県）

地図 21：5万分の1地形図「大阪東北部」「大阪西北部」
「大阪東南部」「大阪西南部」昭和7年要部修正

地図 22： 5 万分の 1 地形図「京都東北部」昭和 5 年鉄道補入
　　　　　5 万分の 1 地形図「京都西北部」昭和 6 年第二回部分修正
　　　　　5 万分の 1 地形図「京都東南部」昭和 7 年要部修正
　　　　　5 万分の 1 地形図「京都西南部」昭和 7 年第二回部分修正

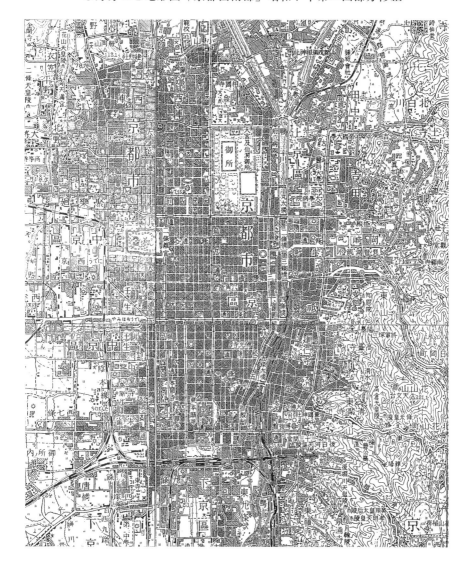

地図 23：5万分の1地形図「京都東北部」昭和5年鉄道補入
5万分の1地形図「京都東南部」昭和7年要部修正

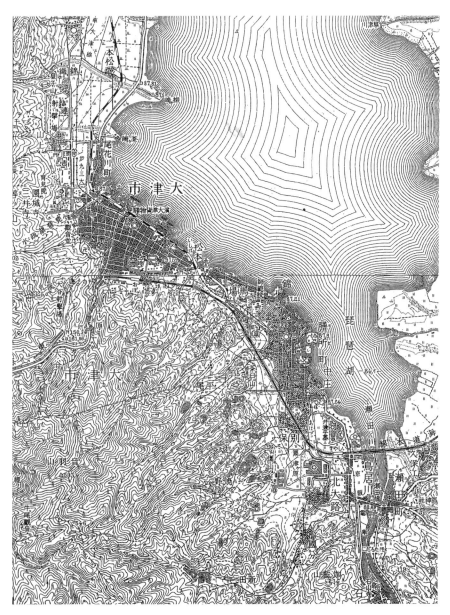

地図24：5万分の1地形図「神戸」昭和4年鉄道補入
5万分の1地形図「須磨」昭和9年修正

地図 25：5 万分の 1 地形図「奈良」昭和 7 年第二回修正
　　　　　5 万分の 1 地形図「桜井」昭和 7 年第二回修正

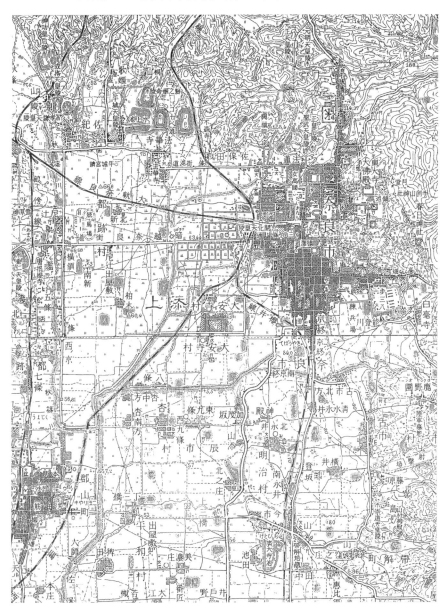

地図 26：5万分の1地形図「和歌山」昭和9年第二回修正

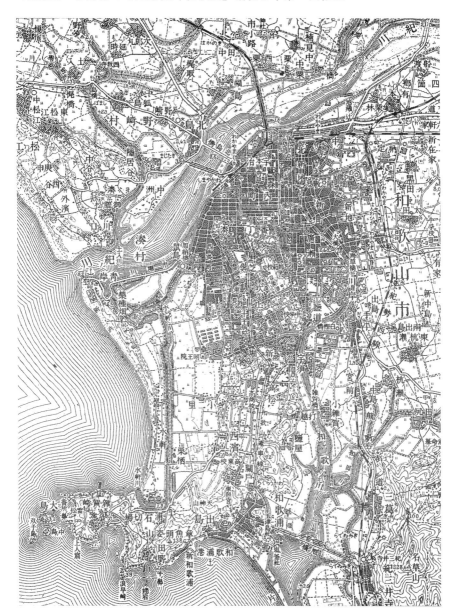

地図 27：5万分の1地形図「津東部」昭和12年第二回修正
　　　　5万分の1地形図「津西部」昭和12年第二回修正

【7】中部地方の地誌

（1）中部地方の気候と農業

　中部地方には、日本海側気候・中央高地気候・太平洋側気候と多様な気候が分布し、様々な農業が行われ、様々な農産物が生産されます。

　日本海側気候は、北陸地方を中心に、福井県・石川県・富山県・新潟県に分布、冬季に雨（雪）が多く、農業は春から秋にかけて栽培する作物となり、新潟の米を代表例として、夏作の米の栽培が盛んに行われます。

　中央高地気候は、内陸部を中心に、岐阜県（飛騨）・長野県・山梨県に分布、気温が比較的低く、雨も比較的少なく、低温少雨でも栽培できる作物となり、山梨のぶどう、長野のリンゴ・そば・わさびといった、高冷地や傾斜地に適した農業・農産物です。ぶどうからワイン、リンゴからリンゴジュースなど、農産物加工産業も発達しました。

　太平洋側気候は、東海地方を中心に、岐阜県（美濃）・愛知県・静岡県に分布、日当たりが比較的よいため、温暖な斜面を活用した作物となります。太平洋側では、静岡のミカン・イチゴ・茶・わさび、愛知ではメロンなどの果実、電照菊といった花卉栽培などで、大都市が近いため、近郊農業が発達、ミカン狩りなどの観光農園も多く分布しています。

（2）中部地方の地形と資源

　中部地方には、フォッサマグナ（大地溝帯）と中央構造線（メジアンライン）が通過しています。いずれも、大断層帯で、マグマが噴出し、火山が形成されます。また、フォッサマグナ周辺や、フォッサマグナの東西で地質構造が大きく異なるため、多様な資源を産出します。

　多様な資源としては、フォッサマグナ周辺の石灰石の産出があり、新潟県糸魚川市の青海や、岐阜県大垣市美濃赤坂の金生山、愛知県田原市などに石灰石鉱山があります。また、石油・天然ガスを産出、新潟県では現在でも産出、静岡県牧之原市相良にも油田がありました。さらに、火山の西側で金鉱石を産出、山梨県甲州市の甲州金山、新潟県佐渡市の佐渡金山、静岡県伊豆市・河津町・下田市に伊豆金山などがありました。

フォッサマグナの西、糸魚川静岡構造線の西側では、亜鉛を産出、岐阜県飛騨市の神岡鉱山、福井県大野市の中竜鉱山があり、神岡鉱山は、一時、東洋一の亜鉛鉱山でした。また、銅を産出、石川県小松市には尾小屋鉱山・遊泉寺鉱山がありました。小松市の小松製作所は、遊泉寺銅山付設鉄工所から分離独立したもので、建設機械生産企業に発展しました。

（3）中部地方の自然環境と歴史

　中部地方では、戦国時代に、武田氏・上杉氏が群雄割拠の中を抜け出ました。その抜け出た戦略は、「戦わずして勝つ！」です。群雄割拠では、勝敗は兵力で決まるものの、勝利したとしても、兵力を減らします。その結果、次は敗者になるわけです。兵力を減らさないためには、「戦わない」こと、勝利のためには、「屈服させる」こととなります。すなわち、フォッサマグナの地であるこの地には火山があり、その西側に金山があり、金を産出します。武田氏は甲州金山、上杉氏は佐渡金山、それぞれ、戦う相手に大量の金の所有を見せつけ、「戦うことを諦めさせた」わけです。

　中部地方では、「美濃を制する者は、天下を制する。」と称されました。美濃の地は、木曽・長良・揖斐の三河川が合流する肥沃の地で当時は米の大産地です。また、狭隘部・関ヶ原を擁する交通の要衝です。ここを領有することが、戦略上、重要でした。そこで、尾張の織田信長は美濃を攻略、天下取りへ向かったわけです。武田氏は金の産出が減少、「戦わず」で実戦経験が不足して滅亡、上杉氏は最後まで徳川家に抵抗しましたが、佐渡金山を徳川家に譲ったことで、米沢で存続できることとなり、徳川家は佐渡金山という、大きな財源を確保して長期政権の基盤を築きました。

（4）中部地方の離島：佐渡島・粟島・舳倉島・初島・篠島・日間賀島・
　　　佐久島

　中部地方には、日本海側の新潟県と石川県、太平洋側の静岡県と愛知県に、離島があります。

　新潟県には、佐渡島があり、佐渡市の一島一市です。戦国期より、金山の島として有名で、江戸時代、徳川幕府の財政を支えました。戦前期より、

観光の島で、佐渡おけさで知られ、新潟からジェットフォイルとフェリー、直江津からフェリーがあります。また、粟島もあり、粟島浦村の一島一村、村上市岩船港から高速船・フェリーの観光島です。石川県には、輪島沖に、舳倉島があり、輪島市に所属、漁業の島です。

　静岡県には、熱海沖に、初島があり、熱海市で、アイランドリゾートの島です。愛知県には、離島が3島あり、産業と交通で、格差があります。知多半島沖の南知多町の篠島と日間賀島は、いずれも漁業と観光の島で、篠島はシラスとフグ、日間賀島はタコとフグで知られます。名鉄常滑・河和線河和駅から船で両島に渡れ、比較的便利です。一方、西尾市一色沖の佐久島は、過疎化が急速に進行、現在は、アートの島として知られます。一色港から船ですが、2006年（平成18年）の名鉄三河線一部廃止で、一色港最寄り駅の三河一色駅は廃止となりました。

（5）中部は「ひとつ」？

　中部地方は、甲信越地域・東海地域・北陸地域に、地域区分されます。

　甲信越は、山梨県・長野県・新潟県で、関東との一体化が進行しています。中央線で、山梨県の県庁所在地の甲府へは特急で新宿から1時間半（最速列車）、長野県の松本へは特急で新宿から2時間半（最速列車）、長野県の県庁所在地の長野へ新幹線で東京から1時間20分（最速列車）、新潟県の県庁所在地の新潟へ新幹線で東京から1時間30分（最速列車）、このように、交通、特に鉄道交通の発達により、東京志向が強まっています。

　東海は、岐阜県・愛知県・静岡県で、各県の志向が異なります。岐阜は愛知県名古屋と一体化の傾向があり、愛知県は東京・大阪に対して独自性を保っています。静岡県では、東部の伊豆や駿河は東京志向が強いのですが、西部の遠江は、愛知東部と交流があります。

　北陸は、福井県・石川県・富山県で、関西志向から関東志向へと志向の変化があります。富山は関東志向、石川は独自性、福井は関西志向と、各県で異なりますが、北陸新幹線の金沢開通で、富山の関東志向がより強まる傾向があり、石川県も関東志向への転換が予想されます。

（6）新幹線で変わった・変わる中部地方

　中部地方は、東海道新幹線開通以来、大きく変わった地方であるとともに、上越新幹線・北陸新幹線開通で、今後も大きく変わると予想されます。

　東海道新幹線は、1964年（昭和39年）東京〜新大阪間開通、駅設置・停車駅による格差が生じました。県庁所在地では名古屋市・静岡市に新幹線駅が開業、岐阜市には新幹線駅ができませんでした。

　上越新幹線は、1982年（昭和57年）大宮〜新潟間開通、新潟の発展と東京志向が顕著になり、中部地方から離脱の傾向です。北陸新幹線が、1997年（平成9年）長野まで開通、2015年（平成27年）金沢まで開通、長野・富山・金沢が東京志向になり、中部地方の中心である名古屋から離脱の傾向です。2024年（令和6年）に福井県敦賀まで開通で、福井も大きな影響が予想され、特に、福井の関西志向が東京志向になるかが注目されます。なお、敦賀〜大阪間については、開通はかなり先になる模様です。

　さらに、中央新幹線（リニア新幹線）品川〜名古屋間の開通が、期待されます。これによって、名古屋の発展につながるのか、名古屋が東京志向になるのか、注目されます。

（7）愛知県は「ひとつ」？

　愛知県は、県西部の尾張と、県東部の三河に地域区分され、戦国時代からの異なる歴史があります。かつて、尾張は、西国の「おわり」（地名の由来）、三河は東国の「はじまり」でした。すなわち、両者の境界は、東西の境目となっていたわけです。都市では、尾張は名古屋集中、三河は豊橋・岡崎・豊田分散の傾向があります。

　歴史上の人物では、尾張は織田信長・豊臣秀吉、三河は徳川家康と、いわゆる三英傑を輩出した地です。中部地方の位置的な重要性、すなわち、他の戦国武将の輩出も大きく位置に関係しています。

　尾張は、尾張徳川家、徳川宗春の時代に、規制緩和の自由経済となり、商業が繁栄、今でもその伝統は、冠婚葬祭や、配布用の駄菓子文化、実用性重視の姿勢ということで残っています。代表的産業が窯業で、地名を冠した瀬戸物で知られ、衛生陶器（ＴＯＴＯ）・碍子（ＮＧＫ）へと展開しま

した。また、洋風化の流れを受けて、毛織物工業も立地しました。

　三河は、農業の地で、戦国時代より綿花栽培が行われ、綿工業が発達、自動織機（トヨタ）の開発となり、自動車工業へと発展、自動車工業は幅広い関連工業を発達させ、日本の一大自動車工業地域となりました。

（8）名古屋の地下鉄道・都心接続・新線

　名古屋における地下鉄道開通の歴史を、見てみましょう。

　1938年（昭和13年）関西急行電鉄（現・近鉄）関急名古屋駅（現・近鉄名古屋駅）開通、地下鉄道で乗り入れたのが、名古屋の地下鉄道の最初です。続いて、1941年（昭和16年）名鉄名岐線が地下鉄道で新名古屋駅（現・名鉄名古屋駅）まで開通、それまでは、名鉄は押切町が終点で、名古屋市電の柳橋まで乗入れていました。1944年（昭和19年）名鉄豊橋線が地下鉄道で新名古屋駅（現・名鉄名古屋駅）まで開通、名鉄名古屋本線がつながりました。

　1957年（昭和32年）に名古屋市営地下鉄東山線名古屋〜栄町間が開業、市営地下鉄は戦後の開業です。1963年（昭和38年）に地下鉄東山線は東山公園まで開通しました。1978年（昭和53年）に名鉄瀬戸線が地下鉄道で栄町乗り入れ開通、1979年（昭和54年）に名鉄豊田線開通・鶴舞線乗入と相互乗り入れが開始され、1993年（平成5年）に名鉄犬山線鶴舞線乗入直通開始、2003年（平成15年）名鉄小牧線平安通乗入直通開始となりました。

　以上のように、東京・大阪では、地下鉄が戦前期に開通していたのに対して、名古屋の都心地下鉄道開通・乗入は、比較的遅いのです。

（9）天下取りの舞台：岐阜県

　岐阜県は、地形と気候で、大河川が合流する平野部中心の太平洋側気候の美濃と、山地のみで山々に囲まれた中央高地気候の飛騨に、地域区分されます。

　美濃は、木曽川・長良川・揖斐川の三河川が合流、その河川の堤防に囲まれた肥沃な水田地帯が輪中地帯であり、堤防の微高地に輪中集落が立地しました。洪水により、上流から肥沃な土壌が供給されたため、米作を中

心とした大農業地帯でした。また、滋賀県の近江との境界に近い関が原は、狭隘地で、交通の要衝であり、天下取りの舞台となりました。

　飛騨は、山間部のため、林業が中心、1934年（昭和9年）高山線全通、交通が飛躍的に改善され、下呂温泉や平湯・新平湯・福地・新穂高などの奥飛騨温泉郷と、1995年（平成7年）世界遺産登録の白川郷は豪雪地帯の養蚕に適した合掌造りがあり、観光地域です。神岡鉱山（鉛・亜鉛）は、かつて東洋一、鉱毒が神通川を流れ、イタイイタイ病（公害）が発生しました。

　県庁所在地の岐阜市に新幹線駅はなく、岐阜駅から名古屋駅まではＪＲ新快速で20分と便利で、名古屋志向が強くなっています。なお、新幹線駅は羽島市の岐阜羽島駅、名鉄岐阜から新羽島まで竹鼻線で27分です。

(10) 東海道の真ん中：静岡県

　静岡県は、大井川を境界として、西部の遠江と東部の駿河に、地域区分されます。さらに、駿河は、富士川を境界として、西部の静岡・焼津と東部の岳南・伊豆に、地域区分されます。

　岳南・伊豆地域では、富士山の麓の富士市は製紙工業都市、沼津は水産都市として知られ、御殿場市は御殿場線・小田急を経由した東京の新宿駅への直通特急列車があります。伊豆半島は、数多くの温泉と景勝地があり、東京から下田や修善寺へ直通特急列車がある観光地となっています。東海道新幹線三島駅・新富士駅は、東京への通勤・通学に利用されます。

　静岡・焼津地域では、清水（現・静岡市）と焼津市が水産都市、相良（現・牧之原市）では、かつて石油（高品質で知られた）を産出、牧之原台地や大井川流域での茶の栽培は、旧・徳川家家臣の開発によるもので、明治期に拡大しました。日本平の久能山東照宮や登呂遺跡の史跡もあります。

　遠江は、天竜川を利用した木材輸送による天竜市などの林業都市が立地、そこから浜松市は、楽器や単車製造の工業都市となりました。浜名湖周辺でのうなぎの養殖は、現在では衰退傾向です。浜松から豊橋までＪＲで35分のため、愛知・名古屋指向があります。

(11) 東海の都市：愛知県・岐阜県・静岡県

　愛知県の県庁所在地は、名古屋市（人口約 233 万人：2022 年）で、商工業都市、中部・東海地方の中心都市でもあります。豊田市（人口約 42 万人：2022 年）は、自動車工業都市、県東部三河最大の都市で、豊橋市（人口約 37 万人：2022 年）は、県東部の交通の要衝で、東海道新幹線開通当初の愛知県内の駅は名古屋駅と豊橋駅のみ、飯田線が分岐します。

　岐阜県の県庁所在地は、岐阜市（人口約 40 万人：2022 年）で、商業・観光都市、織田信長の城下町、高山線が分岐します。大垣市（人口約 16 万人：2022 年）は、岐阜県第二の都市で商工業都市、西濃の中心で、「水の都」と称されます。高山市（人口約 8 万人：2022 年）は、飛騨の中心で、古い町並みが残り、豪華な屋台の高山祭など、観光都市としても知られます。

　静岡県の県庁所在地は、静岡市（人口約 68 万人：2022 年）で、商工業都市、徳川家康の城下町、清水はアニメ「ちびまる子ちゃん」の街として知られます。浜松市（人口約 78 万人：2022 年）は、静岡県最大の都市、商工業都市、楽器製造から「楽都」とも称されます。熱海市（人口約 3 万人：2022 年）は、温泉観光都市で、東海道新幹線の駅があります。

(12) 関東の一員？：山梨県

　山梨県は、「山があっても山梨県」と称され、山々に囲まれた内陸の盆地県、かつては、蚕の繭から生糸を生産する養蚕が盛んで、多くの扇状地が蚕の餌となる桑を栽培する桑畑に利用、今は果樹園での葡萄栽培に利用されています。ブドウから、ぶどう酒を生産、甲州市（人口約 3 万人：2022 年）の勝沼などに、甲州ワインのワイナリー（醸造所）があります。

　東京の新宿駅から山梨県甲府駅を経由して長野県塩尻駅に至る中央線は、勾配区間を克服するために、途中駅などに多くのスイッチバックを設置、長い所要時間を要しました。1965 年（昭和 40 年）に塩尻駅まで電化、スイッチバックも多くは解消され、1966 年（昭和 41 年）に電車特急あづさ運転開始でスピードアップされ、一気に東京が近くなりました。大月市（人口約 2 万人：2022 年）の中央線大月駅からの富士急行は、富士吉田市（人口約 5 万人：2022 年）の富士山駅が富士山登山の拠点となっており、観光列

車や東京への直通通勤列車が運転されています。

身延町（人口約1万人：2022年）にある身延山久遠寺は、日蓮宗の宗教都市、下部温泉は、武田信玄の隠し湯で、山中に武田信玄の隠し金山の湯之奥金山があったとされます。

(13)「信濃の国」でまとまる：長野県

長野県は、長野県の県歌である「信濃の国」で歌われているように、平と称される四つの盆地を中心として、松本・伊那・佐久・善光寺（長野）に、地域区分されます。

長野は、善光寺平で、善光寺の門前町が県庁所在地になりました。門前町が県庁所在地になったのは唯一です。1998年（平成10年）の長野オリンピック開催にむけて、1997年（平成9年）に長野新幹線高崎～長野間が開通、東京まで1時間20分（最速列車）で結ばれ、東京志向が強まりました。

上田は、佐久平で、佐久地方の中心、やはり東京志向が強く、東京急行電鉄の創始者は長野県出身、上田電鉄が、別所温泉まで走っています。

松本は、松本平で、城下町でしたが県庁所在地にならず、新幹線は通らず、相対的に交通が不便となりました。東京から特急で3時間を要し、長野までの所要時間の2倍以上となります。

飯田は、伊那平で、伊那地方の中心、高速バスで約2時間の名古屋志向です。しかし、リニア新幹線駅が伊那地方に誕生すると、東京へは格段に近くなり、激変も予想されます。

信州大学は、長野・上田・松本・飯田に分散、典型的なタコ足大学です。

(14) 日本海側の中心？：新潟県

新潟県は、気候は典型的な日本海側気候で豪雪地帯、地形は、低湿地帯の平野が広がる日本有数の米作地帯ですが、それは米以外の栽培が難しいという側面があるともいえ、かつては東北と並ぶ出稼ぎ地帯でした。地下資源は、低湿地帯に褶曲の背斜構造の丘陵地帯があるため、石油・天然ガスを産出、天然ガスは東京方面へパイプラインで送られています。工業は、当初、地元産出の石油・天然ガスを利用した石油化学工業が新潟や長岡・

柏崎などに立地しました。燕・三条では、金属製品工業が有名です。

　江戸期には北前船で大阪と結ばれていた新潟は、鉄道が開通しても、北陸線経由の大阪からと、信越線経由の東京からと、ともに同一の所要時間でしたが、1931 年（昭和 6 年）上越線清水トンネル開通で、東京との所要時間が大幅に短縮されました。川端康成の小説「雪国」の冒頭で、この清水トンネルが登場しています。さらに、1982 年（昭和 57 年）上越新幹線開業でさらに東京との所要時間が短縮されました。ちなみに、日本海側への新幹線初開通でした。その結果、北前船以来の関西志向から急速に関東志向となり、かつての北陸地方から甲信越地方へ位置づけられることとなりました。なお、新潟市は、日本海側で最も人口が多い都市です。

(15) 甲信越の都市：山梨県・長野県・新潟県

　山梨県（甲斐）の県庁所在地は、甲府市（人口約 19 万人：2022 年）で、武田氏の城下町、甲州街道の宿場町、信玄の隠し湯とされる湯村温泉がある観光都市でもあります。北杜市（人口約 4 万人：2022 年）は、八ヶ岳山麓、避暑地の清里、リゾートホテルや観光施設が立地、都留市（人口約 3 万人：2022 年）は、甲斐絹の山地、山梨リニア実験線があります。

　長野県（信濃）の県庁所在地は、長野市（人口約 37 万人：2022 年）で、門前町の商工業都市、松本市（人口約 24 万人：2022 年）は、城下町で上高地など北アルプスへの観光都市、上田市（人口約 15 万人：2022 年）は、城下町で繊維工業都市、飯田市（人口約 10 万人：2022 年）は、りんご並木の街、軽井沢町（人口約 2 万人：2022 年）は、避暑地で有名です。

　新潟県（越後）の県庁所在地の新潟市（人口約 78 万人：2022 年）は、港湾都市で県庁所在地となりました。上越市（人口約 18 万人：2022 年）は、内陸の城下町高田と海岸の港町直江津が合併、糸魚川市（人口約 4 万人：2022 年）は、ヒスイ・石灰石の山地で、セメント工業都市、越後湯沢町（人口約 8 千人：2022 年）は、「雪国」ゆかりの温泉とスキー場で有名です。

(16) 東西のはざま：富山県

　富山県は、東に黒部川、中央に常願寺川と神通川、西に庄川が流れ、そ

れぞれの麓に扇状地が広がります。黒部川上流では、黒部ダムが建設され、黒部発電所の電力で、黒部市（人口約4万人：2022年）にアルミ精錬工場が立地、現在はファスナー等の製造（ＹＫＫ）になりました。常願寺川上流には、立山があり、立山黒部アルペンルートで長野県大町に至ります。神通川上流が、岐阜県の神岡です。庄川上流は、合掌造りの五箇山、庄川扇状地の砺波平野には、各家が分散する散村が広がっています。富山県は、一戸建ての持ち家率が高く、大きい仏壇を設置することが多いため、郊外に家が分散する傾向にあり、高齢化社会での生活に支障が出ると予想され、「コンパクト・シティ化」（都市の集住化）と、都心のインフラ整備を進めています。富山駅と岩瀬浜駅を結ぶ、かつての富山港線を路面電車に転換、富山地方鉄道市内線と接続、利便性が向上しました。

　北陸新幹線が開通し、東京まで2時間10分（最速列車）となり、北陸で最も東京志向が強まり、企業活動と大学進学傾向に影響しました。その一方で、富山空港の羽田便は減便されて1日3便（2022年）で、羽田～県庁所在地空港便で最小、使用機種の座席数も少なくなりました。

（17）関西志向から関東志向へ：石川県

　石川県は、南部の加賀と北部の能登に地域区分されます。この地を治めた加賀百万石の前田家は、豊臣秀吉から徳川家康の時代まで、越後の上杉家とともに、存続しました。家臣に徹したことが大きな要因です。石川県には、和倉・湯涌や片山津・粟津・山代・山中の加賀温泉郷など、温泉が多くありますが、新幹線駅の有無など、交通の便に差異があります。

　能登では、能登空港開港に際し、空港維持のため、高速道路一部未開通や鉄道の廃止といった半島の離島化があり、ＪＲは和倉温泉までで、のと鉄道は穴水までと、陸上交通が不便です。一方、加賀の中心である金沢へは、2015年（平成27年）に北陸新幹線が開通、東京まで2時間30分（最速列車）となり、大阪からの特急列車（最速列車）と同等の所要時間となりました。2024年（令和6年）には、小松・加賀温泉へも開通、関西志向から関東志向への転換が予想されるとともに、北陸新幹線が開通した加賀と一部の鉄道廃止があった能登の地域格差が拡大しています。

　東京～石川間の交通機関別のシェアは、航空が優位でしたが、北陸新幹線開通で鉄道優位となりました。航空側は、機材の小型化で、大幅な便数の減少とならないようにしています。

(18) 関西志向が強い：福井県

　福井県は、北東部の越前と南西部の若狭に地域区分されます。

　越前は、九頭竜川下流に福井平野が広がるものの、断層海岸の越前海岸が続き、日本海側では比較的平地が少ない地形です。戦国期まで、越前朝倉氏が支配、一乗谷に朝倉氏の遺跡があります。家内織物工業が発達、会社化で社長が多いとともに、女性就業率が高いことで知られています。また、鯖江市（人口約7万人：2022年）は、眼鏡枠製造で有名、越前市（人口約8万人：2022年）は、和紙や打ち刃物の伝統工芸があり、いずれも福井から福井鉄道があります。あわら市（人口約3万人：2022年）は芦原温泉、坂井市（人口約9万人：2022年）は景勝地東尋坊、永平寺町（人口約2万人：2022年）は永平寺の門前町、いずれも福井からえちぜん鉄道があります。

　若狭は、越前海岸と対照的なリアス式海岸、高浜町（人口約1万人：2022年）・おおい町（人口約8千人：2022年）・美浜町（人口約9千人：2022年）・敦賀に原子力発電所が並ぶ「原発銀座」「原発街道」で、小浜経由の北陸新幹線を誘致しました。富山（黒部）は水力発電所集中地帯、福井（若狭）は原子力発電所集中地帯、北陸地方は、近畿地方への電力供給地帯です。

(19) 北陸の都市：石川県・富山県・福井県

　石川県の県庁所在地は、金沢市（人口約46万人：2022年）、北陸の中心都市でもあり、戦災を大きく受けず、古い町並みが残る観光都市です。小松市（人口約10万人：2022年）は、県内一の工業都市（コマツ）、輪島市（人口約2万人：2022年）は能登半島北部の都市、2001年（平成13年）にのと鉄道七尾線の廃止で、交通不便となり、近年の人口減少は著しい。

　富山県の県庁所在地は、富山市（人口約41万人：2022年）、「越中富山の薬売り」の製薬と行商で有名、富山地方鉄道立山・宇奈月方面の起点です。高岡市（人口約16万人：2022年）は、鋳物工業都市、県西部最大の都市で、

漫画家の藤子・Ｆ・不二雄氏の出身地です。氷見市（人口約4万人：2022年）は、寒鰤等の水産都市で、藤子不二雄Ⓐ氏の出身地です。

　福井県の県庁所在地は、福井市（人口約26万人：2022年）、2024年（令和6年）北陸新幹線開業、敦賀市（人口約6万人：2022年）は、北海道へのフェリー航路など交通の要衝で、かつて欧亜国際連絡列車の発着地、また、北前船の寄港地で、昆布加工品が特産品です。小浜市（人口約3万人：2022年）は、若狭の中心都市、若狭街道は鯖街道で京都へ至ります。

（20）中部地方の交通と地域課題

　中部地方は、東京・関東都市圏と、京阪神・関西都市圏の間にあるため、鉄道・道路共に東西通過型交通が多く、地元中心地へは不便な状況です。例えば、北陸新幹線開通で、新潟県内では、上越市と新潟市間の特急列車が削減されて不便になり、長野県内では、伊那の飯田線沿線から県庁所在地長野へ、岐阜県内では、中央線沿線の恵那・中津川から県庁所在地岐阜へ、福井県内では、小浜線沿線から県庁所在地福井へ、いずれも不便です。新幹線開通や在来線スピードアップにより、中部地方の各空港からの東京（羽田）・大阪（伊丹）線が廃止や減便され、空港旅客が減少、空港の存続にも影響する事態となっています。

　中部地方は、東京と大阪の間で、いずれへも鉄道・高速道路が通じ、交通が便利で、各種製造業の工業が発達、第二次産業比率が比較的高い状況です。その反面、第三次産業部門の東京・大阪方面への依存があり、各産業がバランスよく発達しない状況があります。

　以上から、交通が地域にどのような影響を与えたかを検証することが、中部地方の検討に必要で、さらに、中部地方として、今後、まとまるためにも、交通は考慮すべき事柄でしょう。

（21）愛知県に本社がある企業

　愛知県には、この地が発祥の地であり、本社がある企業が、製造業を中心として、多くあります。

　自動車工業と自動車関連企業としては、三河を中心に、豊田市にトヨタ

自動車（自動車製造）、刈谷市にデンソー（自動車部品製造）、名古屋市にトヨタグループの豊田通商（総合商社）があり、他にも自動車関連企業が多く分布しています。機器製造としては、名古屋市に、ブラザー（ミシンから複写機・ファクシミリ製造）、バッファロー（パソコン関連機器製造）、日本ガイシ（セラミック使用危機製造）、シャチハタ・Shachihata（スタンプ製造）、豊明市に、ホシザキ電機（業務用厨房機器製造）があります。食器・食品製造としては、名古屋市に、ノリタケカンパニーリミティッド（食器製造・社名は地名の則武から）、カゴメ（ケチャップなどの食品製造）、オリエンタル（カレーなどの食品製造）、半田市に、ミツカン（ポン酢などの食品製造）があります。他の鉱業や製造業の第二次産業としては、奥三河の東栄町に、三信鉱工（化粧品原料の絹雲母であるセリサイト採掘）、瀬戸市・常滑市に窯業、一宮市に毛織物工業、岡崎市に八丁味噌製造、西尾市に製茶、田原市にセメント工業があります。

(22)「名古屋飛ばし」と「名駅・栄」

「名古屋飛ばし」は、1992年（平成4年）3月14日に、東海道新幹線「のぞみ」運転開始の際、東京発の「のぞみ301号」が、新横浜駅停車後、名古屋駅・京都駅を通過、新大阪駅へ向かったことが、いわゆる東海道新幹線「のぞみ」による「名古屋飛ばし」として、有名となりました。ちなみに、「名古屋飛ばし」は、中日新聞に掲載された見出しです。1997年（平成9年）11月29日に、名古屋駅通過列車が廃止されるまで続きました。また、イベント等で、東京・京阪神で開催されて、名古屋で開催されなかった場合にも「名古屋飛ばし」の用語が用いられます。

「名駅と栄」は、名古屋の二大中心です。名駅とは名古屋駅のことで、名古屋では略してよく使います。名駅には、百貨店のJR名古屋タカシマヤがあり、大手書店の三省堂書店、大手家電量販店のビックカメラが、入居・出店しています。栄には、大手書店のMARUZEN名古屋本店（ジュンク堂）、百貨店の松坂屋名古屋店があり、大手家電量販店のヨドバシカメラが、入居・出店しています。名駅と栄には、大手書店・大手家電量販店があるとともに、百貨店に、大手書店・大手家電量販店が、入居・出店

しているのは、実は現在のところ、珍しいのです。

(23) 名古屋、東西の「中」と独自性

　名古屋は、東京・大阪の、そして日本の「中」であり、独自性、先端性がある土地柄です。「中」とは、「中央」とともに「隙間」という意味もあり、そこに、東西の「中」だからこそ生まれた、独自性（オリジナリティ）と先端性（フロンティア）があります。

　独自性では、特に、食文化の独自性は有名です。ひつまぶし・味噌煮込みうどん・味噌カツ・きしめん・喫茶店のモーニング文化などがあります。

　先端性では、時代の先端を歩んだ織田信長・豊臣秀吉・徳川家康を輩出、自動車工業のトヨタをはじめ、愛知県に本社がある企業で紹介した製品等に現れています。三河萬歳も、お笑いの原点です。この地は、かつて、西国と東国の境界であり、西国の都周辺である畿内から見れば、辺境です。「境界・辺境」は「フロンティア」であり、「先端」という意味もあります。まさしく、「境界・辺境」が「先端」を生み出したと指摘できるわけです。

　名古屋は、堅実、内部完結の土地柄でもあります。独自性と先端性による過去の成功が、今後の発展にどうつながるのか。広い視野と、従来にとらわれない発想が必要でしょう。

「まとめ」：
中部地方の自然環境の特色は、何か。
中部地方は、どのように分かれるか。
愛知県は、どのように分かれるか。

「考察」：
新幹線の開通で、中部地方はどのように変わったか。
中部地方の自然環境は、歴史にどのような影響を与えたか。
名古屋の特色とそれを生み出した背景は、何か。

写真23：ＪＲ最高地点　野辺山高原（長野県）

写真24：下栗の里（長野県）

写真 25：金津石油の里（新潟県）

写真 26：開智学校（長野県）

地図 28：5 万分の 1 地形図「名古屋北部」昭和 7 年第三回修正
　　　　5 万分の 1 地形図「名古屋南部」昭和 7 年第三回修正

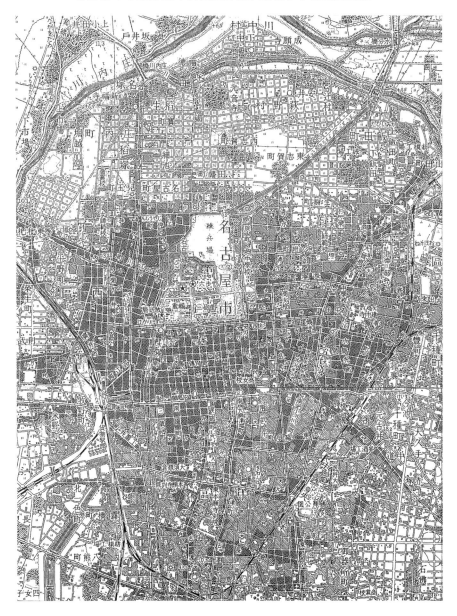

地図29： 5万分の1地形図「岐阜」昭和2年鉄道補入
　　　　 5万分の1地形図「大垣」昭和2年鉄道補入

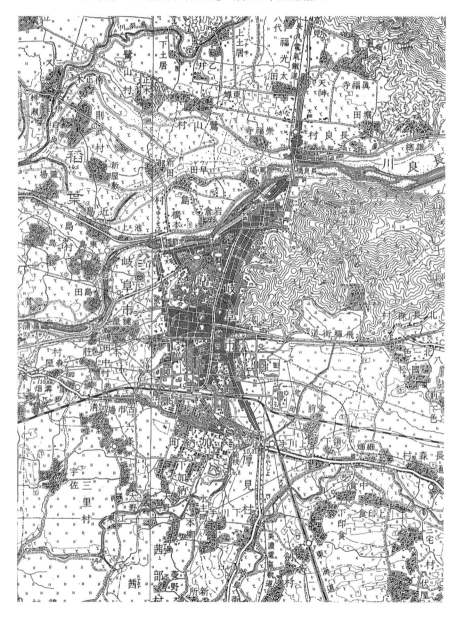

地図30：5万分の1地形図「静岡」昭和2年鉄道補入

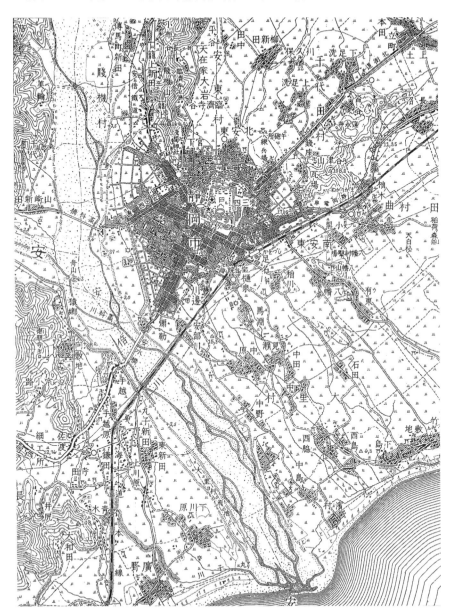

地図31：5万分の1地形図「甲府」昭和4年第三回修正
　　　　5万分の1地形図「御嶽昇仙峡」昭和4年修正

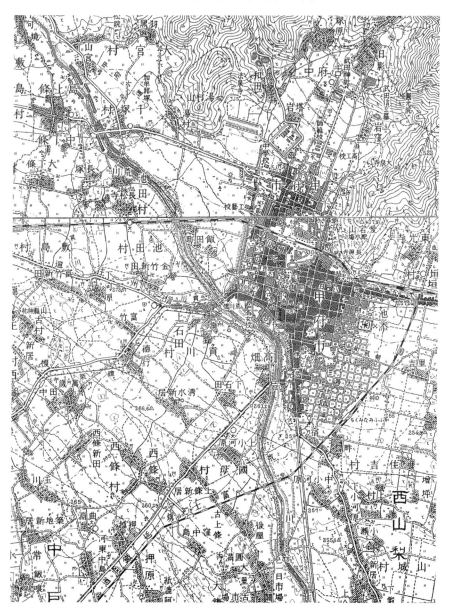

地図 32：5 万分の 1 地形図「長野」昭和 12 年第二回修正
　　　　5 万分の 1 地形図「戸隠」昭和 6 年修正

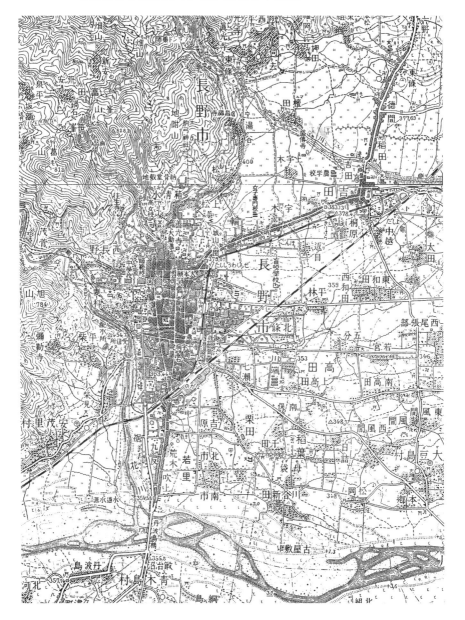

地図33：5万分の1地形図「新潟」昭和6年修正

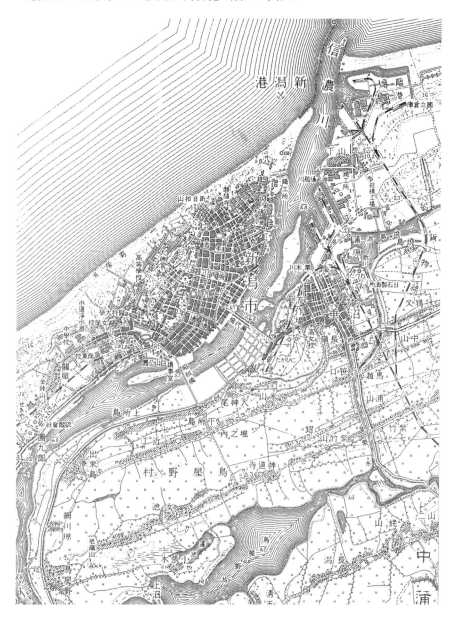

地図34：5万分の1地形図「金沢」昭和6年修正

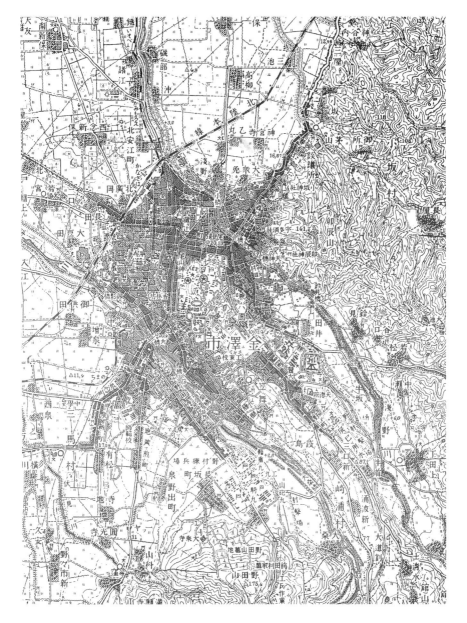

地図 35：5万分の1地形図「富山」昭和 23 年資料修正

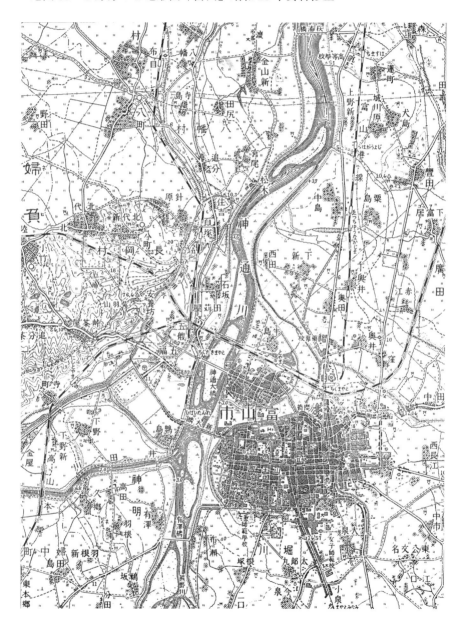

地図36：5万分の1地形図「福井」昭和8年要部修正

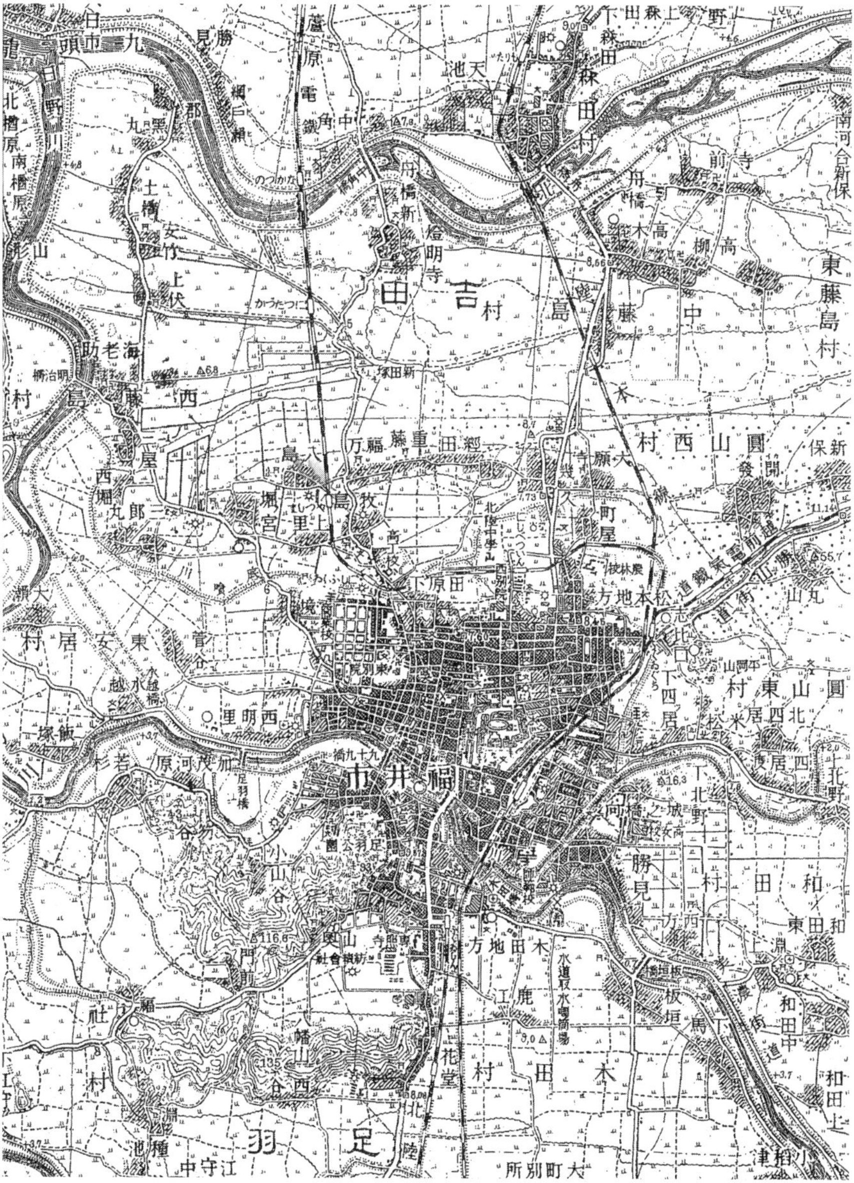

【8】 関東地方の地誌

（1） 関東地方の地形と資源

　関東地方と他の地方との境界には、明確な自然の境界があります。すなわち、周囲を山々で囲まれているため、それらが境界となります。他の地方へは山越えとなり、活火山もあって、過去に火山噴火もありました。

　関東地方の最大の特徴は、広大な平野が広がることです。ただし、広大な平野は、低湿地と台地です。低湿地では、昔から洪水があり、反対に台地は水不足が顕著でした。関東地方は、特別な気候の地で、山々から吹き降ろす風があり、竜巻の発生もあります。風は火事を広げる原因となり、「火事と喧嘩は江戸の華」と称されようになりました。

　関東地方では、多様な資源の産出があります。銅は、栃木県日光市の足尾銅山や茨城県日立市の日立銅山で、鉄は群馬県長野原町の群馬鉄山で、ニッケルは群馬県藤岡市の多野鉱山で、石炭は、茨城県北茨城市や高萩市で、亜炭は群馬県高崎市・埼玉県飯能市で、硫黄は栃木県那須町・群馬県草津町で、大谷石は栃木県宇都宮市の大谷で、石灰石は、茨城県日立市、埼玉県秩父市の武甲山、東京都青梅市・奥多摩町、栃木県佐野市の葛生で、天然ガスは、千葉県茂原市で産出、大谷石・石灰石・天然ガスは、現在でも採掘を継続しています。

（2） 関東地方と他県との境界は？

　関東地方と福島県の境界は、白河越えである、白河の関を越えるのが内陸部、勿来越えである、勿来の関を越えるのが海岸部です。

　関東地方と新潟県の境界は、谷川岳がある越後山脈で、鉄道の清水トンネルでの上越線開通までは、越えるのが大変なルートでした。

　関東地方と長野県の境界は、群馬県から長野県への、勾配が極めてきつい碓氷峠を越えるもので、浅間山などの活火山が並びます。

　関東地方と山梨県の境界は、埼玉・東京・神奈川から関東山地を越えるもので、僅かな河川が流れる狭隘部に鉄道や道路が作られました。

　関東地方と静岡県の境界は、箱根関を越える箱根越えで、箱根八里の歌

で「箱根の山は天下の嶮、函谷關ももものならず」と謳われた難所です。

このように、関東地方から他県へは、ほとんどが山越えとなります。利点としては、関所を設置すれば、境界の警備が便利、しかし、問題点としては、越えるのが難しい、交通の障害となることです。

（3）関東地方と他県との鉄道交通

関東地方と福島県の鉄道交通は、東北線では黒磯駅（栃木県）以北が、常磐線では取手駅（茨城県）以北が、交流電化で、白河越え・勿来越えです。交流電化の方が、粘着性が高まり、勾配に強い特性があります。1982年（昭和57年）に、東北新幹線が開通しました。

関東地方と新潟県の鉄道交通は、ループ式を採用して高度を稼ぎ、谷川岳下を清水トンネルで貫いて上越線で結ばれました。1982年（昭和57年）に、上越新幹線が開通しました。

関東地方と長野県の鉄道交通は、アプト式を採用して勾配が急な碓氷峠を信越線で越え、のちにアプト式を廃止して粘着式になりました。1997年（平成9年）に、長野新幹線が開通しました。

関東地方と山梨県の鉄道交通は、スイッチバック式線路を設置して勾配を克服、のちスイッチバックは廃止されました。新幹線はなく、甲府・松本方面の中央線は在来線のみです。

関東地方と静岡県の鉄道交通は、当初は御殿場経由で東海道線を建設、のちに丹那トンネルルートが開通しました。1964年（昭和39年）に、東海道新幹線が開通しました。

山梨県以外は、各方面への新幹線が20世紀中に開通、利便性が向上、関東（東京）一極集中となりました。

（4）関東の自然環境と歴史

関東地方は、広大な平野で、内陸まで低湿地が広がります。洪水が頻繁に発生したため、治水（排水）が必要であるとともに、多くの河川を活用することが重要でした。そこで、特に、利根川の流路を現在の東に変更（東遷）、また河川通しをつなげて、河川のネットワーク化を行うこととしま

した。これによって、洪水から江戸を守ることとともに、河川を活用して関東一円から江戸に物資を運ぶことができるようになりました。まさしく、「一石二鳥」です。大坂は、日本海から瀬戸内海を経由する北前船（西廻り航路）の終点として繁栄しました。江戸は、このように、洪水防止と河川のネットワークによる河川交通で、繁栄することとなりました。この時代は、船舶交通が、物資輸送に活躍、都市の繁栄の礎となったのです。

　さらに、利根川東遷で水の洪水を防ぐだけでなく、東北の伊達氏を防ぐ防衛線の役割を持たせることとしました。利根川の北は北関東、利根川の南は南関東ですが、この利根川は、北関東と南関東の役割を明確化することとなります。例えば、足尾銅山鉱毒事件の際も、鉱毒沈殿場所である渡良瀬遊水地は、栃木県南端の利根川の北側に設置されました。

（5）関東地方の河川と航空・観光

　東京湾には、航空交通の要衝である羽田空港、大都市観光の要衝であるテーマパークの代表のＴＤＬ・ＴＤＳ・ＴＤＲが立地しています。それぞれの立地条件・発展理由は何でしょうか。

　羽田空港とＴＤＬ・ＴＤＳ・ＴＤＲの立地条件の共通点は、羽田空港が京浜急行と東京モノレールで、ＴＤＬ・ＴＤＳ・ＴＤＲがＪＲ京葉線で都心と結ばれ、交通が便利なことです。それとともに、立地場所が東京湾に注ぐ、二大河川の河口です。羽田空港は、東京都と神奈川県の境界である多摩川の河口、ＴＤＬ・ＴＤＳ・ＴＤＲは、東京都と千葉県の境界である旧・江戸川の河口、都県の境界となるような大河川の河口は、流れ込む土砂によって遠浅となり、埋め立てで広大な平坦地を確保することが可能となります。大河川の河口は、また、山が遠く、見えにくいこととなり、気流が安定し、借景が入らないことにつながります。まさしく、この立地条件が、空港とテーマパークにとって、発展理由の共通点となるのです。

　このように、東京湾に注ぐ二大河川の河口は、関東・東京にとって重要な施設の格好の立地場所なのです。ちなみに、「翼」は、分解すると「羽・田・共」の三文字となり、羽田は、航空と共にと縁のある地名です。

（6）関東地方の中での境界は？

　関東地方は、関東の人々が強く認識しているように、東京都・神奈川県・埼玉県・千葉県の南関東と、群馬県・栃木県・茨城県の北関東に、大きく地域区分されます。勿論、東京都を別格として、東京都を南関東から外し、東京・南関東・北関東と地域区分することもあります。

　南関東と北関東の境界は、利根川で、利根川の南に千葉県、利根川の北側に茨城県、利根川の南側に埼玉県、利根川の北側に群馬県があります。

　また、南関東では、江戸川（現・旧江戸川）が東京都と千葉県の境界、荒川の一部が東京都と埼玉県の境界、多摩川の一部が東京都と神奈川県の境界となっています。北関東では、八溝山地が栃木県と茨城県の境界、足尾山地が群馬県と栃木県となっています。

　以上のように、南関東と北関東のみならず、関東各都県は、河川と山地が境界となっています。やはり、河川と山地は、交流の妨げとなり、境界となりやすいわけです。但し、河川と山地が境界となっていないところも存在します。また、前述した利根川と共に、荒川も、水量調整と河川接続で、江戸時代初期に流路変更となったところがあります。

（7）関東地方は「ひとつ」？

　関東地方は、東京都・神奈川県・埼玉県・千葉県の南関東と、群馬県・栃木県・茨城県の北関東に、地域区分されますが、今日、重要となっているのは交通、特に東京への鉄道交通、さらには、「絶対距離」ではなく、「時間距離」で、それにより、東京への通勤が可能かどうかということに大きく影響します。基本的には、南関東が通勤圏、北関東が非通勤圏です。

　時間距離で見ると、東京からおおむね２時間以内が、東京への通勤者が多くなる東京への通勤圏となり、東京からおおむね２時間以上が、東京への通勤者が少なくなる東京への非通勤圏となります。具体的に見ると、鉄道交通が発達していることによって、北関東の群馬県・栃木県・茨城県の平野部が通勤圏に入ることとなり、反対に、鉄道交通が発達していないことによって、南関東の神奈川県・埼玉県の山間部や千葉県の房総半島が通勤圏から外れることとなります。但し、千葉県の房総半島では、1997年

（平成9年）に東京湾アクアラインが開通したことで、袖ヶ浦市や木更津市が、東京への通勤圏となりました。なお、新幹線通勤は、関東地方内は勿論、関東地方外の福島県新白河駅や静岡県新富士駅に拡大しています。

（8）東京都は「ひとつ」？

東京都は、東京23区と東京23区外や、山の手と下町に、大きく地域区分されます。

東京23区は、東京都の東部で、山手線沿線を中心に、市街地化が進行、常に道路は渋滞、定時運行に優れた鉄道が重要な輸送機関になっています。「急ぐのだったら、鉄道」といわれることもあります。その鉄道は、ＪＲは東京駅へ、地下鉄は中央区の駅へ、私鉄は山手線の駅に向かい、ＪＲ・地下鉄・私鉄の相互乗り入れも、頻繁に行われています。

東京23区外は、東京都の西部で、郊外の都市部があるとともに、山間部には町や村もあります。山手線の駅から、ＪＲ中央線、東武線・西武線・京王線・小田急線・東急線が延びて東京23区への通勤住宅都市が多くあります。また、米軍横田基地や、自動車工業都市の日野市、学園都市の国立市、調布飛行場の調布市、石灰石採掘の奥多摩町があります。

山の手は、山手線沿線含む、武蔵野台地などの台地上で、畑作地帯から住宅地になりました。下町は、隅田川などの河川流域で、米作・漁業から商工業地になっています。

なお、伊豆諸島・小笠原諸島（父島・母島）も、東京都です。

（9）伊豆諸島：伊豆大島・利島・新島・式根島・神津島・三宅島・　　　　御蔵島・八丈島・青ヶ島

伊豆諸島には、伊豆大島・利島・新島・式根島・神津島・三宅島・御蔵島・八丈島・青ヶ島の9島の有人島があり、式根島と青ヶ島以外が、継続した有人島で、これらを伊豆七島と称します。

伊豆大島（人口6,831人：2022年）は、活火山の三原山が過去に頻繁に噴火、観光島です。利島（人口337人：2022年）は、見事な円形の島で、椿栽培が有名です。新島（人口2,307人：2022年）は、コーガ石を産出、流人牢

屋跡や流人の墓が残り、真っ白な砂浜は、サーフィンでも知られます。式根島（人口550人：2022年）は、明治期から定住、海岸部の多くの温泉がある島です。神津島（人口1,786人：2022年）は、天上山があり、漁業・観光業の島です。伊豆大島・利島・新島・式根島・神津島へは東京竹芝桟橋からジェットフォイルが就航、便利になりました。また伊豆大島へは、静岡県熱海からも、ジェットフォイルが就航しています。

　三宅島（人口2,195人：2022年）は、活火山の雄山が過去に頻繁に噴火しました。御蔵島（人口303人：2022年）は、ドルフィンウォッチングなどの観光業の島です。八丈島（人口6,848人：2022年）は、かつては「東洋のハワイ」と称された観光島、暖かい気候を利用した観葉植物の栽培も行われています。青ヶ島（人口172人：2022年）は、カルデラ火山島で、噴火で無人島の時期もありました。

(10) 鉄道とターミナルの「東京」①：官鉄・省線・国鉄・ＪＲ

　東京の鉄道開通とターミナルの成立を、戦前の官営鉄道・鉄道省線、戦後の国鉄（日本国有鉄道）・ＪＲ線で見てみましょう。

　1872年（明治5年）に、新橋（現・汐留）～横浜（現・桜木町）間が開通、以後、1883年（明治16年）に、上野～熊谷間が開通、現在の東北線・高崎線で、上野駅がターミナルとなりました。1885年（明治18年）に、品川～赤羽が開通、現在の山手線で、東京の南北で分かれていた現在の東北線と東海道線が結ばれました。1889年（明治22年）に、新宿～立川が開通、現在の中央線で、新宿がターミナルです。1894年（明治27年）に、錦糸町～市川間が開通、現在の総武線です。1914年（大正4年）に、東京駅開業、電車運転開始、東京駅がターミナルとなりました。1919年（大正8年）に、中央線が東京駅まで延長され、1925年（大正14年）に、山手線が全通、1932年（昭和7年）に、総武線が御茶ノ水まで延長されて中央線と接続、東京を東西に貫く路線が出来ました。このように、明治期に主要線が開通、大正期に東京駅が中心となり、昭和期に現在の路線網の骨格が開通しました。

(11) 鉄道とターミナルの「東京」②：池袋・新宿・渋谷

　東京では、山手線の特定の駅が、乗り換えの一大ターミナルとなり、その外側に私鉄線を開設することが基本となって、昭和初期までに、山手線の駅に私鉄ターミナル駅が併設されて、開業しました。

　池袋では、1914年（大正3年）東武東上線池袋駅開業、1915年（大正4年）西武池袋線池袋駅開業、池袋駅の西側に東武東上線池袋駅、東側に西武池袋線池袋駅です。いずれの路線も、地方鉄道法で開業しました。

　新宿では、1915年（大正4年）京王線新宿駅開業、1927年（昭和2年）小田急線新宿駅開業、1927年（昭和2年）西武新宿線高田馬場駅開業、1952年（昭和27年）西武新宿線新宿駅開業、京王線は軌道法で開業、そのため甲州街道に沿っての一部を路面で走行、東京市電に乗り入れるために、軌間1372㎜を採用、現在では路面走行区間はなくなりました。

　渋谷では、1907年（明治40年）東急玉川線渋谷駅開業、1927年（昭和2年）東急東横線渋谷駅開業、1933年（昭和8年）帝都線（現・京王）渋谷駅開業、東急玉川線は軌道法で開業、大山街道の路面電車で、東京市電に乗り入れるために、軌間1372㎜を採用、1969年（昭和44年）廃止、1977年（昭和52年）地下走行の新玉川線（現・田園都市線）が開通しました。

(12) 鉄道とターミナルの「東京」③：地下鉄道

　東京では、山手線内は、地下鉄道で結ぶことが基本となり、昭和初期から、山手線駅・私鉄ターミナル駅から、東京都心の銀座・丸の内・日比谷を結ぶ地下鉄路線が開業しました。

　1927年（昭和2年）地下鉄銀座線浅草〜上野開業、1939年（昭和14年）地下鉄銀座線浅草〜上野〜銀座〜新橋〜渋谷間全通、1954年（昭和29年）地下鉄丸ノ内線池袋〜お茶の水間開業、1959年（昭和34年）地下鉄丸ノ内線池袋〜お茶の水〜東京〜銀座〜四谷〜新宿間全通、1962年（昭和37年）地下鉄丸ノ内線は荻窪及び方南町へ延伸されました。これらの路線は軌間1435㎜・第三軌条方式で、私鉄との相互乗り入れは行われていません。

　1960年（昭和35年）地下鉄浅草線押上〜浅草橋間開業、京成電鉄と相互乗り入れ、1962年（昭和37年）地下鉄日比谷線北千住〜人形町間開業、東

武伊勢崎線と相互乗り入れ、1964 年（昭和 39 年）地下鉄日比谷線北千住～人形町～霞が関～中目黒間全通、東急東横線と相互乗り入れ、1968 年（昭和 43 年）地下鉄浅草線押上～浅草橋～東銀座～新橋～泉岳寺～西馬込間全通、京急線と相互乗り入れ、1960 年以降は、相互乗り入れが基本の路線開設で、軌間は相互乗り入れの私鉄に合わせた軌間となりました。

(13) 関東地方の鉄道：ＪＲ・私鉄

　関東地方の鉄道で、ＪＲ線は、東京都内の山手線以外、北方向では、東北本線と高崎線・信越線・上越線・吾妻線・川越線・八高線・両毛線・日光線・烏山線、西方向では、中央線と青梅線・五日市線・武蔵野線、南西方向では、東海道線と御殿場線・横須賀線・南武線・横浜線・相模線・鶴見線・根岸線、東北方向では、総武線・常磐線・京葉線・外房線・内房線・成田線・鹿島線・東金線・久留里線・水戸線・水郡線、以上のように、関東地方一帯に、鉄道網があり、多数の路線があります。

　関東地方の鉄道で、私鉄は、当初は軌道法で許可された路線であるＪＲ線（旧・官鉄線）と並行する標準軌（類似軌間含む）の電気鉄道と、地方鉄道法で許可されたＪＲ線（旧・官鉄線）と駅と接続する狭軌（ＪＲ在来線と同じ）の当初は蒸気鉄道、のちに最初から電気鉄道に、法規上と軌間から区分できます。中央線と並行する京王線（旧・帝都線除く）、東海道線と並行する京浜急行線、総武線と並行する京成線が前者、東武鉄道・西武鉄道・東京急行電鉄（玉川線除く）・小田急・相模鉄道・秩父鉄道・関東鉄道等が後者で、関東鉄道以外は電化鉄道です。なお、つくばエクスプレスは、2005 年（平成 17 年）に秋葉原～つくば間が開業した、新しい鉄道です。

(14) 東京都の都市

　東京 23 区（人口約 972 万人：2022 年）は、旧・東京市、東京都のみならず、国の中心です。八王子市（人口約 58 万人：2022 年）は、東京都東部の中心で、多摩地区最大の都市、行楽地の高尾山もあります。町田市（人口約 43 万人：2022 年）は、東京都南部の中心で、商業都市、府中市（人口約 26 万人：2022 年）は、武蔵の国の国府が置かれ、大國魂神社（武蔵国総社）

があります。調布市（人口約24万人：2022年）は、古刹の深大寺がある住宅都市、アニメ「ゲゲゲの鬼太郎」作者の水木しげる氏が居住、街中にモニュメントが設置されています。立川市（人口約18万人：2022年）は、交通の便がよく、八王子をしのぐ商業集積地です。多摩市（人口約15万人：2022年）は、多摩ニュータウンの典型的な住宅都市、多摩センター駅には小田急線・京王線・多摩モノレールが乗り入れ、駅前にはテーマパークのサンリオピューロランドがあります。東村山市（人口約15万人：2022年）は、志村けん氏の出身地で「東村山音頭」で有名となり、駅前に志村けんの銅像が設置されました。青梅市（人口約13万人：2022年）は、多摩川上流の谷口都市、青梅鉄道公園があり、かつて赤塚不二夫記念館がありました。

(15) 人口第二位：神奈川県

　神奈川県は、県人口が東京都に次いで第二位、県庁所在地の横浜市の人口は、東京都23区に次いで第二位、すなわち、人口で、東京に次ぐ第二位の地位にあります。東京への通勤・通学者が多い住宅都市（ベッドタウン）も多く、ＪＲ線・小田急・東急・京浜急行以外、相模鉄道（略称・相鉄）もあり、バス交通は神奈川中央交通（略称・神奈中）と、交通が便利です。

　神奈川県東部は、川崎（工業都市）・横浜（港湾都市）・横須賀（軍事都市）・三浦市（水産都市）が並ぶ、海岸地域で、三浦半島に至る京浜急行沿線地域です。神奈川県中部は、座間・大和・海老名・厚木（住宅都市）、鎌倉（歴史的観光都市）・藤沢（江ノ島の観光都市）が並ぶ、郊外地域で、小田急線・江ノ電沿線地域です。神奈川県西部は、丹沢山地（山々の山頂は千m以上）・小田原（城下町）・箱根（温泉観光地）が並ぶ、山地地域で、小田急線・箱根登山鉄道・伊豆箱根鉄道大雄山線沿線地域です。

　以上のように、神奈川県は、多彩な地形と地域があり、特に箱根山は火山、芦ノ湖はカルデラ湖です。歴史の舞台となった場所も多く、鎌倉・小田原・箱根以外、横須賀市の浦賀がペリー上陸地です。

(16) 東京都と一体化？：埼玉県

　埼玉県は、内陸県で、東部の平野部と西部の山間部に地域区分されます。

また、鉄道の発達で東京への通勤が多く、「埼玉都民」と称され、東京都との一体化が進行しています。

埼玉県東部は、荒川より東側で、元荒川や古利根川の河川流域の低湿地です。南北に東武伊勢崎線が東京（浅草）～北関東の伊勢崎・日光・鬼怒川・宇都宮を結びます。途中の草加はせんべい、春日部はアニメ「クレヨンしんちゃん」の街、久喜市の鷲宮はアニメ「らき☆すた」の街として、有名です。また、ＪＲ線は、東北線と大宮で分岐する高崎線が東京（上野）と北関東の高崎・宇都宮を結びますが、通勤混雑路線として知られています。

埼玉県西部は、荒川より西側で、台地・丘陵・山地・盆地の地形です。東武東上線が池袋～川越～寄居間を、西武新宿線が新宿～所沢～本川越間を、西武池袋線が池袋～所沢～飯能～吾野間を、西武秩父線が吾野～秩父間を、秩父鉄道が熊谷～秩父～三峰口を結びます。

東京へ向かう南北方向の路線が多いのですが、県庁所在地さいたま市を通る、ＪＲ武蔵野線・川越線や東武野田線など、埼玉県内を東西方向に移動できる路線もあります。

(17) 山のない県？：千葉県

千葉県は、半島県で、太平洋と東京湾に囲まれ、長い海岸線を有する臨海県です。茨城県との境界は利根川、東京都との境界は江戸川で、すべて「水」の県境に囲まれています。千葉県は、地形から見れば、海岸部以外、丘陵・台地が多くを占める県で、県内最高峰は標高 408 mの愛宕山と低平な地形、したがって、「山のない県」とも称されます。

千葉県北西部は、ＪＲ常磐線・つくばエクスプレスが通る東京への通勤圏で、浦安に東京ディズニーリゾートがあり、野田は原料と交通立地から醤油の生産が行われます。千葉県北東部は、畑が広がり、落花生の生産で有名です。旧・新東京国際空港、現・成田国際空港が立地、銚子は醤油生産と水産都市で、銚子電鉄はぬれ煎餅で有名となりました。千葉県南部は、東京湾側が工業地帯、イルミネーションで有名な東京ドイツ村があり、東京湾アクアラインの開通で便利になりました。小湊鉄道やいすみ鉄道など個性的な鉄道があります。九十九里浜側は、かつては漁業が盛ん、現在、

茂原では天然ガスを産出します。房総半島の先端は、旧・安房（あわ）の国で、南房総・館山・鴨川はリゾート地です。

(18) 南関東の都市：神奈川県・埼玉県・千葉県

　神奈川県の県庁所在地は、横浜市（人口約377万人：2022年）、港湾商工業都市であるとともに、中華街など観光都市の側面もあります。川崎市（人口約154万人：2022年）は、臨海工業都市とともに、内陸部は高層タワーマンション街や新興住宅地となっています。小田原市（人口約19万人：2022年）は、城下町で、箱根観光の拠点となっています。

　埼玉県の県庁所在地は、さいたま市（人口約134万人：2022年）、2001年（平成13年）に浦和・大宮・与野市が合併して誕生しました。熊谷市（人口約19万人：2022年）は、県北部の中心、夏の高温でも有名になりました。川越市（人口約35万人：2022年）は小江戸と称される観光都市、飯能市（人口約8万人：2022年）には、ムーミンのテーマパークが開園しました。

　千葉県の県庁所在地は、千葉市（人口約98万人：2022年）、臨海工業都市でモノレールもあります。浦安市（人口約17万人：2022年）は漁師町から観光都市・住宅都市へ変貌、流山市（人口約21万人：2022年）はつくばエクスプレスの開通で人気住宅都市に変貌、成田市（人口約13万人：2022年）は、成田山新勝寺の門前町から国際空港都市に変貌しました。

(19) 「いい湯だな」温泉県：群馬県

　群馬県は、東京方面の南東方向以外、火山である山々でほとんど囲まれた内陸県で、草津温泉・伊香保温泉など温泉が多い温泉県です。東京（上野）から吾妻線の長野原草津口へは、直通特急列車が運転されています。

　群馬県は、山々から吹き降ろす風のからっ風が吹き、平地が乏しい地形で、通常の農業が困難なため、明治期に蚕を飼育して生糸を生産する養蚕が大規模に導入され、2014年（平成26年）世界遺産に登録された富岡製糸場を開設、「シルクロード」で輸出港の横浜へ運ばれて生糸が輸出されました。また、桐生などで絹織物業が立地、製糸織物業に女性が従事し、上州（群馬県）名物「かかあ天下とからっ風」と称されるようになり、上州（群

馬県）の経済的地位が高まりました。政治でも福田赳夫・中曽根康弘・小渕恵三・福田康夫各氏と、都道府県単位で戦後最多の首相を輩出しました。当然、東京から上州目指す鉄道が誕生、東武東上線は、東京と上州を結ぶところから命名されました。東上線以外、東武鉄道は館林・太田・桐生・伊勢崎に至っています。上信電鉄・上毛電気鉄道・わたらせ渓谷鉄道もありますが、各家庭での自動車所有台数が多く、日常の移動では自家用車がよく使用される「自動車王国」です。

(20) 日光を見ずに・・・：栃木県

　栃木県は、隣県は東北、東北への通路に位置するため、1886 年（明治 19 年）上野～宇都宮間全通と、鉄道が早期に開通しました。私鉄の日本鉄道が開通させた現在の東北線は、公家や大名家などの華族の出資で成功をおさめ、一躍、全国で鉄道ブームが起きる契機となりました。鉄道交通が便利となったために、県北部の那須高原は、温泉と避暑地として発展、天皇家の御用邸が設置され、その後、黒磯駅まで直流電化されました。

　日光には、東照宮があり、江戸期より多くの参詣客が訪れていましたが、1890 年（明治 23 年）に日本鉄道日光線開通、1929 年（昭和 4 年）に東武日光線開通、参詣に便利となり、代表的観光都市となりました。

　足尾では、江戸期から銅山が開発され、明治期には生糸に次いで銅は重要な輸出品でした。しかし、渡良瀬川に鉱毒が流れ、煙害など、大規模な公害が発生、栃木県南端の渡良瀬川に遊水地が設置され、足尾銅山は1973 年（昭和 48 年）に採掘中止となり、銅山観光の観光地化を進めています。

　栃木県は、鉱業県で、足尾銅山以外、那須で硫黄、葛生で石灰石、大谷で大谷石を産出、鬼怒川の銅山跡は時代劇のテーマパークとなりました。農業ではかんぴょう、焼き物では益子焼が有名です。

(21) 黄門様・納豆だけではない：茨城県

　茨城県は、隣県は東北、東北への通路に位置するため、1896 年（明治 29 年）田端～水戸間全通と、鉄道が早期に開通しました。特に、福島・茨城での常磐炭田開発と輸送に常磐線が 1898 年（明治 31 年）に全通、現在、

上野～水戸間最速特急で約1時間、東京への通勤路線となっています。

　東海村には原子力発電所が設置され、日本最初の原子の灯がともった地です。霞ケ浦は、琵琶湖に次ぐ第二の湖、畔の土浦は、戦前、海軍航空隊予科練が設置された海軍の町でした。大子町は、水郡線沿線で、日本三大名瀑の袋田の滝があり、ひたちなか市は、ひたちなか海浜鉄道沿線で、コキア（ホウキギ，別名ホウキグサ，秋に紅葉）で有名な国営ひたち海浜公園があり、大洗町は、鹿島臨海鉄道沿線で、苫小牧へのフェリー航路があり、アニメ「ガールズ＆パンツァー」の街でも有名です。鹿島浦の海岸砂丘地帯には、堀込式港湾が開削され、日本製鉄鹿島製鉄所が立地しました。

　筑波研究学園都市は、国土地理院など、国の研究機関の移転を目指し、1960年代から開発、1980年（昭和55年）に移転が完了、従来は東京や土浦からのバス交通でしたが、2005年（平成17年）つくばエクスプレスが開通、沿線は通勤住宅地化が急速に進行しました。

(22) 北関東の都市：群馬県・栃木県・茨城県

　群馬県の県庁所在地は、前橋市（人口約33万人：2022年）、行政・文化の中心で、2005年（平成17年）までは群馬県第一の人口数でした。高崎市（人口約37万人：2022年）は、商業・交通の中心で、2006年（平成18年）より群馬県第一の人口数です。太田市（人口約22万人：2022年）は、自動車工業都市で、群馬県第三の都市、外国人が多い多文化共生の街です。

　栃木県の県庁所在地は、宇都宮市（人口約52万人：2022年）、餃子の街で、ライトレールが2023年（令和5年）開業、那須塩原市（人口約11万人：2022年）は、新幹線那須塩原駅がある温泉観光都市、日光市（人口約7万人：2022年）は、日光東照宮がある観光都市で、2006年（平成18年）の広域合併で、今市市・藤原町（鬼怒川温泉）・足尾町も日光市となりました。

　茨城県の県庁所在地は、水戸市（人口約27万人：2022年）、水戸黄門（徳川光圀）と水戸納豆で知られ、つくば市（人口約25万人：2022年）は、筑波研究学園都市が立地して人口が約3倍となりました。日立市（人口約17万人：2022年）は、日立銅山付設工場から日立製作所が発展、石灰石も採掘、最近まで市街地へ索道輸送、日立セメント工場が立地しました。

(23) 東京・関東地方の諸課題

　東京の諸課題には、東京都23区内の人口密度が極めて高い超過密問題、渋谷のスクランブル交差点など、道路が常に自動車や人で混雑する交通問題、土地・建物が分譲のみならず賃貸物件も高く、そのために相続税も高くて子供が相続できないことも生じる不動産問題、物価が高く、特に生鮮食料品が高い物価問題、大量に出るゴミの処理が大変で、駅などでのゴミ箱撤去や個人のゴミ箱にカギをかけることがあるゴミ問題、高度経済成長期に地方から来た人々が居住した地域において高齢化が著しいという高齢化問題などがあります。

　関東地方の諸課題には、都市部・駅前などの交通の便利な場所は過密ですが、それ以外は過疎という較差が大きい過密と過疎の問題、仕事・学校・買い物は東京へ行くこととなり、東京以外の会社・学校・商店の発展に支障がある東京一極集中問題、通勤・通学時間が長く、生活リズムや健康に大きな影響がある長距離・長時間通勤・通学問題、少子化で遠方不便中古という不利な条件の不動産物件価格の下落により売却・ローン返済・相続困難・人口減少の不動産問題、遠方不便団地が急速に高齢化、「ニュータウン」が「オールドタウン」となる高齢化問題などがあります。

「まとめ」：
関東地方の自然環境の特色は、何か。
関東地方の中での境界は、どこか。
利根川は、どのような改変が加えられ、利用されたか。

「考察」：
関東地方と他地方・他県との境界の利点と問題点は、何か。
関東地方と他地方・他県との鉄道では、どのような工夫がなされたか。
羽田空港とＴＤＲの発展理由は、何か。

写真 27：足利学校（栃木県）

写真 28：ペリー上陸記念碑（神奈川県）

写真 29：袋田の滝　日本三名瀑（茨城県）

写真 30：東京湾アクアライン海ほたる（千葉県）

地図 37：5 万分の 1 地形図「東京東北部」「東京西北部」
「東京東南部」「東京西南部」昭和 7 年要部修正

地図38：5万分の1地形図「横浜」昭和7年第二回修正

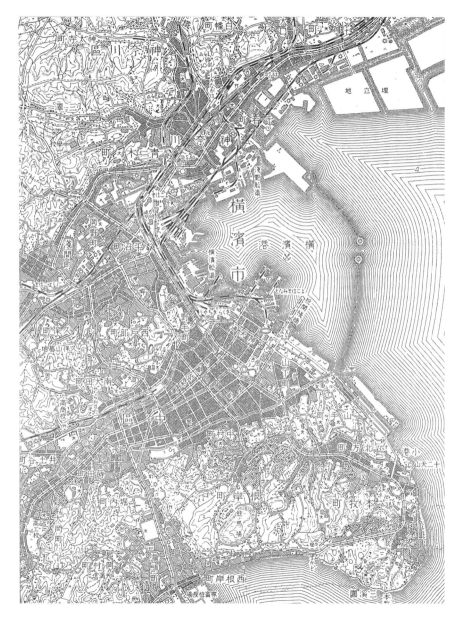

地図 39：5 万分の 1 地形図「大宮」昭和 4 年鉄道補入

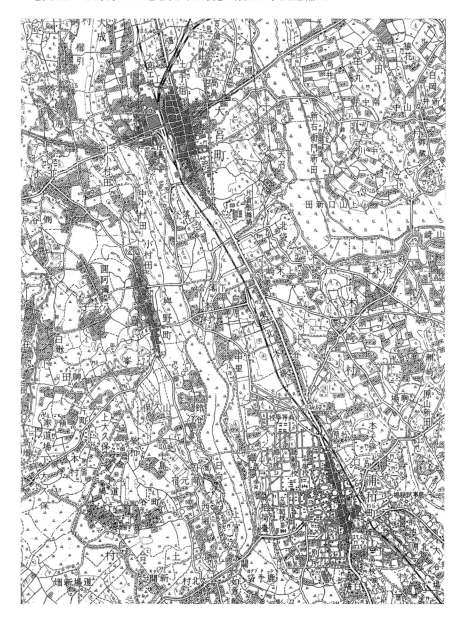

地図40：5万分の1地形図「千葉」昭和4年部分修正

地図 41：5 万分の 1 地形図「前橋」昭和 9 年要部修正

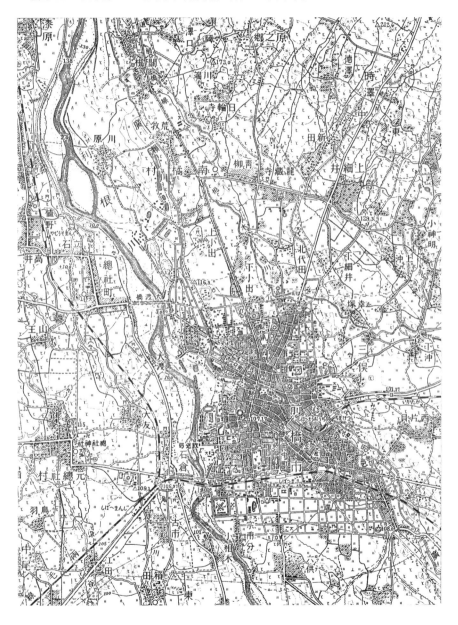

地図 42：5 万分の 1 地形図「宇都宮」昭和 23 年資料修正

地図 43：5 万分の 1 地形図「水戸」昭和 15 年第二回修正

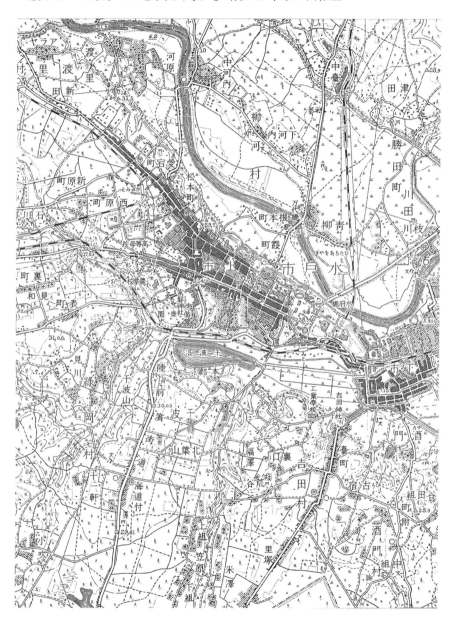

【9】 東北地方の地誌

（1） 東北地方の地形と気候

　東北地方の地形は、太平洋側沖に、北アメリカプレートと太平洋プレートとの境界があり、東北地方が位置する北アメリカプレートの下に、太平洋プレートが沈み込んでいます。この東北地方の太平洋側沖での沈み込みにより、太平洋側の三陸海岸や松島湾などの沈水海岸であるリアス式海岸を形成することとなりました。そして、過去、繰り返し、沈み込みが継続しており、その結果としてひずみが発生、そのひずみを解消するために、定期的に大地震が発生し、大津波がおきるわけです。また、火山フロントである東日本火山帯が東北地方を縦断しているため、恐山・八甲田山・岩手山・蔵王山・磐梯山などの火山が多く、火山の麓に温泉が多いこととなり、農閑期の冬季に、湯治などの長期滞在の温泉地ができました。

　東北地方の気候は、奥羽山脈の東西で気候が大きく異なります。夏季に東の太平洋側には冷たい北東風である「やませ」が吹き、夏に気温が上がらず生育不良の冷害が発生、かつては飢餓・飢饉につながりました。冬季に西の日本海側には積雪があり、交通障害が発生します。

（2） 東北地方の資源

　東北地方は、火山フロントである東日本火山帯が縦断、日本海側にもユーラシアプレートと北アメリカプレートとのプレート境界があるために、様々な地下資源を産出します。

　金は、大萱生（岩手県）、大葛・杉沢（秋田県）、大谷・鹿折（宮城県）、高玉（福島県）、銀は、発盛・院内（秋田県）、半田（福島県）、延沢（山形県）、銅は、尾太（青森県）、尾去沢・小坂・花岡・釈迦内・阿仁・荒川（秋田県）、八総（福島県）で産出、硫黄は、松尾（岩手県）、川原毛（秋田県）、蔵王・西吾妻（山形県）、荒雄岳（宮城県）、沼尻鉱山（福島県）、石炭は、奥羽無煙炭砿・太平山無煙炭鉱（秋田県）、油戸炭鉱（山形県）、常磐炭鉱（福島県）、亜炭は、木友炭鉱・舟形炭鉱（山形県）、三本木亜炭・岩倉炭礦・仙台亜炭炭鉱（宮城県）、鉛・亜鉛は、田老（岩手県）・細倉（宮城県）、マンガンは、

野田玉川（岩手県）で産出、現在はすべて閉山となりました。鉄は、釜石・遠平夏畑（岩手県）、石油は、申川・豊川油田・黒川・濁川・道川・八橋・桂根・勝手・由利原・院内・桂坂の各油田（秋田県）で産出、現在は一部で継続、石灰石は、尻屋・八戸（青森県）、東山・大船渡（岩手県）、田村（福島県）で産出しています。

（3）東北地方の自然環境と歴史①

　東北地方は、様々な地下資源を産出しますが、特に、火山が多いことによって、金を産出、奥州藤原氏の繁栄につながりました。すなわち、宮城県気仙沼市の鹿折金山は、平安時代の開山で、奥州藤原氏の中尊寺金色堂を代表として平泉黄金文化を支え、平泉は2011年（平成23年）に世界遺産に登録されました。また、鉄鉱石を産出、日本初の洋式高炉が設置され、釜石の橋野鉄鉱山は2015年（平成27年）に世界遺産に登録されました。

　東北地方は、西国からすれば遠隔地です。そのため、情報伝達が遅く、江戸末期の動きで、薩長土肥はすべて西国のため、東国の陸奥に伝わりにくい状況でした。幕末、戊辰戦争で東北の諸藩が薩長土肥の新政府側に対抗、奥羽越列藩同盟を結成、特に、会津藩が若松城で抵抗しました。そのため、その後の旧・長州藩と旧・会津藩の対立は有名となりました。

　東北地方は、近代期（明治期から昭和戦前期）、厳しい自然環境のため、季節労働、特に農閑期である冬の出稼ぎで東京へ向かい、やがて、先に移住した人の「つて」で、東京への移住が増加しました。したがって、東京には東北地方出身者が多く住むこととなりました。

（4）東北地方の自然環境と歴史②

　東北地方は、北海道開拓への連絡路であり、地下資源が豊富なところから、東北地方の資源開発が求められました。関東地方でも前述しましたように、私鉄の日本鉄道により、早期に鉄道が開通しました。その結果、物資輸送のみならず、出稼ぎや移住などの人の移動が活発となりました。第二次世界大戦後は、中学校卒業後に、集団就職で、東京に就職することが多くありました。そのため、長らく、東北地方への玄関口だった「上野駅」

は、初めて踏みしめる東京の地で、東北地方方面の人々には特別な思いが
ある場所となったのです。

　東北地方では、その後、在来線の鉄道のみならず、新幹線の開通、空港
の開設と高速道路の開通が相次ぎ、工場の立地場所となりました。まさし
く、「鉱業から工業へ」というわけです。その要因としては、鉄道・空港・
高速道路の交通の利便性向上もありますが、地価が安く、人件費が安いこ
とから、工場の立地場所として、経費の節減で有利との判断です。しかし、
2011年（平成23年）に東日本大震災が発生、残念ながら、東北地方から他
の地方への工場移転も考慮される事態となりました。これからも予想され
る地震と津波の対策を取り、再興が期待されるところです。

（5）日本の地体構造・地震と東北地方

　東日本大震災によって、地震と津波に対する関心が高まり、特に、東北
地方における地震と津波に関する検討が必要となりました。地元大学を中
心とした、地震と津波、その対策の研究が強く求められます。

　日本の地体構造・地震から、東北地方を見てみましょう。世界は、十
数枚のプレートで覆われていますが、そのプレート境界が集中する、世界
有数の場所が日本とその付近です。日本とその付近は、ユーラシアプレー
ト・フィリピン海プレート・太平洋プレート・北アメリカプレートのプレー
トの境界地点です。実に、世界のプレートの約4分の1が、日本とその付
近に集中しているのです。東北地方は、北海道地方・関東地方とともに、
北アメリカプレートに位置、太平洋側に、北アメリカプレートと太平洋プ
レートとの境界があって、海洋プレート型地震の震源地となり、日本海側
に、北アメリカプレートとユーラシアプレートとの境界があって、海洋プ
レート型地震の震源地となります。すなわち、東北地方は、太平洋側・日
本海側ともに、海洋プレート型地震の震源地となる場所があり、定期的に
地震と津波が発生します。特に、太平洋側はリアス式海岸で、湾の奥がよ
り狭く、津波の侵入によって、津波の波高がより高くなります。

（6）地震の基本的考え方

　地震は、予知が困難とされますが、まずは基本的な考え方が重要です。そこで、最近 30 年間の典型例とともに、地震をひとまとめにせず、地震の原因・周期・地質から類型化して検討してみましょう。

　地震の原因から、プレート境界でのひずみ解消で発生の、2011 年（平成 23 年）東日本大震災が典型例の海洋プレート型地震と、内陸の活断層が動いて発生の、1995 年（平成 7 年）阪神淡路大震災が典型例の内陸活断層型地震に、類型化できます。2016 年（平成 28 年）熊本地震も内陸活断層型地震で、西日本を東西に縦断する、大断層の中央構造線（メジアンライン）上に位置します。いずれも、長短はありますが、一定周期で発生しています。

　地震の周期から、発生の周期が短いと、常にエネルギーを発散して地震規模が小さいのですが、発生の周期が長いと、長期にエネルギーが蓄積されて地震規模が大きくなる傾向があります。地質構造からみると、地質構造が単純であれば周期・発生の予想が比較的しやすいのですが、地質構造が複雑ですと周期・発生予想が比較的難しく、想定される東海・東南海地震は、4 つのプレートの境界地域で、火山噴火もあり、地質構造が複雑な場所であるため、発生が予想されてから長期間が経過しています。

（7）戦中・戦後の日本海側での地震

　最近 30 年間の発生事例から、さらに戦中・戦後の過去 80 年間の発生事例にまで広げて、日本海側と太平洋側でのプレート境界における、海洋プレート型地震を中心に、発生事例を検討してみましょう。

　戦中の 1943 年（昭和 18 年）に鳥取地震（死者数 1,083 人）が、戦後の 1948 年（昭和 23 年）に、福井地震（死者数 3,769 人）が発生しました。戦中・戦後の混乱期で大きな被害を出し、当時、1891 年（明治 24 年）の濃尾地震（死者数 7,273 人）、1923 年（大正 12 年）の関東大震災（死者・行方不明者数 10 万 5 千人）とともに、福井地震は近代以降の三大地震とされました。福井地震から 16 年後の 1964 年（昭和 39 年）に新潟地震（死者数 26 人）が発生、その 19 年後の 1983 年（昭和 58 年）に日本海中部地震（死者数 104 人、青森・秋田に大きな被害）が発生、日本海に大津波が押し寄せました。その 10 年

後の 1993 年（平成 5 年）に北海道南西沖地震（死者数 230 人）が発生、北海道奥尻島などに大津波が押し寄せました。以上のように、日本海側に注目すると、鳥取（山陰）⇒福井・新潟（北陸）⇒秋田・青森（東北）⇒北海道というように、日本海側のユーラシアプレートと北アメリカプレートのプレート境界を北上していきました。

（8）三陸海岸での地震と津波の歴史

　三陸海岸での地震と津波の歴史を、さらに過去 130 年間まで拡大して、発生事例を検討してみましょう。

　三陸海岸では、近代以降、1896 年（明治 29 年）に明治三陸地震（死者数 21,959 人）が発生、大津波も発生、特に、地震名に「明治」が付けられたのは、その後の時代でも発生することを考慮した地震名とも取れます。その 37 年後の 1933 年（昭和 8 年）に昭和三陸地震（死者数 3,064 人）が発生、大津波も発生、地震名に「昭和」が付けられて、やはりその後の時代でも発生することを考慮した地震名とも取れます。このとき、岩手県内に 200 基を越える大津浪記念碑が建てられ、特に宮城県宮古市重茂姉吉地区の石碑には、「此處より下に家を建てるな」と記されています。その 27 年後の 1960 年（昭和 35 年）にチリ地震の津波が日本に到達（死者数 142 人）、その 51 年後の 2011 年（平成 23 年）に東日本大震災（死者・行方不明者数 22,312 人、「平成」三陸地震ともいえます）が発生、大津波も発生しています。

　このように、三陸海岸では、過去に何度も津波被害が発生、周期は約 30 ～ 50 年間隔となり、過去の平均寿命を考慮すると人生に一度で、次世代への伝達が重要といえます。

（9）東北地方の日本海側と太平洋側①

　東北地方は、南北に連なる奥羽山脈で、東西に地域区分されます。すなわち、西側の日本海側と、東側の太平洋側で、気候が大きく異なり、太平洋側の方と比べて、日本海側の方が、冬季に北西の季節風が強いため、積雪が多く、気温も低めとなります。特に注目すべきは、日本海側と太平洋側での、航路による過去の結びつく先の違いから見た歴史です。

秋田県・山形県は日本海側で、江戸期は北前船の西廻り航路で大坂とつながり、その寄港地であった酒田（山形県）や土崎湊（秋田県）などは、上方文化を今に伝えています。岩手県・宮城県・福島県は太平洋側で、東廻り航路で江戸とつながり、三陸の諸港、石巻湊などは、江戸文化を今に伝えています。このように、江戸期は、距離的な遠近よりは、東北地方の東西で、文化が異なるという状況でした。勿論、船舶の性能は現在と大きく異なり、冬季を中心とした季節の就航率は低く、北前船は帆船で、寄港地も多く、風待ちを繰り返したために寄港地での滞在日数も多くなり、この西廻り航路などの航海は、せいぜい一年に一回程度だったとされています。なお、青森県も東西に地域区分され、日本海側が津軽、太平洋側は南部で、地元ではその違いが認識されています。

(10) 東北地方の日本海側と太平洋側②

　近世の江戸期、明治期の鉄道開通前までは、前述したように、沿岸港やそこから遡った河川の河川港、例えば日本海側では酒田港（山形）からの最上川河港、土崎港（秋田）からの雄物川河港、能代港（秋田）からの米代川河港、太平洋側では石巻港（宮城）から北上川河港など、それぞれ大坂や江戸と結びつき、日本海側と太平洋側との差異は少ない状況でした。

　近代の明治期、明治新政府は、1876 年（明治 9 年）に秩禄処分、すなわち、それまで華族・士族に支給されていた秩禄を期限付き公債とするもので、公債は売買可能、事業資金に充てることが可能、そこで、1881 年（明治 14 年）の日本鉄道創設に際し、華族・士族が出資することとなりました。福島・宮城・岩手・青森（南部）に至る日本鉄道（現・東北線）が 1891 年（明治 24 年）に全通、福島・山形・秋田・青森（津軽）に至る奥羽線が 1905 年（明治 38 年）に全通と、東北地方の中心路線の東北線・奥羽線が明治期に全通したことで、太平洋側と日本海側ともに鉄道が開通、その鉄道沿線が上野駅（東京）と結びつき、結びつく先は変化しましたが、所要時間に大差はなく、日本海側と太平洋側との差異は少ない状況でした。

（11） 東北地方の日本海側と太平洋側③

　現代期の高度経済成長期まで、1952 年（昭和 27 年）三沢空港東京線開設から、仙台空港、秋田空港、山形空港、そして 1965 年（昭和 40 年）青森空港・花巻空港東京線開設まで、東北地方に空港と東京への航空路が開設され、新幹線開通前までは、航空路で羽田空港（東京）と結びつき、所要時間に大差はなく、日本海側と太平洋側との差異は少ない状況でした。

　現代期の東北新幹線開通以降、1982 年（昭和 57 年）盛岡開通で盛岡が北東北の拠点となり、2002 年（平成 14 年）八戸開通で青森の拠点となり、2010 年（平成 22 年）新青森開通（駅は郊外）と全通、フル規格の新幹線で、福島・宮城・岩手・青森が東京駅（東京）と結びつくこととなり、太平洋側と日本海側の差異が一気に拡大することとなりました。但し、東北新幹線駅は限られた駅のみ設置で、同一県でも、東北新幹線駅の有無や、東北新幹線の通過地域と未通過地域に、差異が生じます。東北新幹線通過地域は、福島県（中通）・宮城県・岩手県（内陸）・青森県（南部・津軽の一部）、未通過地域は、福島県（浜通・会津）・山形県・岩手県（沿岸）・秋田県で、山形県は東京に近いが、秋田県は遠方で大きく影響しました。

（12） 東北地方の鉄道交通

　日本鉄道（現・東北線）は、1887 年（明治 20 年）仙台開通、1890 年（明治 23 年）盛岡開通、1891 年（明治 24 年）青森開通、港町青森が渡道拠点となりました。1905 年（明治 38 年）奥羽線が官営鉄道で全通、1906 年（明治 39 年）に日本鉄道が国有化されて官営鉄道となり、東北地方の鉱山開発などの産業開発、北海道への渡道ルート確立など、大きく貢献しました。

　東北新幹線は、1982 年（昭和 57 年）大宮〜盛岡間開通、1985 年（昭和 60 年）上野〜大宮間開通、1991 年（平成 3 年）東京〜上野間開通、2002 年（平成 14 年）盛岡〜八戸間開通、2010 年（平成 22 年）八戸〜新青森間開通で全通しました。山形新幹線（ミニ規格方式・東京直通）は、1992 年（平成 4 年）山形まで開通、1999 年（平成 11 年）新庄まで延伸開通しました。秋田新幹線（ミニ規格方式・東京直通）は、1997 年（平成 9 年）秋田まで開通しました。山形新幹線・秋田新幹線は、在来線を改軌して新幹線乗り入れ車両を運行

するもので、乗り入れる東北新幹線区間は東北新幹線車両と併結して高速走行しますが、在来線区間は在来線と同じ速度で運行されるため、時間短縮効果は僅か、秋田新幹線は大曲駅にスイッチバックがあります。

(13) 東北地方の航空交通

　戦後の東北地方の航空交通は、東京線開設で見ると、1952 年（昭和27年）三沢空港（青森県）の東京線開設から始まり、1957 年（昭和32年）仙台空港（宮城県）、1962 年（昭和37年）秋田空港（秋田県）、1964 年（昭和39年）山形空港（山形県）、1965 年（昭和40年）青森空港（青森県）、1965 年（昭和40年）花巻空港（岩手県）と、1965 年（昭和40年）までに、東京に近い福島県を除く各県（青森県は津軽と南部の2空港）に空港と東京線が開設されました。三沢・仙台空港に次いで、秋田に空港が開設され、日本海側の中心となりましたが、1981 年（昭和56年）に秋田市内の市街地隣接地から郊外の雄和町（現・秋田市）の新空港へ移転しました。

　1982 年（昭和57年）東北新幹線大宮〜盛岡間開通、1985 年（昭和60年）上野〜大宮間開通、1985 年（昭和60年）仙台空港・花巻空港ともに東京線休止となり、1987 年（昭和62年）青森空港移転、1991 年（平成3年）庄内空港（山形県）東京線開設、1993 年（平成5年）福島空港（福島県）大阪線開設、1998 年（平成10年）大館能代空港（秋田県）東京線開設と続きました。

　1981 年（昭和56年）秋田空港郊外移転と 1982 年（昭和57年）東北新幹線開通は、高速交通での、秋田県の利便性の相対的な低下となりました。

(14) 東北地方出身の有名人

　東北地方は、有名文学者を多数輩出しました。特に、日本文学史上で重要な人物が多数います。その背景は、厳しい自然、産業発達が遅れたこと、その一方で、まったく環境が異なる関東地方に隣接し、早期の出稼ぎなどで、文化などの影響を強く受けたことがあります。

　青森県では「走れメロス」「斜陽」の太宰治（金木村、現五所川原市）・「若い人」「青い山脈」の石坂洋二郎（弘前市）、岩手県では「一握の砂」「悲しき玩具」の石川啄木（日戸村、現盛岡市）・「雨ニモマケズ」「銀河鉄道の夜」

の宮沢賢治（花巻川口町、現花巻市）、秋田県では「蟹工船」「党生活者」の
小林多喜二（下川沿村、現大館市）・「人間の壁」「金環蝕」の石川達三（横手町、
現横手市）、宮城県では「暗夜行路」「城の崎にて」の志賀直哉（石巻町、現
石巻市）・「星落秋風五丈原」「荒城の月」の土居晩翠（北鍛冶屋町、現仙台市）、
山形県では「赤光」「ともしび」の斎藤茂吉（金瓶村、現上山市）・「たそが
れ清兵衛」「蝉しぐれ」の藤沢修平（黄金村、現鶴岡市）、福島県では「日輪」
「上海」の横光利一（東山村、現会津若松市）・「詩と詩人」「運命の人」の草
野心平（上小川村、現いわき市）がいます。

(15) 白河の関以北（河北）、これより「陸奥<ruby>みちのく</ruby>」：福島県

　福島県は、白河の関が関東との境界となっており、新聞の「河北新報」
など、白河以北を「河北」と称して東北地方を意味し、これより「陸奥」
とされます。福島県内は、日本海側内陸の「会津」、太平洋側内陸の「中
通」、太平洋側海岸の「浜通」に地域区分されます。

　日本海側内陸の「会津」は、会津若松市（人口約11万人：2022年）が中
心都市、会津鉄道・野岩鉄道・東武鉄道で東京へつながります。磐梯山と
猪苗代湖があり、東京への電源地帯で、喜多方市（人口約4万人：2022年）
はアルミ精錬工場からラーメンの町へ変貌しました。

　太平洋側内陸の「中通」は、郡山市（人口約32万人：2022年）が中心都市、
県庁所在地は福島市（人口約28万人：2022年）で作曲家・古関裕而氏の出
身地、須賀川市（人口約7万人：2022年）は、円谷英二氏の出身地で、松明
通りにはウルトラマンと怪獣のモニュメントが並びます。

　太平洋側海岸「浜通」は、いわき市（人口約33万人：2022年）が中心都市、
常磐炭鉱の鉱業都市からスパリゾート・ハワイアンズの開設で、観光都市
へ変貌しました。「浜通」は、2011年（平成23年）の東日本大震災と福島
第一原発事故で、大きな被害を受けました。

(16) 東北地方の中心：宮城県

　宮城県は、東部の海岸地域、中部の平野地域、西部の山地地域に大きく
地域区分されます。

東部は、リアス式海岸の三陸海岸地域で、石巻市（人口約14万人：2022年）・女川町（人口約6千人：2022年）・気仙沼市（人口約6万人：2022年）と水産都市が並び、東日本大震災では大きな被害を受け、気仙沼線は、ほとんどがＢＲＴ（バス高速輸送システム）でバス化されました。石巻市には、石ノ森萬画館やモニュメントが並ぶマンガロード、パワースポットの金華山があります。

　中部は、水田地帯が広がる仙台平野地域で、県庁所在地の仙台市（人口約110万人：2022年）、水産都市の塩竃市（人口約5万人：2022年）、日本三景の景勝地「松島」の多島海と瑞巌寺がある松島町（人口約1万人：2022年）、北上川のほとりの登米市（人口約7万人：2022年）の中田町石森は石ノ森章太郎氏の出身地で、石ノ森章太郎ふるさと記念館があります。

　西部は、奥羽山脈の山地地域で、栗駒山や蔵王山の火山、「こけし」で有名な鳴子温泉、作並温泉・秋保温泉・蔵王温泉など温泉が多くあります。鬼首温泉の吹上温泉には間欠泉、硫黄鉱山があった片山地獄には1975年（昭和50年）鬼首地熱発電所が設置されました。

(17) 東北地方の中心：仙台の発展

　東北地方の中心である仙台市は、地（自然）の利と人（指導者）の知に恵まれました。あとは、天（時代）の時に恵まれるのが、期待されました。

　地の利では、東北地方の中では恵まれた自然環境で、仙台平野と仙台湾という広大な平野と湾入があり、岩手県から北上川が、福島県から阿武隈川が流れ込み、水に恵まれた水田地帯が広がるとともに、河川と海上により、物資輸送の面でも有利です。

　人の地では、伊達政宗が、陸奥の地で、天下を狙うことができる才覚と軍事力を持ち、天（時代）の時の「伊達政宗が、もう少し早く生まれていたならば、天下を取っていた」といわれ、徳川家康が恐れた人物でした。伊達政宗は、優れた城と城下町とされる仙台城と仙台城卜町を建設、明治期には、仙台市が県庁所在地となり、軍都と学都が加わります。戦後の高度経済成長期には、同じく軍都と学都であった広島市と同様の東北地方を管轄する支店経済都市となりました。仙石線の前身である宮城電気鉄道

仙台駅は、1925年（大正14年）に開業の日本最初の地下鉄道・地下駅で、1987年（昭和62年）に仙台市営地下鉄が開業、札幌市営地下鉄がゴムタイヤの案内軌条式のため、レール式では日本最北の地下鉄です。

(18) 日本海側から太平洋側へ：山形県

山形県は、日本海側の庄内、内陸中部の村山、内陸北部の最上、内陸南部の置賜に地域区分され、農業産出額では果実の割合が東北地方で最も高く（2021年）、果樹栽培が有名です。かつては、米の生産が東北地方で第一位でしたが、時代に対応して、果実王国に転換しました。

庄内地方の酒田市（人口約10万人：2022年）は、最上川河口に位置し、北前船の西廻り航路の寄港地で最も知られ、港には庄内平野から運ばれた米を貯蔵する山居倉庫が並び、「本間様には及ばぬがせめてなりたや殿様に」と称されたほど、豪商本間家は繁栄しました。

山形県は、フル規格新幹線の早期開通は困難と判断、1990年代にミニ規格新幹線の山形新幹線を開通させ、山形県13市中の半分以上の、最上・村山・置賜三地方の7市の市内に新幹線列車停車駅が設定され、従来の在来線ホームから乗り換えなしに早期に東京と直結、特に、東京～山形間は2時間30分（最速列車）、他駅も2～3時間半で結ばれました。特に、東北新幹線の福島駅分岐で、仙台駅分岐とせず、仙台の影響を最小限にした交通政策が成功、沿線に新庄市（人口約3万人：2022年）・山形市（人口約24万人：2022年）・米沢市（人口約8万人：2022年）があります。

(19) 新幹線開通で変貌：岩手県

岩手県は、内陸と沿岸に、北上高地を間にして、地域区分されます。

内陸の北上川流域には、盛岡市（人口約29万人：2022年）・花巻市（人口約9万人：2022年）・北上市（人口約9万人：2022年）・一関市（人口約11万人：2022年）と並び、盛岡は東北新幹線開通で北東北の中心となり、秋田新幹線が分岐することで、盛岡が秋田の入り口となりました。さらに盛岡からは宮古へ山田線、花巻から民話のふるさと遠野（人口約2万人：2022年）・釜石へ釜石線、北上からは秋田県横手へ北上線、一ノ関（人口約13万人：

2022年）からは宮城県気仙沼へ大船渡線と、南北の東北線・東北新幹線から、東西に鉄道線が分岐しています。

　沿岸の三陸海岸地域には、釜石鉄山から製鉄所が立地した釜石市（人口約3万人：2022年）、田老鉱山から精錬所が立地した宮古市（人口約5万人：2022年）、石灰石鉱山からセメント工場が立地した大船渡市（人口約3万人：2022年）と、工業立地は、内陸は交通立地、沿岸は当初は原料立地でした。朝の連続テレビ小説「あまちゃん」で有名となった三陸鉄道リアス線が走り、特に、宮古市田老町と陸前高田市（人口約2万人：2022年）は、東日本大震災で大きな被害を受けました。

（20）日本海側の中心から・・・：秋田県

　秋田県は、県北の米代川流域地域、中央の雄物川河口海岸地域、県南の雄物川中上流地域に地域区分されます。かつては北前船の西廻り航路の寄港地で、秋田杉に代表される林業、銀山・銅山・油田に代表される鉱業、比較的早くに航空路が開設されて日本海側の中心となり、八郎潟干拓で米の生産が増大、山形県に代わって、東北一の米どころ県となりました。

　県北は、米代川河口の能代市（人口約5万人：2022年）は林業都市、大館市（人口約7万人：2022年）に小坂鉱山、鹿角市（人口約3万人：2022年）に尾去沢銅山がかつてあり、大館・小坂・鹿角へは盛岡からの高速バスが便利です。中央は、雄物川河口の秋田市（人口約30万人：2022年）は、由利本荘市（人口約7万人：2022年）とともに、八橋油田などの石油・天然ガスを産出する鉱業都市です。県南は、花火で有名な大仙市（人口約7万人：2022年）、かまくらで有名な横手市（人口約8万人：2022年）、院内銀山があった湯沢市（人口約4万人：2022年）があり、秋田新幹線は仙北市・大仙市・秋田市と秋田県12市中の3市のみで、山形県と異なり、経由する都市が少なく、北上線経由ならば、横手市・湯沢市方面が便利でした。

（21）最北から渡道の地へ：青森県

　青森県は、西部の津軽と、東部の南部に、地域区分されます。下北半島に日本一の砂丘（自衛隊用地となっている）があり、半島先端の大間はマグ

ロで有名、恐山は日本有数の霊場パワースポットです。青森県へは、当初、盛岡駅以北はミニ規格方式の新幹線計画でしたが、秋田県と異なり、開通が遅くなっても将来のことを考えてフル規格方式を貫き、東京駅から津軽半島北端に近い今別町（人口約２千人：2022年）の奥津軽いまべつ駅まで３時間半（最速列車）と、３時間50分（最速列車）の秋田駅よりも早く着きます。したがって、青森駅までは秋田駅よりも早く、東北地方の県庁所在地で、東京駅から鉄道で最も所要時間を要するのが秋田駅となりました。

　津軽は、青森市（人口約27万人：2022年）が港町ですが県庁所在地になりました。弘前市（人口約16万人：2022年）が城下町で観光都市、弘前は岩木川が流れる津軽平野の中心地、私鉄の弘南鉄道が走ります。青森県のリンゴ生産は、津軽が中心です。白神山地は世界遺産に登録され、青森市内には縄文遺跡で世界遺産に登録された三内丸山遺跡があります。南部は、八戸市（人口約22万人）が南部の中心で工業都市、十和田市（人口約６万人：2022年）は、十和田湖と奥入瀬渓谷の観光都市です。

（22）東北地方の交通と地域

　東北地方は、東北新幹線開通で、その沿線である福島県・宮城県・岩手県・青森県は、一躍、交通の利便性が向上しました。山形新幹線の開通によって、山形県はミニ規格方式ながら、多くの県内都市を通過するため、比較的短時間で東京と結ばれました。以上のように、東北５県は、新幹線沿線ではない地域もありますが、東京への鉄道による高速交通を確保しました。それに対して、秋田新幹線の開通は、ミニ規格方式で、一部都市のみ通過となり、新幹線工事中の北上線経由「秋田リレー号」運行時代と所要時間はほとんど変わらず、むしろ盛岡分岐のために遠回りとなって運賃は高くなり、盛岡の中心性が高まることによって相対的に秋田の中心性が低下、新幹線開通の恩恵は少なく、さらには秋田空港が郊外に移転して不便となり、高速交通の利便性は相対的に低下しました。その結果、産業発達に支障となり、人口減少率（2021～22年）・65歳以上の割合（2022年）・死亡率（2021年）が、いずれも全国都道府県で最も高く、出生率（2021年）が最も低く、人口減少、子供減少、教員新規採用減少となりました。交通

を重視し、その影響を考えた地域政策が重要という、典型例です。

(23) 東北地方の諸課題

　東北地方は、火山・地震・津波・積雪・冷害など、自然環境が厳しい地域です。そのため、自然環境から限られた農業、交通が不便な時代は工業の発達が遅れ、産業発達の困難さから、いち早く、東京等へ出稼ぎを余儀なくされました。また、政治の中心にほとんどならず、中央に従属する状況となり、特に、近代へとつながる近世の幕末の状況が、その後に大きく影響しました。このように、東北地方を検討するとき、自然環境と歴史環境をしっかりと認識することが重要となります。自然災害が多いところから、災害発生場所とその対策が求められ、特に今後は地球温暖化の進行で、水産業における魚種の変化など、対応が求められます。すなわち、厳しい自然環境に対する知識と、その影響を考えた対策が、地域の差異を生むこととなります。過去、冷害に対する品種改良や耕作法の改善があり、食生活の変化による米余りから果実の需要増に対応した適地適作への転換といった農業知識と対策、交通発達の影響を考慮した交通路の選定などで、東北地方は、大きな地域差異を生むこととなりました。

　以上から、長期的視点で、役立つ、使える、地域に必要な学問と人材が最も求められる地域であり、その先駆けとして地元大学の地元貢献が強く期待されることとなっています。

「まとめ」：
江戸期の東北地方の航路には、どのような航路があったか。
東北地方の新幹線路線には、どのような路線があるか。
東北地方の空港からの東京線には、どのような路線があるか。

「考察」：
日本海側から太平洋側で発生した主な地震は、どのように移動したか。
三陸海岸での津波の発生周期は、どのくらいか。
東北地方の位置・自然環境が、幕末・近代期にどのような影響を与えたか。

写真 31：霊場恐山（青森県）

写真 32：ＢＲＴ　大船渡駅（岩手県）

写真 33：酒田　山居倉庫（山形県）

写真 34：銀山温泉（山形県）

地図44：5万分の1地形図「仙台」昭和19年部分修正

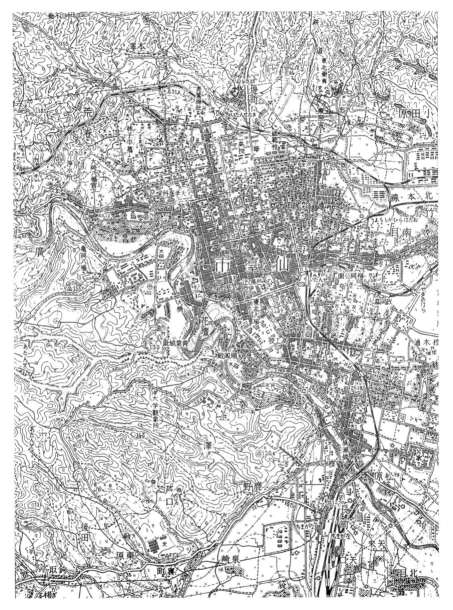

地図45：5万分の1地形図「福島」昭和6年要部修正

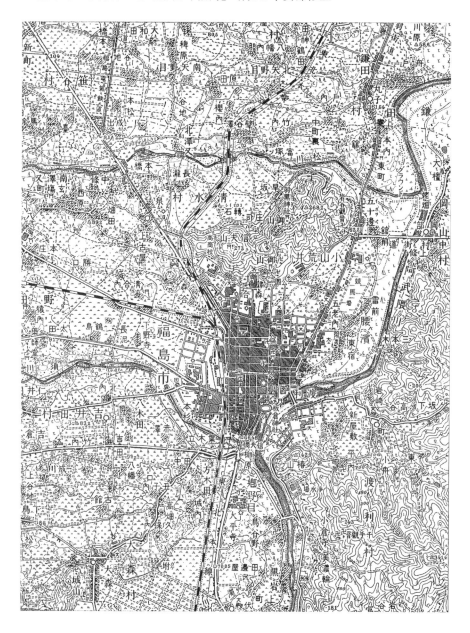

地図 46：5 万分の 1 地形図「山形」昭和 6 年修正

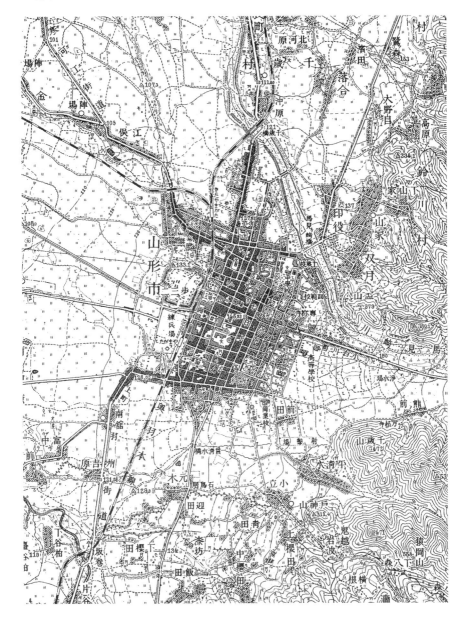

地図 47：5万分の1地形図「盛岡」昭和14年修正

地図 48：5万分の1地形図「秋田」昭和 13 年修正

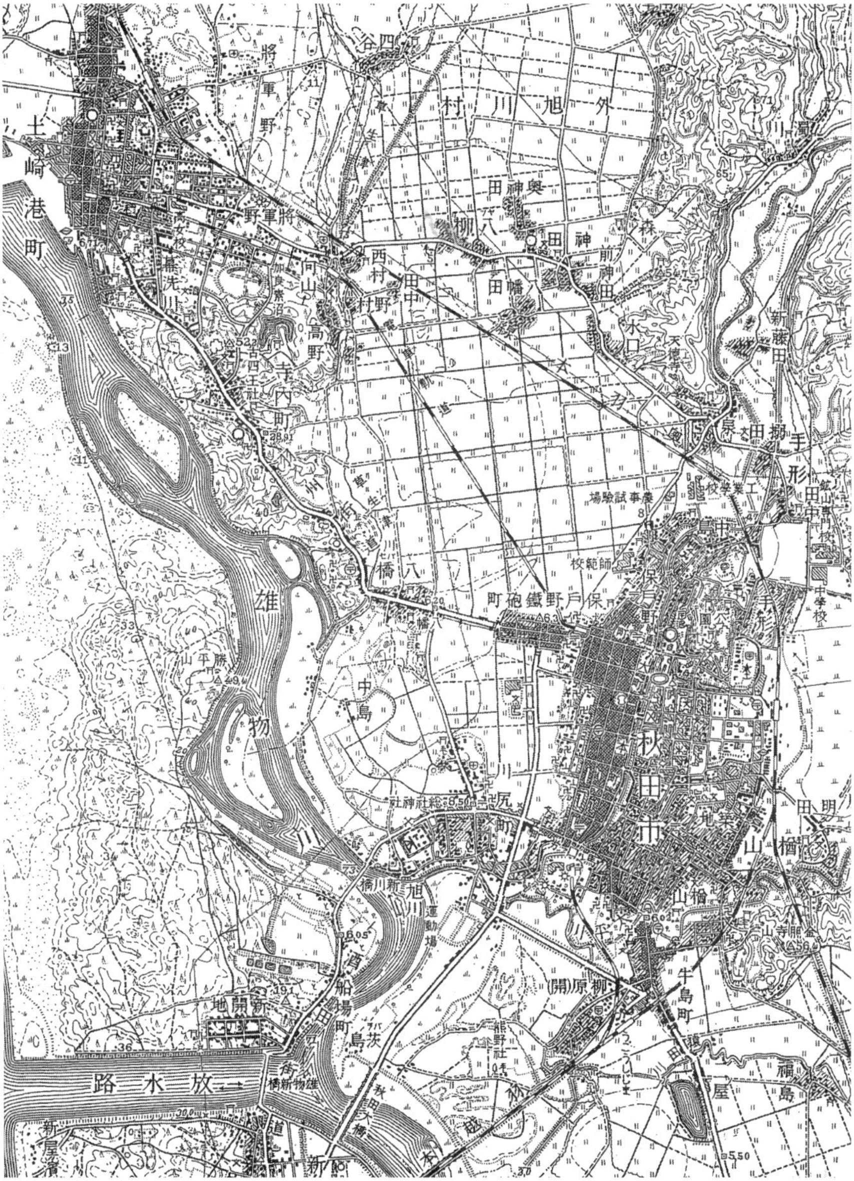

地図 49：5万分の1地形図「青森東部」昭和14年修正

5万分の1地形図「青森西部」昭和14年修正

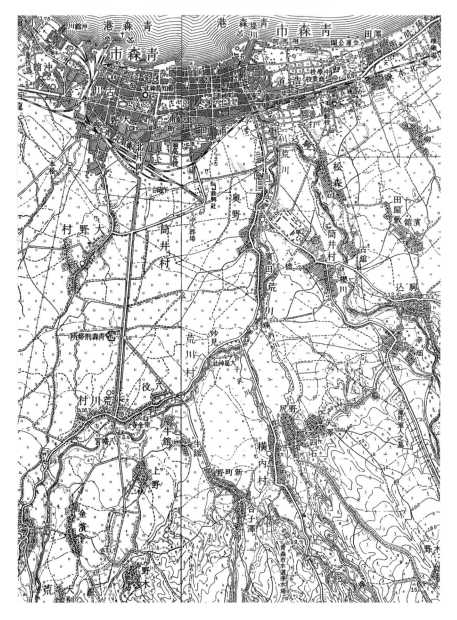

【10】 北海道地方の地誌

（1） 北海道地方の自然環境と歴史

　北海道地方は、雄大な自然・広大な土地と表現されるように、かつては原生林と低湿地が広がっていた、冷帯気候の地です。「本土」と称される他の地方と大きく異なる、地形と気候の自然環境なのです。また、先住民はアイヌ民族、アイヌの地であるため、地名の語源は、アイヌ語です。

　北海道地方は、明治期から開拓がはじまり、日本各地からの移住者があり、独特の文化が形成されました。旧・士族の救済につながる屯田兵制度、そして現在にもつながる道産子意識があります。北海道開拓は、住居・道路建設に始まり、本土と大きく異なる厳しい自然環境から産業も大きな制約を受け、当然、本土と異なる発想が必要で、「開拓者精神」が必然的に誕生することとなりました。農牧業は、土地の広さを活用して特定の作物・畜産物を大規模に栽培・飼育、工業は、農畜産物や林産物、水産物、地下資源などの原料を活用して、農畜産物・工業製品を本土へ輸送、交通は鉄道のみならず、航空・フェリー輸送も活用されました。

　以上から、長期的視点で、役立つ、使える、地域に必要な学問と人材が最も求められる地域であり、その先駆けとして地元大学の地元貢献が強く期待されることとなっています。

（2） 北海道地方出身の有名人

　北海道地方出身の有名人としては、まず、スポーツ分野があり、スキー・スケート・野球の関係者が多く、特に、大鵬・北の富士・北の湖・北勝海など、相撲関係がよく知られています。冬季スポーツは、気候の影響ですが、新住民相互の、スポーツを通じて親交を深める効果もあります。

　歌手・タレントも、有名人が多く、北島三郎・細川たかし・大黒摩季・中島みゆき・松山千春・ＧＬＡＹ・安全地帯など、歌手・グループを多く輩出しています。また、大泉洋・生田斗真・伊吹五郎・水谷豊などの俳優、タカアンドトシ・とにかく明るい安村・バービー・兼近大樹などの芸人、テレビアナウンサーでは安住紳一郎など、多彩な分野に及びます。

その背景としては、北海道地方の人々が、言葉が東京に近く、東京志向が強いことがあり、雄大で、厳しい自然環境という中、福岡と同様、旧・炭鉱地帯で早くに最新の芸能に触れる機会があったこと、全国ツアーが北海道からという芸能人の来道が多いことも影響しています。特に、新製品の試験販売場所や、全国ツアーの北海道からは、元の出身地は全国で、全国的な傾向を確認するための場所としての意味があると考えられます。

（3）北海道地方の地形

　北海道地方の地形は、全般的に雄大で、規模が比較的大きいのが特徴です。様々な特色ある地形がみられ、地形による産業の制約もありますが、観光資源にもなっています。

　火山地形では、硫黄山・羅臼岳（知床半島）・斜里岳・雄阿寒岳・雌阿寒岳・大雪山旭岳・樽前岳・有珠山・昭和新山・駒ヶ岳・羊蹄山（蝦夷富士）・利尻山（利尻富士）などの火山と、洞爺湖・支笏湖・阿寒湖・摩周湖・屈斜路湖などのカルデラ湖があり、溶岩円頂丘の昭和新山は火山の成長が観測できた貴重な事例です。火山の周辺などには、川湯温泉・層雲峡温泉・登別温泉・カルルス温泉・洞爺湖温泉があり、油分を含む豊富温泉、モール温泉の十勝川温泉、札幌の奥座敷と称される定山渓温泉、函館市内の湯の川温泉なども知られています。

　河川地形では、石狩川が石狩平野の低湿地を大きく蛇行しており、旧・河道の三日月湖（河跡湖）や、釧路川下流の釧路平野にラムサール条約登録湿原の釧路湿原が広がります。堆積地形では、港湾都市の函館・室蘭は陸繋砂州（りくけいさす）の上に市街地があり、函館山は陸繋島で夜景が有名、野付崎は砂嘴（さし）、サロマ湖・能取湖（のとろ）・風蓮湖はラグーンの潟湖（海跡湖）です。

（4）北海道地方の気候

　北海道地方の気候は、日本の他の地方（本土）と気候が大きく異なります。すなわち、北海道地方は冷帯気候、日本の他の地方（本土）は温帯気候です。梅雨がないのが違いとされ、夏は涼しいが、他の季節の冷え込みは厳しい。そのため、道内の農業など、産業の大きな制約となります。ま

た、道内や道外との交通など、人・物の移動にも大きな制約ともなります。

　農業では、道北は限界地域で農業が困難で、必然的に水産業が期待され、道東は根釧台地での酪農業、十勝平野でのジャガイモなどの畑作が中心となり、道央は石狩平野での稲作、道南は果実栽培が行われます。全般的には、気候の制約から、農業・酪農・水産業・林業とその加工による工業、自然環境の特色を活用した観光業と限られた産業となります。

　交通では、北海道が広大であるため、北海道地方と日本の他の地方（本土）との移動のみならず、道央と道北・道東・道南の移動でも航空機の利用があります。北海道地方は人口密度が低く、積雪・寒冷のために路面が凍結、冬季に鉄道の重要性が高まりますが、輸送密度が低いため採算がとりにくく、北海道内を運行するＪＲ北海道の経営は厳しい状況です。

（5）北海道地方の農牧業

　北海道地方の農業は、都道府県別で日本一が多く、日本の農牧業の一大中心地です。本土との鉄道・フェリー航路が、発展を促しました。

　農業指数（2020 年）では、販売農家比（97.5%）・主業農家比（71.7%）・耕地規模 3.0ha 以上（255 戸）・就業人口（88,000 人）といずれも日本一で、主業農家比半分超は北海道のみ、耕地規模 3.0ha 以上は全国の約 2 割を占めます。農地面積（2021 年）では、田面積（222,000ha）・普通畑面積（417,600ha）・牧草地面積（500,000ha）・1 農家耕地面積（30.40ha）・農業産出額（12,667 億円）といずれも日本一で、特に、普通畑面積は全国の約 4 割、牧草地面積は全国の約 8 割、1 農家耕地面積は全国平均の 10 倍以上です。農作物収穫量（2021 年）では、小麦（7,284 百 t）・ばれいしょ（じゃがいも、1,733 千 t）・大豆（1,054 百 t）・玉ねぎ（892 千 t）収穫量といずれも日本一で、小麦は全国の約 7 割、ばれいしょは全国の約 8 割、大豆は全国の約 4 割、玉ねぎは全国の約 7 割を占めます。畜産頭数・生産量（2021 年）では、肉用牛頭数（536 千頭）・乳用牛頭数（830 千頭）・生乳生産量（4,266 千 t）といずれも日本一、肉用牛頭数は全国の約 2 割、乳用牛頭数は全国の約 6 割、生乳生産量は全国の約 6 割を占めます。

（6）北海道地方の林業・水産業

　北海道地方の林業は、都道府県別で日本一が多く、日本の林業の一大中心地です。林業統計（2020年）では、林野面積（5,504千ha）、国有林面積（2,916千ha）、民有林面積（2,588千ha）、保有山林面積規模別林家数比率で5〜10ha（24.0％）・10〜30ha（22.6％）・30ha以上（7.6％）、素材生産量（285万㎥）、木材チップ生産量（83万㎥）といずれも日本一で、林野面積は全国の約2割、国有林面積は全国の約4割、木材チップ生産量は全国の約2割を占めます。この林業地域を背景に、王子ホールディングス（王子製紙）の苫小牧市における製紙工業などが立地しました。

　北海道地方の水産業は、都道府県別で日本一が多く、日本の水産業の一大中心地です。水産業統計（2020年）では、漁業経営体数（11,089）・漁業就業者数（24,378人）・漁獲量（8,949百t）・漁船隻数（19,142隻）といずれも日本一で、特に、漁獲量は全国の約3割を占めます。この水産業地域を背景に、マルハニチロ（大洋漁業・日魯漁業）などが立地しました。

　以上のように、北海道地方は、第一次産業において、都道府県別統計で日本一が多く、その関連産業も立地、各生産物は、鉄道・船舶・航空で、本州方面へ輸送されます。

（7）北海道地方の衣食住

　北海道地方は、衣食住で、日本の他の地方（本土）と大きく異なります。

　衣類では、コートはフード付きが当然で、コートの下に上着を基本的に着用しません。それは、雪がさらっとしているため、雪でも傘を差さず、フードで対応します。冬季の室内温度は暖房で25度とし、屋外から屋内に入ると、コートを脱ぎ、室内では薄着となります。

　食事では、ジンギスカン・豚丼・ザンギ（鶏唐揚げ）といった羊肉・豚肉・鶏肉の消費が多く、また、牛乳・バター・チーズ・ヨーグルト・アイスクリームなどの乳製品の消費も多く、これは、冬季の寒冷に対する体力づくりにつながるとされます。ラーメンが有名で、ラーメンスープは、醤油・味噌・塩と場所で異なり、カレーはスープカレーが好まれます。

　住居では、家の設計に冬季の寒冷・積雪対策が優先され、夏季の冷房設

備を設置しない場合もあります。玄関や窓は二重構造で、壁も含めて密閉性を高め、屋根は瓦屋根ではなく、雪対策の軽量化を図るために、トタン屋根などが使用されます。暖房は、石油ストーブの使用が多く、屋外に大型の灯油タンクを設置、冬季の暖房に高額の費用を要します。

（8）近世の蝦夷地

　北海道地方は、近世においては蝦夷地、松前藩の松前氏の支配地でした。1604年（慶長9年）に松前藩の松前氏は、江戸幕府の徳川家康より交易独占権を与えられ、商場知行制を行いました。これは、松前藩主が上級家臣にアイヌ民族との交易場所を分与し、上級家臣は交易利益を収入とするものでした。1669年（寛文9年）にシャクシャインの戦いでアイヌ民族が敗北、アイヌ民族との交易は、18世紀前半から場所請負制度となりました。これは、和人商人（特権商人）に交易を請け負わせ、運上金を松前藩に納入させ、家臣に分与するものでした。その結果、商人経営で各産物の生産が拡大、大商人へと成長することとなりました。1789年（寛政元年）にクナシリ・メナシの戦いがあり、アイヌ民族の最後の蜂起でした。

　これらの蝦夷地での交易品は、アイヌ民族から鮭・鰊・昆布、和人から米・酒・塩で、交易で入手された品物は、蝦夷地まで西廻り航路が延長されて北前船として運航され、特に昆布は、大坂を経由して、琉球へもたらされ、さらに中国へ俵物として輸出されました。

　1869年（明治2年）開拓使設置、蝦夷地は北海道と改称されました。

（9）北海道地方の開拓

　北海道地方の開拓は、1869年（明治2年）の開拓使設置から始まり、1874年（明治7年）には屯田兵制度が制定され、アメリカ合衆国のタウンシップ制にならって、土地を碁盤目状に区切り、まず道南および石狩川流域に、屯田兵村を設置、その後は北海道全域に屯田兵村を広げました。屯田兵は、通常は北海道開拓を行い、いざという時には北海道防衛にあたるという趣旨で、1876年（明治9年）に実施された秩禄処分によって定期的な収入を失った旧・士族も多く屯田兵として北海道へ移民しましたが、原

生林と低湿地の地の開拓は、当初は、難航を極めました。

　1876年（明治9年）に札幌農学校開校・札幌麦酒醸造所開設、1878年（明治11年）に幌内炭鉱開坑、1881年（明治14年）に集治監（監獄・刑務所）設置、開拓使官有物払い下げ事件がありました。1882年（明治15年）に札幌・函館・根室の3県設置、手宮（小樽）〜札幌〜幌内間の鉄道開通、1886年（明治19年）に3県が統合されて北海道庁を設置、1889年（明治23年）に幌内炭鉱が北海道炭礦汽船（北炭）となりました。北海道開拓は、屯田兵村以外に、集治監収容者の労働力、炭鉱の開坑、石炭の鉄道輸送と本土への積出、これらによって当初は進められました。

(10) 北海道地方の資源

　北海道地方の開拓は、資源開発によって大きく進展、特に、近代期の明治期から現代期の戦後まで、石炭が重要な資源で、九州地方とともに、日本有数の産出地でした。現在も、道東の釧路市で坑内掘り、空知の三笠市や天塩の小平町で露天掘りが行われています。

　石炭は、現役の釧路コールマイン（旧・太平洋炭鉱）、三笠露天坑・古平炭鉱・吉住炭鉱等以外で、かつては、宗谷・留萌、そして芦別市、赤平市、歌志内市、砂川市、美唄市、三笠市幾春別・奔別・幌内、夕張市などの空知の炭鉱で多く産出したが、これらの炭鉱は閉山となりました。石油は、苫小牧市の勇払で採掘中、他に石狩市や厚真町でかつて産出しました。

　鉄は、倶知安町の倶知安鉄山で産出、室蘭に製鉄所を開設、倶知安鉄山は閉山となりました。金は、紋別市の鴻之舞金山と千歳市の千歳鉱山で、マンガンは、上ノ国町の上ノ国鉱山で、レアメタルのイリジュウムは、札幌市の豊羽鉱山で、水銀は北見市のイトムカ鉱山で、硫黄は、弟子屈町のアトサヌプリ鉱山と登別市の幌別鉱山で産出しましたが、すべて閉山となりました。石灰石は、北斗市の上磯鉱山で産出、現在も採掘中です。

(11) 北海道地方の道内鉄道交通

　北海道地方の鉄道交通は、まず資源輸送が優先され、炭鉱から積み出し港まで開通、幌内炭鉱〜岩見沢〜札幌〜小樽港間が開通、現在の函館本線

の一部、夕張炭鉱～追分～苫小牧～室蘭港間が開通、現在の室蘭本線の一部、深川～留萌港間が開通、現在の留萌本線です。

　現在は、都市間旅客輸送が中心、平坦・短縮ルートとなりました。札幌～東室蘭～函館間は千歳線経由の特急「北斗」で札幌～東室蘭間の所要時間は1時間25分、札幌～帯広間は特急「とかち」、札幌～帯広～釧路間は特急「おおぞら」が千歳線と1981年（昭和56年）開通の石勝線経由、札幌～旭川～網走間は特急「オホーツク」、札幌～旭川～稚内間は特急「宗谷」の運行、1968～69年（昭和43～44年）に函館本線小樽～札幌～旭川間が電化、1975年（昭和50年）に札幌～旭川間電車特急「いしかり（現・ライラック）」運転開始、1980年（昭和55年）に千歳線電化、千歳空港駅（現・南千歳駅）開設、室蘭本線沼ノ端～苫小牧～東室蘭～室蘭間電化、札幌～旭川間は特急「ライラック」「カムイ」で所要時間1時間25分、札幌～室蘭間は特急「すずらん」が運行、1992年（平成4年）に千歳空港線が開業しました。

(12) 北海道地方の道内高速バス交通と航空交通

　道内高速バス交通には、多数の路線があり、現在、道内交通の中心的存在です。札幌からの路線が圧倒的に多く、札幌からの昼行便は、道央の岩見沢・滝川・芦別・苫小牧・登別・室蘭・小樽・倶知安・ニセコ・浦川・様似・えりもへの各路線が、道東の帯広・釧路・遠軽・紋別・北見・美幌・網走・知床への各路線が、道北の旭川・富良野・名寄・留萌・羽幌・豊富・稚内への各路線があります。他に新千歳空港・旭川・函館から札幌以外への路線もあり、札幌から函館・稚内・北見・網走・釧路へは夜行便も運行され、札幌から中標津・根室へは夜行便のみの運行です。

　道内航空交通には、新千歳空港～稚内・女満別・中標津・釧路・函館線、丘珠～女満別・釧路・函館・利尻・奥尻線があり、女満別・釧路・函館が新千歳・丘珠の両空港から路線があって道央の中心の札幌と道東の女満別・釧路、道南の函館を結び、新千歳のみが稚内・中標津、丘珠のみが利尻・奥尻の離島線、他に函館～奥尻線があります。夏季を中心に、観光客等が増加する方面へは、季節限定路線が運航されることがあります。か

つて札幌から帯広への路線もありましたが、石勝線開通による鉄道の所要時間短縮で路線廃止となりました。

(13) 北海道地方の対本土鉄道交通と船舶交通

　対本土交通は、長らく青函連絡船が大動脈でした。1988年（昭和63年）に海峡線が開通、在来線による対本土交通が確立され、特急旅客列車以外に、本土大都市への直通貨物列車も運行され、貨物輸送の大動脈となり、北海道地方からの農畜産物・工業製品輸送に活用されています。2016年（平成28年）に北海道新幹線新青森〜新函館北斗間が開通、青函トンネル内は三線軌条化されて、新幹線車両が走行、東京〜新函館北斗間3時間57分（最速列車）となりました。

　青函鉄道連絡船は廃止されましたが、青函間のフェリーは運行中です。また、函館・小樽・室蘭の三港は、対本土船舶交通の拠点となりました。但し、室蘭港発着フェリーは、港の利便性から札幌に近い苫小牧港発着に変更、2022年（令和4年）すべて休止となりました。

　現在の対本土フェリー航路は、函館港からは、青森以外に、下北半島先端の大間へ、小樽港からは、新潟・舞鶴へ、苫小牧港からは秋田・新潟・敦賀、八戸、大洗、仙台・名古屋へ、それぞれ航路があります。苫小牧港は、1972年（昭和47年）フェリー運行開始、本土太平洋側航路を運行、室蘭から以外、小樽からの変更で本土日本海側航路も開設されました。

(14) 北海道地方の対本土航空交通

　北海道地方の戦後の空港開港と、対本土航空路東京線開設を見ましょう。

　千歳空港は、1951年（昭和26年）に開港、同年に東京線開設、丘珠空港は、1956年（昭和31年）に開港、1965年（昭和40年）に東京線開設、中標津空港は、1959年（昭和34年）に開港、1990年（平成2年）に東京線開設、稚内空港は、1960年（昭和35年）に開港、1987年（昭和62年）に東京線開設、函館空港は、1961年（昭和36年）に開港、同年東京線開設、釧路空港は、1961年（昭和36年）に開港、1967年（昭和42年）に東京線開設、女満別空港は、1963年（昭和38年）に開港、1980年（昭和55年）に東京線

開設、帯広空港は、1964 年（昭和 39 年）に開港、1965 年（昭和 40 年）に東京線開設、旭川空港は、1966 年（昭和 41 年）に開港、1969 年（昭和 44 年）に東京線開設、紋別空港は、1966 年（昭和 41 年）に開港、2000 年（平成 12 年）東京線開設です。空港開港は 1950 ～ 60 年代（離島空港は除く）と比較的早く、東京線開設は 1950 ～ 60 年代の千歳・丘珠・函館・釧路・帯広・旭川と、1980 年以降の女満別・稚内・中標津・紋別に二分され、東京線開設は空港のジェット化によるものが多いといえます。

(15) 北海道地方発祥の企業

北海道地方発祥の企業としては、まず、農林水産業関連があり、農業関連では乳製品の雪印乳業、ホクレン農業協同組合連合会やホクリョウ（北海道糧食、飼料から鶏卵販売へ）も、規模の大きい企業体です。林業・水産業関連では、前述の王子製紙、マルハニチロがあります。

酒類では、1876 年（明治 9 年）設立のサッポロビール、1934 年（昭和 9 年）設立のニッカウヰスキーがあり、鉱業では、北海道炭礦汽船（北炭）が北海道内で多くの炭鉱を経営しました。

金融では、都市銀行（都銀）の北海道拓殖銀行（略称・拓銀）は道内第一位の銀行でしたが、1997 年（平成 9 年）に経営破綻、地方銀行の北海道銀行（略称・道銀）は 2004 年（平成 16 年）に北陸銀行と経営統合、現在は北海道内第二位の銀行、元・相互銀行で、第二地方銀行の北洋銀行は、北海道拓殖銀行の破綻に伴う事業継承で、北海道内第一位の銀行となりました。

家具製造販売では、1967 年（昭和 42 年）創業、1993 年（平成 5 年）道外進出のニトリ、菓子製造では、1976 年（昭和 52 年）白い恋人発売開始の石屋製菓、コンビニでは、1971 年（昭和 46 年）開店のセイコーマートがあり、酒屋からの転換が多く、道内に広く展開しています。

(16) 拓銀（北海道拓殖銀行）破綻から考える

北海道拓殖銀行は、1900 年（明治 33 年）設立、道内産業に長期・低利の融資を行う特殊銀行で、普通銀行を併営、戦後に普通銀行に転換、北海道・札幌市などの市町村の指定金融機関となり、都市銀行で北海道第一の

銀行と、かつては北海道地方を代表する銀行でしたが、バブル期に積極的な拡大路線を取り、1997年（平成9年）に都市銀行で唯一破綻しました。

　銀行業務は、基本的に本来、成長分野・成長業界・成長企業に融資（資金を貸す）し、成長後、融資を返済（利子を加えてた資金）してもらうものです。しかし、バブル期には、銀行間で過剰な融資競争が行われ、特に、北海道地方では、「たんこう（炭鉱）から、かんこう（観光）へ」という流れで、例えば、旧・炭鉱都市でのテーマパーク事業などに融資が行われ、そのテーマパーク事業が失敗、融資回収が困難となり、破綻する事例がありました。

　そこから銀行は、金融の知識だけではなく、テーマパーク等の時代の先端を行く産業の知識が必要となるわけです。北海道拓殖銀行だけでなく、バブル経済崩壊後、多くの金融機関が経営困難になり、破綻まで行かなくても、合併・統合や顧客対応業務の機械化等が推進されました。

(17) 北海道地方の歩み、未来は？　（奥野編）

　北海道地方の歩みを、近世・近代・現代で特色をまとめてみました。
　藩侯（はんこう）の時代は、近世の江戸期、松前藩松前氏の「藩侯」が支配した時代です。難航（なんこう）の時代は、近代の明治期、屯田兵制度による、本土からの士族が移住、北海道の開拓が難航した時代です。炭鉱（たんこう）の時代は、空知を中心として炭鉱が開発され、北海道の開発が進んだ時代です。三港（さんこう）の時代は、資源や農産物が函館・小樽・室蘭の三港から本州へ輸送され、それらの港町が連絡港で栄えた時代です。函館市には北海道大学水産学部、小樽市には小樽商科大学、室蘭市には室蘭工業大学と、国立大学（現・国立大学法人）が設置されるなど、繁栄が大学設置となった港町の三都市です。観光（かんこう）の時代は、自然環境が観光資源となり、特に、航空交通の発達で北海道が代表的観光地となった時代です。暗光（あんこう）の時代は、漁獲減少や炭鉱閉山による地域衰退そして拓銀破綻と、北海道にとっては試練の時代となりました。

　以上、北海道地方の歩みを、「はなたさかあ」「んこう」の順で時代の特色をまとめましたが、次に来るのは何の時代でしょうか。北海道地方の特性を活用した時代の到来が期待されます。

(18) 北海道地方の中心地：道央

　北海道地方の中心が道央、道央の中心が札幌市、道庁所在地で北海道地方の中心です。札幌市（人口約196万人：2022年）は、明治期に、計画的に建設された碁盤目状の街路網を持つ典型的な計画都市、中央の大通りにある大通公園では札幌雪祭りが開催され、観光都市でもあります。この地は、内陸で冬季の北西の季節風を避けることができ、豊平川の川沿いで豊富な水が利用できる場所です。道央の空知は、夕張市（人口約7千人：2022年）を中心としたかつては炭鉱地帯で、石炭輸送にいち早く鉄道が開通、小樽市（人口約11万人）は空知からの石炭積み出し港、商業都市として発展、近年は観光化が進んでいます。千歳市（人口約10万人）は、新千歳空港がある交通都市、苫小牧市（人口約17万人：2022年）は、製紙工業都市で、1963年（昭和38年）に世界初の内陸掘込式港を開港して北海道を代表する港湾都市となり、室蘭市（人口約8万人）は製鉄都市です。道央には、支笏湖・倶多楽湖・洞爺湖・昭和新山・羊蹄山、定山渓温泉、登別温泉、豪州人に人気のスキー場があるニセコ町（人口約5千人：2022年）もあり、日高は牧場と日高昆布、襟裳岬は歌で有名になりました。

(19) 北海道地方の入り口：道南

　北海道地方の入り口は長らく、函館でした。函館市（人口約24万人：2022年）は道南の中心で、かつては北海道の代表的玄関口、戦前は人口が札幌市よりも多い道内第一位でした。1897年（明治30年）に馬車鉄道で開通、1913年（大正2年）に電車運転開始の函館市電の軌間が1372㎜、1909年（明治42年）に石材軌道で開通、1918年（大正7年）に札幌電気軌道となった札幌市電の軌間が1067㎜の差異に、かつての人口差が、現在にも残されています。対本土交通が航空に移行する前や青函トンネルが開通する前は、青函鉄道連絡船が対本土交通の中心時代で、その当時、北海道地方の鉄道ダイヤは、函館駅を中心とし、順番としては、上野駅⇒青森駅⇒函館駅⇒札幌駅の順番で組まれました。箱館は、陸繋島の函館山、陸繋砂州の上に街並みがあり、市内には湯の川温泉もあって、観光都市でもあります。北斗市（人口約4万人：2022年）は2016年（平成28年）北海道新幹線駅函

館北斗駅開設、鉄道の北海道の玄関口となりました。松前町（人口約6千人：2022年）は、かつて松前藩松前氏の城下町、日本海側の檜山<ruby>檜山<rt>ひやま</rt></ruby>はかつてニシン漁でおおいに栄え、その中心が江差町（人口約7千人：2022年）です。

（20）北海道地方の東の果て：道東

　釧路市（人口約16万人：2022年）は、北海道地方の東の果ての道東の中心、冬季に積雪は少なく、夏季は霧が出現します。南部が港湾地域で水産都市、西部が平原地域で製紙工業都市、東部が丘陵地域で炭鉱都市、北部が湿原地域で観光都市と、多彩な側面を持っています。

　根室市（人口約2万人：2022年）は、北海道最東端都市で水産都市、根釧台地は酪農地帯、北方領土（歯舞色丹・国後択捉）は目前、中標津町（人口約2万人：2022年）には中標津空港があり、浜中町（人口約5千人：2022年）はアニメ「ルパン三世」作者モンキーパンチ氏の出身地です。

　帯広市（人口約16万人：2022年）は、十勝川中流、十勝平野の農牧業地帯の中心地で放射直行路型街路網を持つ計画的都市、農牧業地帯の中心地らしく、帯広畜産大学があります。安住紳一郎氏の出身地で、松山千春氏は山間部の足寄町（人口約6千人：2022年）の出身です。

　北見市（人口約11万人：2022年）は、薄荷<ruby>薄荷<rt>はっか</rt></ruby>の街でオホーツク地方の中心都市、網走市（人口約3万人：2022年）は、映画「網走番外地」で刑務所が有名となりました。知床半島は「知床旅情」で知られ、斜里町（人口約1万人：2022年）のウトロはその観光拠点です。

（21）北海道地方の北の果て：道北

　旭川市（人口約32万人：2022年）は、北海道地方の北の果ての道北の中心、碁盤目状の街路網を持つ計画都市、木材工業・製紙工業都市で、旭山動物園があることでも知られています。富良野や大雪山層雲峡の観光地も近く、富良野市（人口約2万人：2022年）は、ドラマ「北の国から」のロケ地で一躍有名になり、ラベンダー畑が広がって、観光客が多く訪れます。

　留萌市（人口約2万人：2022年）は、天塩炭鉱（現在も露天掘が行われている）などの石炭積み出し港でもあり、日本海側沿岸部の各漁港はニシン漁で栄

えました。羽幌町（人口約6千人：2022年）は、かつて北海道有数の炭鉱町で、人口が3万人を超えたことがありました。

　稚内市（人口約3万人：2022年）は、宗谷の中心都市で最北端の都市、水産都市、北海道最北端の岬である宗谷岬がある観光都市でもあり、利尻島・礼文島へのフェリー航路が発着します。戦前は、樺太（サハリン）の大泊（コルサコフ）への定期航路もありました。猿払村（人口約3千人：2022年）は、1970年代に地元漁協がホタテ養殖造成事業を実施、1980年代よりホタテ水揚げが驚異的に伸び、全国有数の高額所得自治体となりました。

(22) 北海道地方の離島：礼文島・利尻島・天売島・焼尻島・奥尻島

　利尻島と礼文島は、日本最北の離島として人気の観光地で、夏季に多くの観光客が訪れ、夏季だけ営業の宿泊施設もあります。

　礼文島は、礼文町（人口約2千人：2022年）の1島1町、日本最北の有人離島で、北端が日本最北限の地スコトン岬です。高山植物が咲き、地蔵岩・桃岩があり、ウニ丼で知られる観光島ですが、航空便の廃止で、利尻島との格差が拡大しました。利尻島は、利尻町（人口約2千人：2022年）と利尻富士町（人口約2千人：2022年）の1島2町、美しい利尻富士と利尻昆布で有名、札幌からの直行航空便があります。

　天売島と焼尻島は、対岸の羽幌町に属し、羽幌からの高速船・フェリー航路があります。しかし、対岸の羽幌線が1987年（昭和62年）廃止となって、観光客が減少しました。天売島は、水産業と観光、海鳥の楽園として有名、焼尻島は、水産業と観光、高品質の羊肉生産で有名です。

　奥尻島は、奥尻町（人口約2千人：2022年）の1島1町、農業（米・ブドウ・肉牛）・林業・水産業・製造業（ワイン醸造）・観光業もあり、かつては鉱業（硫黄採掘）もありました。札幌・函館からの直行航空便があり、1993年（平成5年）に北海道南西沖地震の津波で大きな被害を受けました。

(23) 北海道地方の地域課題と交通

　北海道地方の地域課題には、札幌一極集中と地域格差の問題、鉄道交通と航空交通の影響による地域格差の問題があります。

札幌市には、北海道人口の約4割が集中しています。さらに、札幌周辺都市が札幌のベッドタウンとして住宅開発が行われ、札幌通勤圏の人口が増加しています。千歳線沿いの北広島市・恵庭市・千歳市、札沼線沿いの石狩市、函館本線沿いの江別市で、共通点は札幌から電化路線沿線・普通列車で所要時間約30以内です。電化路線沿線・普通列車で所要時間40〜50分となる函館本線沿いの岩見沢市・小樽市は人口が減少しており、「普通列車30分の壁」が、ここでは立ちはだかっています。

　航空交通の影響では、新千歳空港を擁する千歳市は勿論、隣接する船舶交通の玄関口となった苫小牧市、旭川空港を擁する東神楽町や隣接する東川町、中標津空港を擁する中標津町は、いずれも人口が増加、特に東京への直行航空便がある「町」など、航空交通の利便性の良さが背景で、そのため根室では、根室市と中標津町の人口差がわずかとなりました。

　以上のように、冬季は鉄道交通の重要性が高まる地域性、航空交通による東京への利便性など、交通が人口増減に大きく関係しています。したがって、交通を重視し、その影響を考えた地域政策が必要です。

「まとめ」：
北海道地方の自然環境の特色は、何か。
北海道地方の交通には、何があるか。
北海道地方の交通と地域問題には、何があるか。

「考察」：
北海道で「開拓者精神」が生まれた背景は、何か。
拓銀が破綻した理由は、何か。
札幌がそこに立地した条件は、何か。

写真 35：日本最北端の地　宗谷岬（北海道）

写真 36：日本最東端の駅　東根室駅（北海道）

写真 37：礼文島　スコトン岬（北海道）

写真 38：天売島（北海道）

地図 50：5 万分の 1 地形図「札幌」昭和 22 年資料修正

【11】 東アジア・東南アジア・南アジアの地誌

（1） 東アジアの国々・地域

　東アジアは、ユーラシア大陸・アジア大陸の東部で、ここでは日本・朝鮮半島・中国大陸・香港・マカオ・台湾の地域です。欧州からの視点では、東アジアと東南アジアを極東（Far East）とした場所です。この東アジアでは、20世紀半ばに、現在の政治体制が確立しました。

　日本は、東アジアのみならず、アジアで独立を維持した数少ない国です。朝鮮半島は、1910年に日本に併合、1948年に大韓民国が成立しました。中国は、清朝を経て、1912年に中華民国が成立、1949年に中華人民共和国が成立しました。香港は、アヘン戦争後、1842年に南京条約で清朝からイギリスに香港島が永久割譲、1860年に北京条約で九竜半島南部を新たにイギリスに割譲、1898年に九竜半島北部・新界が99年の期限でイギリスに租借、1997年にイギリスから中華人民共和国に返還されました。マカオは、1557年にポルトガルが明朝より居住権を獲得、1586年にポルトガルは自治都市に、1849年にポルトガルはマカオの独立を宣言、1862年に天津条約でポルトガルの植民地に、1999年にポルトガルから中華人民共和国に返還されました。台湾は、17世紀オランダから清朝に、1895年に下関条約で日本に、1945年に中華民国となり、国民党支配となりました。

（2） 東アジアの地形

　中国の地形は、「西高東低」の地形です。すなわち、西部に、新期造山帯のアルプス・ヒマラヤ造山帯である、パミール高原・チベット高原・ヒマラヤ山脈があり、古期造山帯である、アルタイ・テンシャン・クンルン山脈があります。東部に、安定陸塊の中国陸塊の楯状地が広がっています。なお、満洲・中国中部にも、古期造山帯があります。このように、中国には、安定陸塊・古期造山帯・新期造山帯のすべてがあります。安定陸塊では鉄鉱石を産出、古期造山帯では石炭を産出、新期造山帯では石油を産出します。しかし、国土が広大で、石炭と石油が内陸で産出するため、東部

沿岸部での工業原料としての活用には、長距離を輸送する必要があり、近代期には、日本から三池炭鉱の石炭を輸入していたことがありました。

　日本・台湾は、新期造山帯の環太平洋造山帯で、地震が多いという点で共通しています。台湾は日本統治時代に、大地震が発生、地震後、インフラの整備を行い、特に都市では碁盤目状の街路網とし、公道に面した建物の１階を一般の通行を可能にする空間として提供する亭仔脚の整備などが行われ、整然とした都市の街並みができました。

（3）東アジアの気候

　中国の気候は、「西は高山と乾燥、東は温帯と冷帯」の気候です。すなわち、西部では、南のチベット高原を中心に、高山気候が分布し、北の内陸部は乾燥気候が分布して、タクラマカン砂漠とゴビ砂漠が広がっています。東部では、中央の華中が温暖湿潤気候、南の華南が温暖夏雨気候で夏は熱帯と同様になり、北の華北・東北地方（満州）は冷帯夏雨気候です。したがって、温暖湿潤気候の華中以外は、比較的、厳しい気候といえます。しかし、様々な気候が分布することによって、様々な農牧業、様々な農畜産物の生産が可能となりました。また、種類のみならず、広大な面積と多くの人口により、その生産量は世界で上位を占めます。

　朝鮮半島の気候は、南部は温暖湿潤気候、北部は冷帯夏雨気候です。

　日本（北海道以外）と台湾は、温暖湿潤気候、日本の北海道は、冷帯湿潤気候です。日本と台湾は、前述したように、新期造山帯の環太平洋造山帯のため、険しい山々がありますが、その高度差から麓と山中で気温が異なり、また、中国大陸側と太平洋側で降水期の季節が異なります。したがって、実際には多様な気温と降水量型となり、さらに、品種改良や生産方法の工夫によって、多様な農畜産物を生産できる状況となりました。

（4）東アジアの農業

　中国の農業は、「西は遊牧、東はアジア式」の農業です。すなわち、西部は乾燥帯気候地域を中心に、遊牧で、羊・牛・馬の飼育が行われます。東部は、中央を東西に走るチンリン山脈とホワイ川が稲作・畑作の境界で、

その北側の華北・東北部（旧・満州）がアジア式畑作農業地域で、小麦・大豆・トウモロコシ・こうりゃんの栽培が、その南側の華中・華南がアジア式稲作農業地域で、米・工芸作物（茶・サトウキビ）の栽培が行われます。多くの人口で多くの労力を投入する集約型農業で、生産量は多いのですが、人口が多いため、海外から多くの農作物を輸入することとなります。例えば、米の生産量は世界第一位（2020年）ですが、輸入量も世界第一位（2020年）です。他に、小麦の生産量は世界第一位（2020年）で、輸入量は世界第四位（2020年）、大麦と大豆の輸入量も、世界第一位（2020年）です。

　日本は、北海道以外でアジア式稲作とともに野菜・果樹・花卉・畜産が、北海道はアジア式畑作とともに酪農などの畜産が行われます。台湾は、日本統治時代に栽培が拡大した、低地でのプランテーション農業のバナナ・サトウキビ・樟脳（防虫剤）、高地では茶・林檎の生産が行われます。

（5）東アジアの鉱工業

　中国の鉱工業は、「西低東高」の鉱工業発展です。すなわち、西部では油田が開発され、パイプラインが建設されて運び出される以外は、未開発が多い状況です。それに対して、東部では、沿岸部を中心に、経済特区が設置され、外国の資本と技術が導入されて、工業が発展、その代表的地域は、シュンチェン・チューハイ・スワトウ・アモイ・ハイナン島で、特に、繊維工業・電気機械工業（組み立て）が代表的です。産出資源では、第二次世界大戦前から、東北地方（旧・満州）での石炭・石油・鉄鉱石産出が有名であり、華南では、レアメタルのタングステン・マンガン・モリブデンを産出します。このように、国内産出資源は多いのですが、農業と同様、多くを輸入に依存、その結果、輸入に便利な沿岸部での工業発展となります。

　アジアNIEs（Newly Industrializing Economies）とは、1980年代に急成長したアジアの新興工業国・地域を指し、韓国・シンガポール・ホンコン・台湾がそれに該当します。しかし、韓国は1997年にアジア通貨危機で、財閥の解体や整理が行われました。台湾では、新竹地区の科学園区において半導体産業が発展、「台湾のシリコンバレー」と称されます。

（6）東アジアの都市

　中国の都市としては、北京（人口約2189万人：2021年）が首都であり、華北の中心都市です。天津（人口約1562万人：2020年）は、北京の外港で、港湾・商工業都市です。上海（人口約2489万人：2021年）は、中国最大の商工業都市で華中の中心都市、広州（人口約1868万人：2020年）は、華南最大の貿易港があります。重慶（人口約3102万人：2018年）は、内陸部、四川省の商工業都市です。武漢（人口約1108万人：2018年）は、揚子江流域で、水陸交通の要地、西安（人口約1000万人：2018年）は、かつて、長安と呼ばれた古都です。このように、広大な国土に大都市が分布、現在、これらの主要都市は、航空、高速鉄道・高速道路で結ばれています。

　韓国の都市としては、ソウル（人口約949万人：2022年）が首都で韓国北部の中心都市、プサン（人口約332万人：2021年）は港湾都市で韓国南部の中心都市、他に、インチョン（人口約295万人：2021年）・テグ（人口約238万人：2022年）・テジョン（人口約154万人：2015年）があります。

　台湾の都市としては、台北（人口約260万人：2020年）が台湾北部の中心都市、高雄（人口約272万人：2022年）が台湾南部の中心都市、台中（人口約282万人：2021年）が台湾中部の中心都市です。

（7）中国の諸課題

　中国の諸課題としては、自給率低下による、輸入の増加があります。まず、食料自給率の低下があり、国内の農産物生産は多いのですが、人口が多いとともに経済発展に伴って食料の需要が増大、そのために食料の輸入が急増、特に、アメリカ合衆国・オーストラリアから食料を輸入しています。さらに、資源自給率の低下があり、やはり資源の国内産出は多いのですが、人口が多いとともに経済発展に伴って工業原料の需要が増大、オーストラリア以外に、発展途上国から輸入しています。経済特区の設置によって、外国から資本と技術を導入して急成長しましたが、賃金の上昇で安く生産できるという有利性が低下し、そのため、外国資本が東南アジア等への投資に切り替え、以前ほどの経済成長率ではなくなりました。

　また、人口増加抑制として、ひとりっ子政策を行いましたが、年齢構成

や男女比といった人口構成がアンバランスとなり、その政策を廃止しました。しかし、出生率は回復せず、人口減少・超高齢化社会が始まりました。

さらに、国内の経済格差と民族問題があり、東部沿海地域の経済発展による西域との経済格差があり、それに加えて、東部は漢民族、西部内陸はチベットや少数民族の比率が比較的高いという、民族問題があります。

（8） 韓国の諸課題

韓国の諸課題には、財閥と工業に関する課題があります。1953 年に朝鮮戦争が休戦となり、1960 年代に、巨大企業集団である財閥が形成され、財閥の寡占状態となります。1970 年代に、韓国政府の保護で、鉄鋼・化学・造船・自動車の重化学・機械工業分野に力を入れ、さらに集中化を進めました。1980 年代には、経済発展により、新興経済地域であるアジアＮＩＥｓの一員となりました。しかし、1990 年代に、深刻な経済危機が訪れ、財閥の解体・整理が行われ、事業の選択と集中が進められた結果、部門によって明暗が分かれることとなりました。工業原料の輸入も多く、石炭は世界第四位（2019 年）、原油は世界第五位（2019 年）、天然ガスは世界第七位（2019 年）、鉄鉱石は世界第三位（2021 年）と、主要資源のほとんどを大きく輸入に依存しており、日本からも製鉄用に石灰石を輸入しています。

選択と集中は都市にもおよび、特にソウルに投資を集中させました。その結果、都市面積は２割ですが、人口の８割が都市に集中、地方面積の８割に、人口の２割が分布するという、都市と地方、ソウルと他の都市という、格差が生じました。韓国は、超学歴社会で、受験競争があり、受験科目や入試にかかわる事項を重視した現場の教育で知られています。

（9） 東南アジアの国々＜ 11 ヵ国＞

東南アジアは、ユーラシア大陸・アジア大陸の東南部で、ここでは大陸部５ヵ国、大陸部と島嶼部１ヵ国、島嶼部５ヵ国、計 11 ヵ国の地域です。欧州からの視点では、東アジアと東南アジアを極東（Far East）とした場所です。この東南アジアでは、20 世紀半ばに、現在の政治体制が確立し

ました。

　大陸部の５ヵ国は、ミャンマー・タイ・カンボジア・ラオス・ベトナム、大陸部と島嶼部１ヵ国はマレーシア、島嶼部５ヵ国はインドネシア・フィリピン・ブルネイ・東ティモールです。シンガポールは1965年にマレーシアから独立しました。東南アジアの国々は、東ティモール以外の10ヵ国で、1967年に東南アジア諸国連合ＡＳＥＡＮを結成しています。

　大陸のマレー半島と島嶼のスマトラ島の間はマラッカ海峡で海上交通の要所、ジャワ島にはインドネシアの首都ジャカルタと避暑地のバンドンがあり、カリマンタン島の南部、ティモール島の西部、ニューギニア島の西部はインドネシアです。ティモール島の東部は、2002年にインドネシアから独立、カリマンタン島の北部は、マレーシアとブルネイです。

(10) 東南アジアの国々の宗主国と言語・宗教

　東南アジアは、タイ以外、欧米列強の植民地になっていました。そのため、比率に多少はありますが、宗主国の言語である英語や仏語の使用、宗教であるキリスト教の信仰が、独立後も継続しています。

　フィリピンは、16世紀の1571年にスペイン領となり、20世紀の1902年に米の統治となりました。そのため、フィリピン語と共に英語も公用語であり、宗教も９割以上がキリスト教、８割以上がカトリックです。

　ベトナムは、19世紀の1884年に仏領インドシナに、カンボジアは、19世紀の1887年に仏領インドシナに、ラオスは、19世紀の1899年に仏領インドシナにと、インドシナ半島の東部は仏領となりました。タイは、インドシナ半島の中部に位置し、英仏植民地の間に位置し、不測の事態を避けるための緩衝国で、植民地化されませんでした。ミャンマーは、19世紀の1886年に英領インドに、マレーシアは、19世紀の1896年に英領に、シンガポールは、19世紀の1824年に英領にと、インドシナ半島の西部は英領となりました。インドネシアは、17世紀の1602年にオランダ支配となり、東ティモールは、16世紀前半のティモール征服を経て、18世紀の1701年にポルトガルが領有、20世紀の1976年にインドネシアに併合されました。

(11) 東南アジアの地形

　東南アジアの地形は、新期造山帯が中心で、南アジアからのアルプス・ヒマラヤ造山帯が連なり、東アジアからオセアニアにかけての環太平洋造山帯が通過、インドネシアの東端で接しています。そのため、地震や津波、火山噴火といった自然災害が発生、フィリピンでは、火山噴火によって米軍基地が埋没、復旧することなく、米軍基地がなくなりました。

　東南アジアの新期造山帯は資源が豊富で、アルプス・ヒマラヤ造山帯の島々である、インドネシアのスマトラ島・カリマンタン島中南部では石油を産出、マレーシア・ブルネイのカリマンタン島北部では天然ガスを産出、インドネシアのバンカ島では錫を産出します。スマトラ島では低地で石油を産出、山地では低品位ながら露天掘りで石炭を産出します。環太平洋造山帯の島々であるフィリピンのルソン島・ミンダナオ島では銅を産出、インドネシアのニューギニア島西部では、金・銀・銅を産出します。

　東南アジアの安定陸塊は、インドシナ半島の東部のベトナム・ラオスに分布します。このように、東南アジアは新期造山帯を中心に安定陸塊も分布しますが、古期造山帯が分布せず、ベトナムの一部で無煙炭を産出しますが、ほとんどは、良質の石炭に恵まれず、工業発展が遅れました。

(12) 東南アジアの気候

　東南アジアの気候は、熱帯気候が中心で、スマトラ島・カリマンタン島スラウェシ島を赤道が通過しています。マレー半島の南端のマレーシア、インドネシアのジャワ島、インドネシアと東ティモールのティモール島、ニューギニア島が赤道付近に位置し、いずれも熱帯気候です。熱帯気候では、豊かな農業ができる地域があるために、インドネシア・ベトナム・フィリピンでは一部で人口密度が高い地域があり、特にインドネシアのジャワ島は人口が約１億人を超えて世界第一位の人口を有する島で、人口密度も１平方メートル当たり約１千人弱で、極めて高い人口密度です。

　熱帯気候は、年中高温多雨の熱帯雨林気候と年中高温冬季少雨で乾季がある熱帯サバナ気候に区分されます。熱帯雨林気候は、マレーシア・インドネシア・フィリピン・シンガポール・ミャンマー南部に分布し、熱帯

サバナ気候は、チャオプラヤ川デルタがあるタイ、メコン川デルタがあるベトナム南部に分布します。温帯気候は、夏季高温多雨で、夏は熱帯と同様の気候になって熱帯サバナ気候に隣接して分布する温暖夏雨気候があり、ミャンマー北部・ベトナム北部・ラオスに分布します。

(13) 東南アジアの農業

　東南アジアの農業は、熱帯気候が中心で、アジア式稲作農業とプランテーション農業が行われます。各国の代表的農産物を以下に示します。

　フィリピンでは、バナナ・パイナップル・マニラ麻・ココヤシ・米で、パイナップルの生産世界第一位（2020年）、ココヤシからとるコプラの生産が世界第一位（2020年）です。タイでは、米・天然ゴム・油やしが栽培され、米の輸出は世界第三位（2020年）、天然ゴムの生産・輸出が世界第一位（2020年）、油やしからとるパーム油の生産が世界第三位（2019年）です。ベトナムは、米・コーヒー豆が栽培され、米の輸出は世界第二位（2020年）、コーヒー豆の生産は世界第二位（2020年）・輸出は第二位（2020年）です。カンボジアは、米・キャッサバを栽培、ラオスは米を栽培、ミャンマーは米を栽培しています。マレーシアは、天然ゴム・油やし・米を栽培、パーム油の生産は世界第二位（2019年）です。インドネシアは、米・サトウキビ・油やし・ココヤシ・コーヒー豆を栽培、米の生産は世界第四位（2020年）、パーム油の生産は世界第一位（2019年）、コプラの生産は世界第二位（2020年）、コーヒー豆の生産は世界第四位（2020年）・輸出は世界第四位（2020年）です。東ティモールでは、コーヒー豆・米が栽培されます。

(14) 東南アジアの鉱工業

　東南アジアで産出する資源は、石油・天然ガス・石炭・錫・金・銀・銅・ニッケル・硫黄などです。フィリピンは、ニッケル・銅・金を産出、ニッケル鉱の産出は世界第一位（2017年）です。インドネシアは、石油・石炭・錫・ニッケル・ボーキサイトの資源に恵まれ、石炭の産出は世界第三位（2019年）・輸出は世界第一位（2019年）、錫鉱の産出は世界第二位（2017年）、ニッケル鉱の産出は世界第二位（2017年）です。ブルネイは、

国土面積は狭いながら、天然ガスを大量に産出、日本に輸出しています。

東南アジアの工業で、最初に発展したのはシンガポール、原料・部品を輸入して製品を輸出する輸出加工区での加工貿易型の工業化を行い、アジアNIEsの一員となりました。マレーシアは、石油・天然ガス・錫を産出、輸出志向型の電気機械工業などの工業化を進めています。タイは、東南アジア屈指の工業国として急成長、電気組み立て工業、鶏を飼育して鶏肉を生産して冷凍で輸出する食品加工業が代表的な工業です。ベトナムは、石炭・タングステンを産出、タングステン鉱の産出は世界第二位（2018年）です。また、ドイモイ政策によって、外国からの資本と技術を導入、人件費が高騰した中国からの移転があり、日本企業の進出が活発です。

（15）シンガポールの発展

シンガポールは、マレー半島の先端、マラッカ海峡の出入り口に位置する海上交通の要所で、19世紀の1824年に英国植民地となり、イギリスのアジア中継貿易拠点として発展しました。熱帯雨林気候の代表的都市で、中国系移民が多く、「華人」が約75％、宗教は仏教が約3分の1、キリスト教・イスラーム・道教がそれぞれ1～2割、中国語・英語・マレー語・タミル語が公用語です。1942年日本が占領、1945年再度英国植民地に、1959年イギリスより自治権獲得、1963年マレーシアに、1965年マレーシアから分離・独立しました。マレーシアがマレー系優遇政策をとったことが影響したとされます。教育を重視し、小学校段階からテストで選抜、最後まで合格した人が、最高峰のシンガポール大学へ進学します。

産業は、加工貿易型の工業化を推進、次いでコンピューターソフト制作で有名となり、現在では、観光も重視して、街の美化に努め、マーライオンなど、特色ある観光施設やホテルを建設、シンガポール航空が海外からの観光獲得に貢献しています。さらに、優遇税制政策による外資系企業や投資家の誘致を推進して、世界の金融センターを目指しています。

（16）タイの政治・経済・文化

19世紀、東南アジアにも欧米列強が進出、英がビルマ（ミャンマー）・

マレーまで、仏がインドシナ（ベトナム・ラオス・カンボジア）まで植民地化、英・仏の植民地が直接、境界を接すること避けて、インドシナ半島の中央に位置するタイを緩衝国としました。周辺の植民地だった国々は次々と独立を達成しましたが、タイは、第二次世界大戦後から、今日に至るまで、軍部クーデターが頻繁に発生しています。1973年・1976年・1991年・2006年・2014年に発生したクーデターが代表的なものです。その理由は、経済の地域格差で、都市と農村や、南部と北部の経済格差が大きいことです。南部の都市部が、工業化が進み、所得水準が比較的高い状況です。また、植民地から独立した経緯がないことも影響しているといわれます。1979年には通貨のバーツが暴落、アジア通貨危機となりました。

タイの言語は、タイ語が公用語、民族はタイ人が約99％、宗教は仏教が約83％です。首都はバンコク、アユタヤやスコータイが古都として知られ、北部のチェンマイはタイ第二の都市、南部インド洋に面したプーケットはリゾート観光地で有名です。

(17) ベトナムの歴史と経済発展

インドシナ半島の東部沿岸に南北に細長く連なるベトナムは、第二次世界大戦後の1945年に仏領インドシナから独立宣言、1946年にフランスからの独立戦争であるインドシナ戦争が発生します。ようやく8年後の1954年にジュネーブ休戦協定でフランスが撤退、北部はベトナム民主共和国、南部はベトナム共和国と、朝鮮半島・ドイツと共に、第二次世界大戦後の分裂国家となります。11年後の1965年にベトナム戦争が発生、アメリカ軍が介入します。ようやく10年後の1975年にベトナム戦争が終結します。しかし、3年後の1978年にカンボジア・ベトナム戦争が発生、翌年の1979年には、中国とベトナムの中越戦争が発生します。実に、第二次世界大戦後のベトナムは、相次ぐ戦争の歴史を歩んだわけです。

1986年に市場経済のドイモイ政策を導入、1990年代に、かつて戦争で争ったフランス・アメリカ合衆国と和解、2000年代に経済が成長、特に人件費が中国の約6割という有利性を活用して、繊維産業などの工業化を推進しています。また、高原でのコーヒー栽培を導入、急速に発展して、

今やブラジルに次ぐ世界第二位のコーヒー豆の生産・輸出国となりました。

(18) 東南アジアの交通

　東南アジアでは、大陸部のインドシナ半島や島嶼部の島々ともに、鉄道・道路等の整備といった、陸上交通の発達は遅れています。東南アジア各国鉄道では、日本の中古鉄道車両が活躍、また、東南アジア各国内で、日本の中古自動車が活躍、航空機・船舶も含めて、かつて日本で使用された車両・機材・船等を見ることができます。

　東南アジア各国の航空交通は、空港建設と航空機の導入で整備が可能であるため、国際・国内航空ともに発達、シンガポール航空やマレーシア航空が代表的な航空会社です。特に大陸内部での首都から観光地への移動、海を越える島嶼間の移動に便利で、特に、マレーシアを中心に格安航空会社であるＬＣＣ（Low cost carrier）が、急成長しました。フィリピンやタイの国内航空では、かつて日本の空を飛んだ中古航空機が活躍しています。フィリピンの国内航路では、日本の中古船が活躍しています。ただし、東南アジアは熱帯気候が中心のため、スコールなどの天候の急変があり、運航スケジュールの変更等もあって、訪れる際には、日程に余裕を持たせるなど、注意が必要です。

(19) 南アジアの国々の宗主国と言語・宗教

　南アジアは、インド半島を中心とした地域で、インド・パキスタン・バングラディシュ・スリランカ・ネパール・ブータンの国々があり、かつてはイギリス植民地でした。欧州からの視点では、南アジアを中東（Middle East）、西アジアを近東（Near East）とされたことがあり、南アジアでは、20 世紀半ばに、現在の政治体制が確立しました。

　南アジアは、イギリス植民地から第二次世界大戦後に独立しますが、主要な宗教の差異から、主としてヒンドゥー教が多いインド、主としてイスラームが多いパキスタン（のちにバングラディシュが分離独立）、主として仏教が多いスリランカ（かつてはセイロン）に分離独立しました。

　インドは、ヒンディー語が約 41％であるものの、22 の言語が使用され、

英語が準公用語、ヒンドゥー教が約8割です。パキスタン・バングラディシュはイスラームが約9割を占め、1971年にバングラディシュはパキスタンから分離独立しました。スリランカは、仏教が約7割、ネパールはヒンドゥー教が約8割、ブータンはチベット仏教（ラマ教）が約4分の3、ヒンドゥー教が約4分の1です。

(20) 南アジアの地形

　南アジアの地形は、北部を東西に連なる新期造山帯のアルプス・ヒマラヤ造山帯の山脈と、南部のインド半島の安定陸塊である楯状地から構成され、両者の間はプレートの境界で、インド半島は北上を続け、ヒマラヤ山脈は高度を増しています。世界最高峰の山岳地帯がある一方、広大なデカン高原や、ガンジス川河口は低湿地帯と、多様な高度を示します。

　新期造山帯のヒマラヤ山脈にあるネパールとブータンは山岳国、インドのダージリンは避暑地と有名紅茶産地、そこに至るダージリン・ヒマラヤン鉄道は、山岳登山鉄道として有名です。また、インド北端・パキスタン東北端に位置するカシミールは、両国で紛争が継続しています。

　安定陸塊は、インド・パキスタン・バングラディシュ・スリランカに分布、インドのデカン高原は溶岩台地、インドとパキスタンの国境地帯を中心に大インド砂漠（タール砂漠）、外来河川のインダス川流域はインダス平原、インド半島北部のヒマラヤ山脈の麓にはヒンドスタン平原があり、バングラディシュはガンジス川デルタの低湿地帯です。

　北側が大山脈、南西・南東とも海洋の逆三角形のインドは、北西のパンジャブ地方から多くの民族が移住、人口が急増し、人口密度が高い。

(21) 南アジアの気候

　南アジアの気候は、山岳地帯は高山気候、平原地帯は乾燥帯気候・温帯気候・熱帯気候の各気候が分布、高原地帯は、熱帯気候が中心です。

　インドのデカン高原は、東部が熱帯サバナ気候、西部がステップ気候、ガンジス川流域のヒンドスタン平原は、温帯夏雨気候です。農業に比較的適した気候と土壌のため、農業が盛んで、インドの人口を支え、2023年

に人口が中国を上回って世界一の人口を有する国になりました。

スリランカは、南部が熱帯雨林気候、北部が熱帯サバナ気候、バングラディシュは、熱帯サバナ気候が分布、やはり比較的高い人口密度です。

ネパール・ブータンは、高山気候、パキスタンは、乾燥帯気候の砂漠気候とステップ気候で、外来河川のインダス川流域は、比較的肥沃な土壌に、豊かな水量を誇る河川が流入することによって、古代文明発祥の地となりました。モヘンジョダロやハラッパーなどの古代遺跡が残っています。インドなどとは対照的に、人口密度が低い地域となっています。パキスタンは、乾燥帯気候・低い人口密度・イスラームという点で、西アジアの国々と共通しています。

(22) 南アジアの農業

南アジアの農業は、熱帯気候地域と温帯気候地域で、アジア式稲作農業・アジア式畑作農業、プランテーション農業が、中心となっています。

インドは、米・小麦・茶・綿花・ジュート・ばれいしょ・バナナ・さとうきびの栽培が行われ、ヒマラヤ山麓では、茶（紅茶）のプランテーション農業が有名です。インドは、米の生産・輸出が世界第二位（2020年）、小麦の生産世界第二位（2020年）、ばれいしょの生産は世界第二位（2020年）、バナナの生産は世界第一位（2020年）、茶の生産は世界第二位（2020年）、綿花の生産は世界第一位（2019年）、ジュートの生産は世界第一位（2020年）、さとうきびの生産は世界第二位（2020年）です。スリランカでも、多雨斜面で、茶（紅茶）のプランテーション農業が行われます。これらは、英国植民地時代に、英国での紅茶の需要増大に対応して栽培面積が増加したもので、現在でも、一旦、英国に輸出され、有名ブランド紅茶となって、世界各地へ再輸出されます。バングラディシュでは、ジュート（黄麻）が栽培され、ジュートの生産は世界第二位（2020年）、穀物袋等に使用されます。

パキスタンは、乾燥帯気候のステップ気候地域で綿花・小麦が栽培されますが、砂漠気候地域では遊牧（移動式農業）も行われます。

(23) インドの鉱工業

　インドは、デカン高原上の土壌が玄武岩の風化土であるレグール土が広がり、綿花栽培に最適な土壌で、良質の綿花を生産しています。それを原料として繊維工業（綿工業）が発達、さらに繊維製品を販売するために、商業が発達して、世界各地でインドの商人の人々が活躍しています。

　インドは、安定陸塊で鉄鉱石を産出、特に、東部のオディシャ州や西部のゴアが有名です。それを原料として、鉄鋼業（製鉄工業）が発達、さらにそれを原材料として、機械工業（自動車工業など）も発達、このように、軽工業の繊維工業のみならず、重工業の鉄鋼・機械工業と、発展しました。国内人口が多いことと共に、海洋に面して、世界の東西の中央に位置することも、製品輸出に有利な状況であるといえます。インドは、1990年代に急成長した国々であるＢＲＩＣｓ（ブラジル・ロシア・インド・中国）の一員で、その共通点は、発展途上国、安定陸塊での鉄鉱石の産出が多い国で、これらの国々は鉄鉱石の産出が世界第二位～第五位（2018 年）です。

　インドは、数学の国で、また英国植民地であったために英語が準公用語、さらにヒンドゥー教のカースト制が残ります。そのため、ＩＴ産業は、カースト制の制約がないこともあって、ＩＴ産業が急速に発達しました。

「まとめ」：
中国の地形と気候には、何があるか。
東南アジアの地形と気候には、何があるか。
南アジアの地形と気候には、何があるか。

「考察」：
シンガポール発展の理由は、何か。
タイでクーデターが発生する理由は、何か。
インドのＩＴ産業が発達した理由は、何か。

写真 39：台湾　新竹　科学工業園区

写真 40：台湾　嘉義　北回帰線標誌

写真41：台湾　阿里山森林鉄路　シェイギアード蒸気機関車

写真42：台湾　阿里山森林鉄路　スイッチバック

写真 43：台湾　阿里山　賓館

写真 44：香港　新界

【12】中央アジア・西アジア・北アフリカ・中南アフリカの地誌

（1）中央アジア・西アジアの国々・地域

　中央アジアは、ユーラシア大陸の中央で、かつては旧・ソビエト連邦の一員でしたが、現在は独立国家共同体の一員となりました。各国の主要な言語は、カザフスタンはカザフ語、ウズベキスタンはウズベク語、キルギスはキルギス語、タジキスタンはタジク語、トルクメニスタンはトルクメン語と異なりますが、宗教はイスラームのスンナ派で共通しています。

　西アジアは、アジア大陸の西部で、欧州からの視点では、西アジアを近東（Near East）とされたことがあります。各国の主要な言語と宗教を示すと、サウジアラビア・アラブ首長国連邦はアラビア語でイスラームのスンナ派、トルコはトルコ語（アルタイ語系）でイスラームのスンナ派、アフガニスタンは、パシュトゥー語でイスラームのスンナ派と、やはり言語は異なりますが宗教はイスラームのスンナ派です。イランは、ペルシャ語（インド・ヨーロッパ語系）でイスラームのシーア派、イラクは、アラビア語でイスラームのシーア派と、やはり言語は異なりますが、宗教はイスラームのシーア派です。なお、イスラエルはヘブライ語でユダヤ教です。

　この地域全体では、イスラームが多いという点で共通しています。

（2）中央アジア・西アジアの地形

　中央アジアには、古期造山帯が分布する地域があり、平地が多いのが、カザフスタン・ウズベキスタン・トルクメニスタン、山地が多いのが、キルギス・タジキスタンです。カザフスタン・キルギス・タジキスタンが古期造山帯のテンシャン山脈で中国と接し、カザフスタン・トルクメニスタンが世界最大の湖であるカスピ海に面しています。かつて広大な面積を誇ったアラル海は、カザフスタンとウズベキスタンの境界に位置しましたが、シルダリア・アムダリア川からの水量が減少し、大幅に縮小しました。

　西アジアの地形は、北部を東西に連なる新期造山帯のアルプス・ヒマラヤ造山帯の山脈と、南部のアラビア半島の安定陸塊であるアラブ楯状地から構成されます。アラビア半島は北上を続けて大地の横から圧力が加わっ

て、両者のプレートの境界であるペルシャ湾沿岸では地層が曲がる褶曲構造の背斜部に石油層ができて油田地帯となるわけです。新期造山帯はアルプス・ヒマラヤ造山帯に、アナトリア高原のトルコ、イラン高原・ザグロス山脈のイラン、ヒンドゥークシ山脈のアフガニスタンがあり、地震の頻発地でもあります。安定陸塊はアラビア半島のアラブ楯状地に、イラク・イスラエル・サウジアラビア・アラブ首長国連邦があります。

（3）中央アジア・西アジアの気候

　中央アジア・西アジアは、乾燥帯気候と地中海性気候が中心です。

　中央アジアでは、平地に砂漠気候があり、トルクメニスタンにカラクーム砂漠、ウズベキスタンにキジルクーム砂漠があります。山地にステップ気候と、ステップ気候に必ず隣接する温帯気候の地中海性気候があります。このステップ気候と地中海性気候で、農業が行われます。

　西アジアでは、トルコの海岸部は地中海性気候、内陸部はステップ気候で、砂漠気候はありません。イランとアフガニスタンは、地中海性気候とステップ気候で、砂漠気候は比較的少ない。やはり新期造山帯地域では、高度の上昇によって気温が低下し、蒸発量が少なくなって砂漠気候が少ない状況となります。それに対して、安定陸塊のアラビア半島のアラブ楯状地は海抜高度が低く、イラク・イスラエル・サウジアラビア・アラブ首長国連邦には、砂漠気候が分布し、ネフド砂漠やルブアルハリ砂漠が広がります。イラクでは、外来河川のティグリス川・ユーフラテス川流域であるメソポタミアで、比較的肥沃な土壌に、豊かな水量を誇る河川が流入することによって、古代文明発祥の地となりました。アッシュール・バビロンなどの古代遺跡が残っています。

（4）中央アジア・西アジアの農業

　中央アジア・西アジアの農業は、乾燥帯気候で遊牧とオアシス農業、地中海性気候で地中海式農業が行われています。

　中央アジアでは、乾燥帯気候で遊牧とオアシス農業、作物は小麦と綿花の栽培です。アラル海付近では、非農業地域も広がっています。ウズベキ

スタンは、綿花の生産が世界第七位（2019年）です。

　西アジアでは、地中海性気候で地中海式農業、トルコは地中海式農業で小麦・オレンジ類・レモン・オリーブ・ブドウ・綿花を栽培、羊が飼育されています。トルコの羊毛の生産は世界第四位（2020年）です。イラン・アフガニスタンは、遊牧・オアシス農業と地中海式農業、イラク・サウジアラビアは、遊牧・オアシス農業、砂漠気候では非農業地も広がっています。オアシス農業の代表的作物はナツメヤシで、ナツメヤシの生産は、サウジアラビアが世界第二位、イランが世界第三位、イラクが世界第五位（2020年）です。イラクの外来河川であるティグリス川・ユーフラテス川流域のメソポタミアは、肥沃な農業地帯で小麦が生産されています。

　サウジアラビアでは、灌漑により農業生産を増大させ、一時、小麦・野菜などが自給可能になりましたが、現在は輸入に依存しています。

（5）中央アジア・西アジアの鉱業

　中央アジア・西アジアの鉱業は、中央アジアは石炭やレアメタルに対して、西アジアは圧倒的に石油の産出で、対照的です。ただし、国による差異が大きいことに注意が必要です。産出資源は、ほとんどが輸出され、国内での工業生産原料として活用するといった工業化は進んでいません。

　中央アジアでは、カザフスタンは古期造山帯で石炭産出量が多く、鉄鉱石・亜鉛・鉛・ウラン・クロム・マンガン鉱・ボーキサイト・アンチモンも産出する資源が豊富な国で、石炭埋蔵量は世界第七位（2020年）・産出は世界第八位（2019年）、ウラン鉱の産出は世界第一位（2021年）です。ウズベキスタンは金鉱石とウラン鉱を産出します。タジキスタンはアンチモンを産出、産出は世界第三位（2017年）です。

　西アジアでは、サウジアラビア・イラン・イラク・クウェートで、石油産出量が多く、イラン・カタール・サウジアラビアで、天然ガスの産出量が多く、いずれも、第二次世界大戦後に欧米諸国の資本で開発、その後、国有化された油田も多く、各国の収入は、石油・天然ガスの輸出収入に、大きく依存しています。

（6）西アジアの原油生産・輸出・輸入

　西アジアは、原油埋蔵量・原油産出量が多い地域です。原油埋蔵量（2020年）は、アジアが50.8％、西アジアが46.3％、原油産出量（2020年）は、アジアが43.2％、西アジアが30.8％、原油消費量（2020年）は、アジアが46.9％、西アジアが6.9％です。このように、アジアでも西アジアの比率が高く、この地域は乾燥帯気候の砂漠気候が広がるため、「砂漠に油田」と、砂漠気候と油田地帯が関係しているように捉えられることがあります。自然的条件としては、北緯30°付近が中緯度高圧帯で砂漠気候が出現しやすい位置に、プレート境界で新期造山帯近くに褶曲の背斜ができやすい位置が重なっていること、社会的条件としては、欧米石油資本が第二次世界大戦後に植生がない砂漠に注目して開発を進めたことによります。また、原油の埋蔵・産出は多いのですが、西アジアの原油は不純物の硫黄分が多く、硫黄分を取り除いて石油成分にすると、かなり少なくなります。

　なお、原油産出量上位5ヵ国（2020年）はアメリカ・ロシア・サウジアラビア・イラク・中国、輸出量上位5ヵ国（2019年）はサウジアラビア・ロシア・イラク・カナダアメリカ、原油輸入量上位5ヵ国（2019年）は中国・アメリカ・インド・日本・韓国で、産出・輸出でサウジアラビアが多い。

（7）中央アジア・西アジアの都市

　中央アジアの国々の首都は、カザフスタンがアスタナ、タジキスタンがドゥシャンベ、ウズベキスタンがタシケント、キルギスがビシュケク、トルクメニスタンがアスガバッドで、タシケントは中国からのテンシャン山脈を越えたシルクロードの都市として有名です。

　西アジアの国々の都市は、トルコでは首都アンカラが高原にあり、黒海から地中海方面に抜けるボスポラス海峡に、東西の架け橋であるイスタンブールがあります。イランの首都はテヘラン、イラクの首都はバクダッド、イスラエルの首都はエルサレム、シリアの首都はダマスカス、レバノンの首都はベイルート、ヨルダンの首都はアンマンです。サウジアラビアでは、首都リャドが国土のほぼ中央にあり、イスラームの聖地メッカは紅海に近い内陸、ダンマンはペルシャ湾に面した港町、ジッダは紅海に面した港町

です。アラブ首長国の首都はアブダビ、カタールの首都はドーハ、バーレーンの首都はマナーマ、クウェートの首都はクウェート、オマーンの首都はマスカット、アフガニスタンの首都はカブール、イエメンの首都はサヌアで、紅海の港町モカは、アラビアコーヒーのモカの積出港、コーヒーは対岸のアフリカのエチオピアからアラビアに伝わりました。

（8）北アフリカの国々・宗教と宗主国

　北アフリカは、アフリカ大陸の北部で、広大なサハラ砂漠とその周辺地域です。西アジアとほぼ同じ緯度で隣接し、砂漠を中心とした地域であることも共通し、そのため、宗教はイスラームで、ほとんどがスンナ派です。サハラ砂漠の中の国境は、国境となる明確な山脈や河川がないため、エジプトが代表例の国境線が直線の数理国境が引かれてしまっています。

　エジプトは、1882 年にイギリス支配、1922 年に独立、スーダンは、1899 年にイギリス統治、1956 年に独立と、東部はイギリスの植民地でした。

　アルジェリアは、1830 年にフランスが併合、1962 年に独立、チュニジアは、1881 年にフランス保護領、1956 年に独立、モーリタニアは、1904年に仏領、1960 年に独立、チャドは、1910 年に仏領赤道アフリカ、1960年に独立、モロッコは、1912 年に仏領、1956 年に独立、マリは、1920 年に仏領、1960 年に独立、ニジェールは、1922 年に仏領西アフリカ、1960年に独立と、西部はフランスの植民地でした。

　リビアは、北アフリカの中央で英仏は緩衝国としましたが、1912 年にイタリア領となり、第二次世界大戦中に英仏統治となって、1949 年に独立しました。このように、第二次世界大戦後に独立を達成しています。

（9）北アフリカの地形

　アフリカ大陸の地形は、ほとんどが安定陸塊で、北アフリカの大部分の地形も、安定陸塊で、緩やかな傾斜があるアフリカ楯状地です。北緯30°と緯度的に砂漠気候が広がりやすい位置で、広大な安定陸塊のため、砂漠気候のサハラ砂漠が広がっています。チャドのエミクシ山（3415 m）やアルジェリアのタハト山（2918 m）といった 2 〜 3 千 m を超える山々もあり

ますが、全体的には、この乾燥帯気候の砂漠での風化浸食により、中南アフリカより高度が低い地形となっています。

　北アフリカ北端の地形は、新期造山帯です。アルプス・ヒマラヤ造山帯のアトラス山脈が、モロッコ・アルジェリア・チュニジアの地中海側を通過、地中海から大西洋への出口である、ジブラルタル海峡を経て、スペイン、ヨーロッパにつながります。この新期造山帯の山脈があるため、南側のサハラ砂漠の拡大が阻止され、北側の地中海沿岸に地中海性気候が分布、古代ローマ帝国時代に植民都市が建設されました。

　アフリカ大陸の北の地中海を、ユーラシアプレートとアフリカプレートの境界が通過、新期造山帯の南側の北アフリカでは地層が曲がる褶曲構造の背斜部に石油層ができて油田地帯となり、石油を産出します。

(10) 北アフリカの気候

　北アフリカの気候は、北から南へ、緯度に沿って変化します。

　北アフリカ北端の地中海に面した地域の気候は、地中海性気候で、具体的にはモロッコ・アルジェリア・チュニジアの地中海側です。エジプト・リビアも地中海に面していますが、地中海性気候が分布しません。これは、海岸の緯度が下がるとともに、砂漠気候の広がりを防ぐ新期造山帯がないことからです。地中海性気候の南側に、ステップ気候が分布、モロッコ・アルジェリア・チュニジア・リビアの一部地域です。モロッコ・チュニジアは、地中海性気候とステップ気候で砂漠気候は少なく、この気候環境から古代ローマ帝国時代から繁栄しました。

　北アフリカ中央、ステップ気候の南側に、北アフリカの大部分を占める砂漠気候である、広大なサハラ砂漠が分布します。

　北アフリカの南端、砂漠気候のサハラ砂漠の南側に、ステップ気候が分布、マリ・ニジェール・チャド・スーダンの南端です。

　乾燥帯気候のステップ気候の南側は熱帯気候のサバナ気候となり、中南アフリカとなります。このように、乾燥帯気候の北アフリカ、熱帯気候の中央アフリカと、同じアフリカでも緯度で南北に大きく異なります。

(11) 北アフリカの農業

　北アフリカの農業は、乾燥帯気候地域では、遊牧とオアシス農業、北端の地中海性気候地域では、地中海式農業が行われます。

　地中海性気候のモロッコ・チュニジア・アルジェリアで、地中海式農業の代表的作物であるオリーブが多く生産されます。

　乾燥帯気候のエジプト・アルジェリア・スーダン・リビアで、オアシス農業の代表的作物である、ナツメヤシの生産が多く、ナツメヤシの生産は、エジプトが世界第一位、アルジェリアが世界第四位（2020 年）です。また、スーダンはごまの生産が世界第一位（2020 年）です。

　エジプトは、「ナイルの賜物」と称されたように、比較的肥沃な土壌に、豊かな水量を誇る外来河川のナイル川が流入することによって、古代文明発祥の地となりました。ナイル川流域で小麦・米・綿花を栽培していますが、1902 年にアスワンダム、1970 年にアスワンハイダムが建設されたため、上流からの土砂がダムに堆積、肥沃な土壌の供給がなくなり、地力が低下して農業の生産が低迷、政情不安が発生することとなりました。アラブの春と称される政変が、2010 年のチュニジアに次いで、2011 年にエジプトでも発生、長期政権終了、その後も不安定な状態が継続しています。

(12) 北アフリカの鉱業

　北アフリカの資源は、石油・天然ガスを中心に、鉄鉱石・リン鉱石・ウラン鉱・コバルト鉱を産出、ヨーロッパや中国に輸出されます。

　石油は、新期造山帯の南側のリビア・アルジェリア・エジプトで産出しますが、政情不安で、生産・輸出は、不安定となることがあります。天然ガスはアルジェリアで生産・輸出、中国・フランス・ドイツへ輸出されます。アルジェリアは天然ガスの産出が世界第十位（2020 年）・輸出が世界第八位（2019 年）です。

　鉄鉱石は、安定陸塊のモーリタニアで産出、中国・イタリア・フランス・日本・ドイツ・イギリスへ輸出されます。

　リン鉱石は、モロッコ・エジプト・チュニジアで産出、リン鉱石の産出はモロッコが世界第二位、エジプトが世界第七位、チュニジアが世界第九

位（2017 年）です。

　ウラン鉱は、ニジェールで産出、ウラン鉱の産出はニジェールが世界第七位（2021 年）です。コバルト鉱は、モロッコで産出します。

　このように、従来、北アフリカの資源は石油と天然ガス、リン鉱石でしたが、開発が進んで、多様な資源を産出する地域となっています。

（13）北アフリカの都市

　北アフリカの都市は、首都など、特定都市に都市機能が集中しています。地中海に面した国では、首都と共に、ヨーロッパとの交易に使用される港湾都市が発達しました。

　地中海に面した国では、エジプトの首都はカイロ、外港の港湾都市はアレクサンドリア、リビアの首都はトリポリ、港湾都市はベンガジ、チュニジアの首都はチュニスで港湾都市、アルジェリアの首都はアルジェで港湾都市、もう一つの港湾都市はオラン、モロッコの首都はラバトで港湾都市、もう一つの港湾都市はカサブランカです。

　大西洋に面した国では、モーリタニアの首都はヌアクショット、紅海に面した国では、スーダンの首都はハルツームでナイル川の上流、青ナイル川と白ナイル川の合流点、外港の港湾都市はブールスーダン（ポートスーダン）です。

　地中海・大西洋・紅海いずれにも面しない内陸の国々では、チャドの首都がンジャメナ、ニジェールの首都がニアメでニジェール川の中流、マリの首都がバマコでニジェール川の上流です。

（14）中央・西アジア・北アフリカの湾・海峡・運河

　中央・西アジア・北アフリカには、世界的に重要な湾・海峡・運河があり、その動向は世界の様々な物流に大きな影響があります。

　ペルシャ湾は、イラン・イラク・クウェート・サウジアラビア・バーレーン・カタール・アラブ首長国連邦が面し、それぞれ世界的に重要な石油産出国です。そのペルシャ湾口に位置するホルムズ海峡は、イラン・オマーン間にあり、石油輸送のタンカーが頻繁に行き来しています。世界にとっ

ては、「油断」できない石油輸送の「生命線」の海峡です。

　黒海は、トルコ・ブルガリア・ルーマニア・ウクライナ・ロシア・ジョージアが面します。その黒海の出入口に位置するのがボスポラス海峡で、トルコの都市イスタンブールがります。さらにその先に、エーゲ海への出入口となるダーダネルス海峡があります。両海峡は、黒海に面したトルコ以外の国にとっては、船舶による海外貿易で、必ず通過しなければならない場所となるわけです。さらに、大西洋に出るためには、イギリス領ジブラルタルとスペイン領セウタの間のジブラルタル海峡通過となります。

　紅海は、サウジアラビアとエジプト・スーダン・エリトリアの間の細長い海で、エジプトのスエズ運河によりインド洋と地中海が結ばれます。

(15) 中南アフリカの国々と宗主国

　中南アフリカの国々の多くは、15世紀から20世紀に欧州の植民地となり、第二次世界大戦後の1960年前後に多くの国が独立しました。地理上の発見の時代にポルトガルがいち早く渡来、その後、英仏が領有した植民地が比較的多いものの、欧州の様々な国々が植民地としました。

　アフリカ大陸東岸の国々では、ソマリアは、1900年前後に英伊が領有、ケニアは、15世紀にポルトガル人渡来、20世紀に英植民地、タンザニアは、19世紀に独領、第1次世界大戦後は英領に、モザンビークは、17世紀にポルトガルが支配、マダガスカルは、19世紀に仏植民地となりました。

　アフリカ大陸西岸のギニア湾岸の国々では、コートジボワールは、15世紀欧州人渡来、19世紀に仏植民地、ガーナは、15世紀ポルトガル人渡来、20世紀に英植民地、ナイジェリアは、15世紀ポルトガル人渡来、19世紀に英植民地、カメルーンは、15世紀ポルトガル人渡来、19世紀に独領、ガボンは、15世紀ポルトガル人渡来、19世紀に仏領となりました。

　アフリカ大陸南部では、コンゴ民主共和国は、20世紀ベルギー植民地、ザンビアは、18世紀ポルトガル進出、20世紀に英植民地となりました。

(16) 中南アフリカの独立国

　中南アフリカの国々で、第二次世界大戦前に独立国家だったのが、エチ

オピア・南アフリカ共和国・リベリアの３ヵ国です。

　エチオピアは、アフリカ最古の独立国、イタリアに一時併合されたが撃退、この背景としては、国土がエチオピア高原で、首都のアディスアベバの標高は 2354 m、最高峰のラスダシャン山は 4533 m、空気が比較的薄く、そのために、外国からの侵入が困難という自然的条件があります。マラソンのアベベ選手の活躍から、高地トレーニングの場所として注目され、1993 年海岸部のエリトリアが分離独立、高原の内陸国となりました。

　南アフリカ共和国は、17 世紀の 1652 年にオランダ移民がケープ植民地を開設、オランダ系アフリカーナとなります。18 世紀の 1795 年にイギリスがケープを占領、19 世紀初頭に英領、オランダ系アフリカーナは北方に追われ、1852 年トランスヴァール共和国、1854 年オレンジ自由国を建設、1910 年にイギリス自治領となり、1934 年にイギリス議会が独立国家と規定、1948 年オランダ系アフリカーナが政権を握りました。

　リベリアは、19 世紀の 1822 年に米殖民協会が進出して、再移住区を建設、解放奴隷の人々が居住、1847 年に独立しました。

(17) 中南アフリカの国々・言語と宗教

　北アフリカでは、アラビア語でイスラームのスンナ派が多いのに対して、中南アフリカは、言語は現地語と宗主国の英語と仏語、宗教は宗主国の宗教のキリスト教が比較的多いのが特色です。このように、北アフリカと中南アフリカは、自然環境の気候が大きく異なるとともに、文化環境の言語・宗教も大きく異なります。

　中央アフリカの、コートジボワールは、現地語と仏語、イスラームとキリスト教、ナイジェリアは、現地語と英語、イスラームとキリスト教、タンザニアは、現地語と英語、イスラームとキリスト教、エチオピアは、現地語、キリスト教とイスラームというように、イスラームの影響がありますが、ガーナは、現地語と英語、キリスト教７割となります。

　南アフリカの、ケニアは、現地語と英語、キリスト教８割、コンゴ民主共和国は、現地語と仏語、キリスト教８割、ザンビアは、現地語と英語、キリスト教８割、南アフリカ共和国は、現地語と英語、キリスト教８割、

リベリアは、現地語と英語、キリスト教約9割といったように、宗主国などの影響を強く受けて、キリスト教が大きく増加します。

(18) 中南アフリカの気候

　中央アフリカの気候は、赤道を中心として、北緯・南緯10°付近まで、熱帯気候が分布します。ただし、東海岸では、高山があって雨雲が遮られて雨量が少なく、ステップ気候となります。熱帯気候の熱帯雨林気候は、赤道を中心として、北緯・南緯5°付近までの、ナイジェリアのニジェール川河口デルタや、カメルーン・ガボン、コンゴ民主共和国のコンゴ川流域に分布、熱帯サバナ気候は、ギニア湾沿岸のコートジボワール・ガーナ、ナイジェリア内陸部、ケニア・タンザニア沿岸部に分布します。

　南アフリカの気候は、南回帰線を中心に西海岸沿岸部で乾燥帯気候の砂漠気候が分布、ナミビアのナビブ砂漠で、その周囲にステップ気候が分布します。乾燥帯気候が分布するのは、緯度以外に、大西洋沖を寒流のベンゲラ海流が影響しています。反対にインド洋側東海岸のモザンビークは熱帯気候の熱帯サバナ気候で、その気候に必ず隣接する温帯夏雨気候が内陸のザンビアなどに分布します。ステップ気候に必ず隣接する地中海性気候がアフリカ大陸南端に分布します。南アフリカ共和国は、ケープタウンを中心に、地中海性気候が分布し、他に、温帯気候の西岸海洋性気候や温暖湿潤気候も分布と、アフリカ大陸としては気候に恵まれています。

(19) 中南アフリカの農業

　中央アフリカの農業は、熱帯気候地域での移動式焼畑農業とプランテーション農業が中心、この地のプランテーション農業は、単一作物を集中的に栽培するモノカルチャー経済の典型例で、特に、ギニア湾岸には、穀物海岸など、地名に積み出し地の名残があります。プランテーション作物では、カカオ豆の生産が、コートジボワールが世界第一位（2020年）で約4割、アフリカで約3分の2を生産しています。ケニアは茶の生産世界第三位（2020年）・輸出世界第一位（2020年）、エチオピアはコーヒー豆の生産が世界第五位（2020年）、ナイジェリアは落花生の生産が世界第3位（2020

年）、パーム油の生産が世界第五位（2019年）、サイザル麻の生産は、タンザニアが世界第二位、ケニアが世界第三位、マダガスカルが世界第四位（2020年）です。主食では、キャッサバの生産は、ナイジェリアが世界第一位、コンゴ民主共和国が世界第二位（2020年）、アフリカで３分の２を生産、ヤムいも・タロいもの生産もナイジェリアが世界第一位（2020年）で、いずれも、中央アフリカを中心とした熱帯気候地域で栽培されます。

　南アフリカの農業は、乾燥帯気候が中心であるところから、遊牧と企業的放牧が中心となり、地中海性気候では、地中海式農業が行われます。

（20）中南アフリカの地形

　中南アフリカの大部分の地形は、安定陸塊で、南端に古期造山帯があります。安定陸塊のアフリカ楯状地には、紅海につながる東部に、南北に連なる大きな裂け目の大地溝帯があって、トゥルカナ湖・アルバート湖・エドワード湖・タンガニーカ湖・マラウイ湖などの、多数の地溝湖があり、重要な水源ともなっています。また、アフリカ大陸最高峰の標高5895ｍのキリマンジャロ山などの火山があり、火山噴火災害等も発生します。

　安定陸塊では、鉄鉱石・ダイヤモンドを産出、また、火山地帯があることから金も産出します。特に、南アフリカ共和国は、金・ダイヤモンドの産出が、かつては世界第一位だったことがあります。そのため、かつては人種差別政策（アパルトヘイト）が行われることにつながりました。

　古期造山帯では、南アフリカ共和国のドラケンスバーグ山脈で石炭を産出、人種差別政策（アパルトヘイト）で諸外国から経済制裁を受け、特に石油が入手困難となりましたが、石炭を産出するために、石炭で火力発電を行い、鉄道では電化や蒸気機関車の使用で、交通用のエネルギーを確保しました。このように、地形と資源は、政策にも影響を与えるわけです。

（21）中南アフリカの鉱業

　中南アフリカの鉱業は、石油・石炭・鉄鉱石・金・白金・銅・錫・クロム・マンガン・ウラン鉱・ボーキサイト・ダイヤモンドの産出です。

　原油の輸出は、ナイジェリアが世界第八位・アンゴラが第九位（2019年）、

銅の産出は、コンゴ民主共和国が世界第五位、ザンビアが世界第七位（2017年）、錫鉱の産出は、コンゴ民主共和国が世界第七位・ナイジェリアが世界第九位（2017年）、ボーキサイトの産出は、ギニアが世界第三位（2018年）、ウラン鉱は、ナミビアが世界第五位（2021年）です。ダイヤモンドの産出は、ボツワナが世界第二位・コンゴ民主共和国が世界第四位・南アフリカ共和国が世界第六位・アンゴラが世界第七位・ジンバブエが世界第八位・ナミビアが世界第九位・レソトが世界第十位（2018年）、マンガン鉱の産出は、南アフリカ共和国が世界第一位・ガボンが世界第三位（2017年）で、ダイヤモンド・マンガン鉱ともにアフリカ大陸で約5割を産出します。

　中南アフリカでも、南アフリカ共和国は、ダイヤモンド・マンガン鉱以外に、白金（プラチナ）の産出が世界第一位（2018年）の72％、クロム鉱の産出が世界第一位（2018年）の48％、鉄鉱石の産出が世界第六位（2018年）・輸出が世界第三位（2021年）、石炭の産出が世界第七位（2019年）です。

(22) 中南アフリカの都市

　中南アフリカの都市は、首都など、特定都市に都市機能が集中しています。また、ニジェール川やコンゴ川など、熱帯気候の水量豊かな河川に面して、都市が発達、河川は重要な交通路となっています。

　アフリカ大陸西端のセネガルの首都はダカールで、位置的に重要な交通都市です。ギニアの首都はコナクリ、シエラレオネの首都はフリータウン、リベリアの首都はモンロビアで、いずれも大西洋に面した都市です。ギニア湾沿岸の国では、コートジボワールの首都は内陸のヤムスクロ、港湾都市はアビジャン、ガーナの首都はアクラ、ナイジェリアの首都は内陸のアブジャで、港湾都市はラゴス、ニジェール川デルタにはポートハーコートがあり、カメルーンの首都はヤウンデ、赤道直下のガボンの首都はリーブルビルです。コンゴ共和国の首都はブラザビル、コンゴ民主共和国の首都はキンシャサ、両都市はコンゴ川を挟んで向かい合っています。コンゴ川中流にキサンガニがあり、船舶が遡れます。ザンビアの首都はルサカ、エチオピアの首都はアディスアベバ、ケニアの首都はナイロビ、タンザニアの首都はダルエスサラーム、南アフリカ共和国の首都はプレトリア、港湾

都市はケープタウン、鉱業都市はヨハネスバーグとキンバリーです。

（23） 中南アフリカの歴史と課題

　アフリカ大陸は、ユーラシア大陸と共に「旧大陸」で旧知の地、しかし、中南アフリカは「未知の大陸」で、欧州人が渡来するのは、航海王子であるポルトガルのエンリケ王子による 15 世紀のアフリカ西岸地方探検、1488 年にバルトロメウ＝ディアスの喜望峰発見の大航海時代からです。

　アフリカ大陸は、ほとんどが安定陸塊で中南アフリカの海岸は断崖絶壁が続いて上陸が困難でしたが、ギニア湾沿岸は砂浜海岸で、その地で奴隷貿易や、黄金・象牙・穀物が積み出され、海岸地名に残っています。

　欧州の植民地から第二次世界大戦後にはほとんどの国が独立を達成しますが、植民地時代と同様にモノカルチャー経済が継続、経済的に困難な国が多く、資源の開発が進んでいますが、それが紛争を招くこともあります。工業化が進まず、工業製品の多くは輸入に依存しています。

　しかしながら、人口増加率は高く、将来においてはアジアに近い人口に達すると予想され、「地球上、最後の発展地域」「これからはアフリカの時代」とされることがあります。現地に適した開発が推進されるとともに、最先端の技術の導入によって、飛躍的な発展が期待されます。

「まとめ」：
中央アジア・西アジアの地形と気候には、何があるか。
北アフリカの地形と気候には、何があるか。
中南アフリカの気候と農業には、何があるか。

「考察」：
中央アジア・西南アジアで、どのような農業が行われ、その理由は何か。
エジプトの農業と政治は、どのように関係しているか。
南アフリカ共和国の資源と、かつての政策は、どう関係しているか。

【13】 ヨーロッパ・ロシアの地誌

（1）ヨーロッパの絶妙な自然環境

　ヨーロッパは、広大なユーラシア大陸の西岸、大西洋に面した、北緯35°〜70°の緯度に位置し、絶妙な自然環境となる場所です。

　気候では、ヨーロッパの位置する緯度は、人間にとって適度な気温と降水量となる場所です。この緯度では恒常風の偏西風が吹き、大陸西岸のため、海洋の影響を強く受ける海洋性気候となります。すなわち、海洋が陸地の気温変化を緩和してくれるため、気温の較差が少なくなり、また、沖合を流れる海流が暖流であるため、緯度に比べて暖かく、高緯度まで農業が可能となります。さらに、大陸西岸のため、大陸東岸に襲来する熱帯性低気圧が来ない位置で、気象災害が少ない自然環境でもあります。

　地形では、大地形の安定陸塊・古期造山帯・新期造山帯のすべてがヨーロッパにあり、その結果、多様な資源を産出、特に安定陸塊で産出する鉄鉱石と、古期造山帯で産出する石炭は重要な資源です。自然災害では、地盤の安定した安定陸塊や古期造山帯が多く、新期造山帯のアルプス・ヒマラヤ造山帯があるイタリア・ギリシャでは、火山噴火や地震の災害が発生しますが、他の地域では地形災害が少ない自然環境です。

　このように、人間にとって快適で、災害が少ない自然環境です。

（2）ヨーロッパの歴史概観

　世界の歴史では、アジア・アフリカの乾燥帯地域での外来河川流域で、四大文明が誕生の後、乾燥帯気候に比較的類似して隣接する、より快適な温帯気候の地中海性気候地域が世界の中心となりました。

　古代に、世界で最も広大な地中海性気候地域である地中海沿岸地域、南ヨーロッパでギリシャとローマ帝国が繁栄、特に、古代ローマ帝国は、「ローマは一日にして成らず」「すべての道はローマに通ず」と称されました。この繁栄は、地中海性気候による地中海式農業と広大な内海である地中海を活用した地中海交易による恩恵です。

　中世に、古代にあっては「辺境（フロンティア）の地」であった、人間

にとって最も快適な西岸海洋性気候地域が中心となり、ヨーロッパの国々
は大航海時代により世界各地の植民地を獲得、絶対主義の時代となります。

　近代に、市民革命、そして第一次世界大戦が発生、植民地が独立、多様
な気候と地形により多様な農産物と鉱産物を生産できるアメリカ合衆国が
発展、相対的にヨーロッパが衰退します。

　現代に、ヨーロッパの復権を目指して、ヨーロッパの統合が進められ、
今日のヨーロッパ連合（ＥＵ）につながることとなります。

（3）ヨーロッパの地域区分①：民族と宗教

　ヨーロッパの地域区分では、民族と宗教による３地域区分があります。

　西欧（西ヨーロッパ）・北欧（北ヨーロッパ）は、民族ではゲルマン系民族、
宗教ではキリスト教のプロテスタントが中心の地域です。

　南欧（南ヨーロッパ）は、民族ではラテン系民族、宗教ではキリスト教
のカトリックが中心の地域です。

　東欧（東ヨーロッパ）は、民族ではスラブ系民族、宗教ではキリスト教
の東方正教会が中心の地域です。

　この民族と宗教の差異が、歴史に大きな影響を与えました。欧州先住民
族のラテン系民族は地中海性気候の南欧に居住、民族大移動の先頭である
ゲルマン系民族は西岸海洋性気候の西欧に居住、後の移動民族はスラブ系
民族を中心に内陸の東欧に居住しました。キリスト教は、乾燥帯気候地域
が発祥の地ですが、地中海性気候地域を経て、ヨーロッパ全土に広がりま
した。ローマ帝国の東西分裂によって、キリスト教はカトリック地域と東
方正教会地域に分かれ、カトリック地域は、さらに宗教改革によって、プ
ロテスタントが成立、西欧（西ヨーロッパ）のプロテスタント地域が、近
現代期に、世界の中心となって、大きな影響を及ぼすこととなります。

（4）ヨーロッパの地域区分②：気候と農業

　ヨーロッパの地域区分では、気候と農業による４地域区分があります。

　西欧（西ヨーロッパ）は、温帯気候の西岸海洋性気候で、人間にとって
は快適な気候ですが、農業にとっては最適な気候とは限らず、農業を行う

のには工夫が必要で、土地の地力低下を防ぐため、耕地を休ませる休閑地を設ける二圃式農業・三圃式農業を経て、作物栽培と家畜飼育を有機的に結合した混合農業と、毎年作物栽培地を移動させる輪作を行いました。

北欧（北ヨーロッパ）は、冷帯気候の冷帯湿潤気候が中心、氷河に侵食された氷河地形があり、土壌が侵食されて作物栽培に向かず、酪農や、水産業・林業・鉱業などの、農業以外の産業発展と社会政策が必要でした。

南欧（南ヨーロッパ）は、温帯気候の地中海性気候が中心、地中海式農業が早期に発展しました。夏季は高温少雨に耐えられるオリーブやコルクガシの栽培、冬季は降雨を利用した小麦の栽培、新期造山帯の山地の高度差を利用した季節により家畜を移動させる移牧による畜産を行いました。

東欧（東ヨーロッパ）は、冷帯気候の冷帯湿潤気候と温帯気候の西岸海洋性気候が中心、内陸で気候が比較的厳しく、農業の発達が遅れました。

（5）ヨーロッパの地域区分と歴史

南欧（南ヨーロッパ）は、古代にあっては世界の中心、農業も発達、特に、ポルトガル・スペインはヨーロッパで最も早く海外へ進出、いち早く広大な植民地を獲得、スペインは一時、「太陽の沈まぬ国」、スペイン艦隊は「無敵艦隊」と称されました。しかし、のちに他の欧州の国々に奪われ、中南米を中心とした植民地は、比較的早くに独立、衰退へと至ります。

西欧（西ヨーロッパ）は、オランダ・イギリス・フランスが海外へ進出、イギリス・フランスが多くの植民地を獲得、また、古期造山帯での石炭産出により、産業革命を早期に成し遂げ、「世界の工場」として発展します。

東欧（東ヨーロッパ）は、民族移動の通路となって、民族が複雑となり、海外への進出もなく、産業の発達が遅れて、経済発展が停滞、隣接するロシアでの社会主義革命によって成立したソビエト連邦の影響を受けて、第二次世界大戦後に社会主義の国々となりました。

北欧（北ヨーロッパ）は、農業が困難で、可能な産業が限定されるために、早期に農業以外の産業に取り組み、酪農・林業・水産業・鉱業などの特定産業を発展させるとともに、早期に社会政策に取り組み、社会保障・社会福祉を充実させました。

（6）西ヨーロッパの国々①

　西ヨーロッパの国々は、大地形の古期造山帯が分布、良質な石炭を産出することで、いち早く産業革命を成し遂げ、先進国となりました。

　イギリスは、島嶼国で海軍が発達、世界に植民地を獲得、植民地での英語の使用で英語を使用する国々が拡大、市民革命により、法治国家となって実質本位となり、法律や実質の重要性を実証することとなりました。

　フランスは、大陸国で陸軍が発達、世界に植民地を獲得、植民地での仏語の使用で仏語を使用する国々が拡大、市民革命がありましたが、封建国家・優雅重視の傾向で、旧来や伝統の影響が残ることとなりました。

　ドイツは、大陸国で、世界に植民地を獲得しましたが、第一次世界大戦で植民地を失うこととなりました。その奪還を狙って独裁者が登場、第二次世界大戦でも敗戦国となりました。しかし、労働者不足を補うために移民を受け入れ、工業化を推進し、商工業が発達した国となりました。

　オランダは、三角州と干拓地からなる国土で、「世界は神が作ったが、オランダはオランダ人が作った」すなわち、国土は自分で作ったというわけです。国土の狭さから、海外に進出、世界に植民地を獲得、造船業を活用して、活発な貿易を行い、小国ながら、大きな富がもたらされました。

（7）西ヨーロッパの国々②

　ベネルクス三国は、ベルギー・ネーデルランド（オランダ）・ルクセンブルクの三国で、第二次世界大戦後、いち早く関税同盟を結成しました。

　ベルギーは、オランダ・フランスの間で、ドイツとも隣接、西ヨーロッパの接点の位置、交流地点・対立地点接点で、国内でもオランダ系フラマン人とフランス系ワロン人が居住、欧州で独自の地位を築いています。

　ルクセンブルクは、周囲をフランス・ドイツ・ベルギーに囲まれた内陸の狭小国であるために、隣国との連携を重視しています。狭小国ながら、鉄鉱石を産出して、工業化を推進、欧州で独自の地位を築いています。

　スイスは、山岳国で、山が境界となり、フランス・ドイツ・オーストリア・イタリアなどに囲まれ、物資の多くは他国に依存しています。永世中立を宣言、そのために団結が必要で直接民主制が残り、国民皆兵、独自の

産業を育成し、時計製造・銀行業・特許取得・観光業が有名です。

オーストリアは、山岳国で、スイス同様に永世中立を宣言、多くの音楽家を輩出、首都ウィーンは音楽の都と称され、観光業も有名です。

リヒテンシュタインは、山岳国で、スイスとオーストリアの間に位置する狭小国、外交はスイスに委任、通貨もスイスフランです。

(8) 北ヨーロッパの国々

北ヨーロッパは、かつて氷河に覆われた冷帯気候の国々です。早い時点で産業を判断、特定産業を育成、社会保障・社会福祉の先進国です。

デンマークは、氷河の浸食で土壌が失われ、草しか生えないという土地ですが、牧草を活用して、いち早く乳牛を飼育し、乳製品を生産する酪農王国となりました。乳製品以外に、豚肉・鶏肉・鶏卵の生産も多い。

スウェーデンは、氷河の侵食で土壌が削られ、高品位の鉄鉱石が露出、露天掘りで採掘、鉄鉱石を輸出、工業は造船業があります。また、デザイン性に優れた家具や家電でも有名で、世界に店舗があります。

ノルウェーは、氷河の浸食で形成されたフィヨルド地形があり、山地で平地が少ない地形、サケの養殖など、水産業が盛んです。古期造山帯が分布、スヴァールバル諸島では石炭を産出、北海には油田があります。

フィンランドは、氷河の浸食でできた氷河湖が多く、森と湖の国と称され、林業から製紙・パルプ工業が盛ん、家具生産でも有名です。

アイスランドは、大西洋の火山島で孤島、地熱を利用した発電が行われ、産業は水産業が中心、プレート境界が国土を縦断しています。

(9) 南ヨーロッパの国々

南ヨーロッパは、かつての繁栄は有名ですが、現在は経済的に停滞している地域が多く、新期造山帯のため、火山・地震災害も発生します。

ポルトガルは、ヨーロッパ大陸の西端で、いち早く海外進出、早期に独立の植民地と、比較的遅くまで維持した植民地がありました。

スペインは、ポルトガルに続いて海外進出、世界に広大な植民地を獲得、しかし、のちに、オランダ・イギリスにその地位を奪われました。

イタリアは、古代ローマ帝国の中心地となり、地中海交易で栄え、ルネサンスの原動力となりましたが、国家としての海外進出は遅れました。

　ギリシャは、古代ギリシャ時代に繁栄、しかしその後の国内産業の育成は遅れました。古代遺跡や多島海など、観光資源も多くあります。

　モナコは、リゾート地として有名で、暖かいために寒さを避ける避寒地としてしられ、映画祭や自動車レースなど世界的行事が開催されます。

　アンドラは、ピレネー山中のスペインとフランスの間の国、サンマリノは、イタリア国内の小国で、切手発行で有名です。バチカン市国は、ローマ市内の世界最小国、カトリック総本山があります。

(10) 東ヨーロッパの国々

　東ヨーロッパは、気候・地形・民族が多様で、社会主義国となり、その後は、民主化運動や、分裂によって紛争が発生した場所もあります。

　ポーランドは、石炭産出で、早くからの工業国、そのため、労組「連帯」が結成されて民主化に向かい、東欧初の非共産政権が誕生しました。

　チェコは、石炭産出で、早くからの工業国、そのため、民主化運動の「プラハの春」が発生、ポーランドに次いで、非共産政権が誕生しました。スロバキアは、農業国で、1993年チェコスロバキアから分離しました。

　ハンガリーは、アジア系民族のマジャール人の国、プスタの草原が広がります。ルーマニアは、ラテン系民族の国で、新期造山帯が通過するために、石油を産出、農業国でもあり、ブルガリアとの国境はドナウ川です。ブルガリアは、ヨーグルトとバラが有名、数学とソフトウェア産業が知られています。リトアニア・ラトビア・エストニアは、バルト3国です。

　スロベニア・クロアチア・セルビア・ボスニア・モンテネグロ・コソボ・マケドニアは、旧・ユーゴスラビアの国々で、社会主義体制崩壊後、内戦状態となり、小国に分裂、その結果、相対的に国家力は弱くなりました。

(11) ヨーロッパの地形（大地形）

　ヨーロッパの大地形は、安定陸塊・古期造山帯・新期造山帯のすべてがあり、多様な資源を産出、ヨーロッパの発展に大きく貢献しました。

　安定陸塊は、バルト海のバルト楯状地を中心に、イギリス南部からスカンディナビア半島南部、バルト三国、ドイツ北部、フランス北部に分布、鉱石を産出、スウェーデンでは高品位、フランスでは低品位です。

　古期造山帯は、安定陸塊の周囲、イギリス北部からスカンディナヴィア半島北部、ドイツ南部からフランス南部に分布、石炭を産出、イギリス・フランス・ドイツは良質の石炭を産出、早期の産業革命で先進国となりました。また、これらの国は、安定陸塊・古期造山帯の両者が国土にあり、鉄鉱石と石炭の両方を産出、近現代期にあっては有利でした。

　新期造山帯は、南ヨーロッパから東ヨーロッパ南部に分布、アルプス・ヒマラヤ造山帯は大陸プレート同士の衝突による造山帯であるため、資源が比較的少ない状況です。イタリア・スイス・オーストリア・旧ユーゴスラビア・ギリシャは、鉄鉱石・石炭の産出が少なく、産業革命と海外進出遅れました。その後は、工業化が進展、独自産業の育成を行う国があって、新期造山帯の国々は、国による差異が大きくなっています。

(12) ヨーロッパの地形 (小地形)

　ヨーロッパの小地形には、海岸地形のリアス式海岸、河川地形のエスチュアリー、ケスタ地形、氷河地形、カルスト地形があります。

　海岸地形は、スペイン北西部の大西洋に面してリアスバホス海岸があり、リアはスペイン語で湾、沈降地形のリアス式海岸の語源となりました。

　河川地形は、安定陸塊の平坦な河口部が沈降して河口が広くなるエスチュアリーの地形ができ、外洋の船が河川をさかのぼりやすく、交通路として活用できます。パリのセーヌ川、ロンドンのテムズ川が典型例です。

　ケスタ地形は、安定陸塊の平坦地ですが、硬軟の地層が緩やかに傾き、やわらかい地層が浸食を受けて削られ、硬い地層が崖として残る地形です。パリ盆地・ロンドン盆地は自然の崖に囲まれた防衛の最適地となっています。このように、パリとロンドンは、交通・防衛に恵まれた都市です。

　カルスト地形は、スロベニアのカルスト地方から命名、かつてのサンゴ礁で、石灰岩が溶けて窪地や鍾乳洞が形成され、観光地になっています。

　氷河地形は、北ヨーロッパ・アルプス山脈に見られ、農業に影響します

が、U字谷が水没したフィヨルドはクルーズ船などの大型船の利用が可能、スイスでは氷河地形の景観を保全し、観光に活用しています。

(13) ロシアとベラルーシ・ウクライナ

1917年に社会主義革命のロシア革命が発生、ソビエト連邦が誕生しましたが、1991年にソビエト連邦が解体、独立国家共同体となりました。

ロシア連邦は、ソビエト連邦時代から独立国家共同体まで中心的な国で、広大な国土面積、ヨーロッパからアジアにまたがり、シベリア鉄道が横断します。首都はモスクワ、ロシア人が8割、他は多数の少数民族、言語はロシア語と、他は多数の民族言語です。宗教はロシア正教約5割で、鉱業国（石炭・石油・天然ガス・鉄鉱石）・農業国です。

ベラルーシは、内陸国でポーランド・バルト三国・ウクライナとロシアに囲まれ、首都はミンスク、ベラルーシ人が約8割、言語はロシア語が約6割、宗教は東方正教が8割、農業（麦・亜麻）・鉱業が中心の国です。

ウクライナは、港町オデーサがある黒海に面してドニエプル川が流れ、首都はキーウ、ウクライナ人が約8割・ロシア人が約2割、言語はウクライナ語で、宗教はウクライナ正教会です。ヨーロッパの穀倉と呼ばれる肥沃な黒土地帯が広がり、小麦・大麦・ライ麦・とうもろこし・大豆・ばれいしょなど穀物類の生産が多い農業国で、また石炭（東部にドネツ炭田）・鉄鉱石（中央にクリヴォイログ鉄山）を産出する鉱工業国でもあります。

(14) ロシアとベラルーシ・ウクライナの地形

ロシアとベラルーシ・ウクライナ全体での大地形は、安定陸塊・古期造山帯・新期造山帯のすべてが分布します。

安定陸塊は、東ヨーロッパ平原にロシア卓状地が広がり、ロシア西部・ベラルーシ・ウクライナに分布、北は北極海のバレンツ海沿岸、東はウラル山脈の麓、南はカスピ海・黒海に面した地域で、ヨーロッパ部分です。ウラル山脈を挟んで、ロシア中東部のシベリアにも分布、シベリア卓状地が広がり、緯度からも気温が低い場所ですが、卓状地で高度があるためにさらに気温が低下、海から遠いために地球上で最も寒い寒極となります。

卓状地と低地との段差と凍結で、河川は交通路として利用できません。

　古期造山帯は、ヨーロッパとアジアを分ける境界であるウラル山脈に分布、石炭を産出するとともに、鉄鉱石も産出と、資源に恵まれていますが、開発が遅れました。シベリアの南側も古期造山帯で資源が豊富、資源輸送にシベリア鉄道が通過する地域ですが、輸送に日時を要します。

　新期造山帯は、北アメリカから続く環太平洋造山帯が、極東であるカムチャッカ半島や日本海に面する沿海州に分布します。金・銅・錫などの資源が開発され、樺太（サハリン）では天然ガス採掘が行われています。

(15) ロシアとベラルーシ・ウクライナの気候

　ロシアとベラルーシ・ウクライナ全体での気候は、冷帯気候の冷帯湿潤気候と冷帯夏雨気候、寒帯気候のツンドラ気候が中心です。安定陸塊の東ヨーロッパ平原・西シベリア低地が冷帯湿潤気候、安定陸塊の東シベリア高原と新期造山帯の極東沿海州が冷帯夏雨気候、シベリアの北極海沿岸がツンドラ気候と、それぞれの気候が分布しています。

　ロシア全体では極寒地が多く、農業地域が限られ、豊かな農業が可能な温帯気候の国土を求めて、早くから南下政策を行いました。ロシア沿海州のシベリア鉄道終点、ウラジオストク（ウラジヴォストーク）は、「ウラジ」が「東方」、「ヴォストーク」が「支配」を意味し、その象徴です。この南下政策の優先で、産業革命が遅れ、ロシアでの社会主義革命につながったとされます。自然環境が歴史に大きな影響を与えた典型例です。

　乾燥帯気候（ステップ気候）地域は、黒海・カスピ海沿岸に分布しますが、ソビエト連邦の解体で、乾燥帯気候（ステップ気候）地域の多くは中央アジアの国々になりました。また、2014年にロシアに併合されたウクライナのクリミア半島は、貴重な唯一の温帯気候（西岸海洋性気候）地域です。

(16) ヨーロッパとロシア・ウクライナの農業

　北ヨーロッパは、冷帯気候の冷帯湿潤気候地域が多く、ノルウェー沿岸・スウェーデン南部・デンマークは、温帯の西岸海洋性気候地域ですが、氷河侵食の影響で、南部は酪農、他は非農業地域や遊牧地域です。

中央ヨーロッパは、西ヨーロッパ（イギリス・フランス・ベネルクス三国・ドイツ）から東ヨーロッパ（ポーランド・スロバキア・ハンガリー・ルーマニア・ブルガリアなど）、東ヨーロッパ平原（ロシア・ベラルーシ・ウクライナ）にかけて、温帯気候の西岸海洋性気候地域と、冷帯気候の冷帯湿潤気候地域の一部は、混合農業地域で作物栽培と家畜飼育を行います。

　南ヨーロッパは、ポルトガル・スペイン・フランス南部・イタリア・ギリシャにかけては、温帯気候の地中海性気候地域、地中海式農業で、オリーブ・ぶどう・コルクガシ・小麦の栽培、羊や牛などの飼育です。

　ウクライナ南端の乾燥帯気候のステップ気候地域、冷帯気候の冷帯湿潤気候地域、ロシア南端の冷帯気候の冷帯湿潤気候地域は、企業的穀物農業が行われ、特に、肥沃な黒土地帯での小麦栽培が有名です。

　ロシアのシベリア・極東は、冷帯気候の冷帯夏雨気候地域や寒帯気候のツンドラ気候地域で、作物栽培が難しく、非農業地域や遊牧地域です。

(17) ヨーロッパとロシア・ウクライナの農業生産

　小麦生産は、ロシアが世界第三位・フランスが世界第六位・ウクライナが第八位（2020年）、小麦の輸出は、ロシアが世界第一位・フランスが世界第四位・ウクライナが世界第五位（2020年）、大麦の生産は、ロシアが世界第一位・ドイツが世界第3位・フランスが世界第五位（2020年）、大麦の輸出は、フランスが世界第一位・ウクライナが世界第二位・ロシアが世界第三位（2020年）、ライ麦の生産は、ドイツが世界第一位・ポーランドが世界第二位・ロシアが第三位（2020年）、えん麦の生産は、ロシアが世界第二位・ポーランドが第三位（2020年）、とうもろこしの生産は、ウクライナが世界第五位（2020年）、トウモロコシの輸出は、ウクライナが世界第四位（2020年）、ばれいしょの生産が、ウクライナ世界第三位・ロシア世界第四位・ドイツ世界第六位（2020年）と穀物類が多い。オリーブの生産は、スペインが世界第一位・イタリアが世界第二位（2020年）、ぶどうの生産が、イタリアが世界第二位・スペインが世界第三位・フランスが世界第四位（2020年）、ワインの生産が、イタリアが世界第一位・フランスが世界第二位・スペインが世界第三位（2019年）、テンサイの生産が、

ロシアが世界第一位・ドイツが世界第三位・フランスが世界第四位（2020年）と、これらも多い。

(18) ヨーロッパとロシア・ウクライナの鉱業

　ヨーロッパは、古くから資源の探査が行われ、開発も進みました。

　石炭は、古期造山帯地域を中心に産出、西ヨーロッパでは、イギリスにヨークシャー・ランカシャー炭田、フランスに北フランス炭田、ドイツにルール・ザール・ザクセン炭田があり、産業革命に活用され、いち早く、工業地帯が形成されました。東ヨーロッパでは、ポーランドにシロンスク炭田、ロシアにクズネック炭田・ペチョラ炭田、ウクライナにドネツ炭田があり、やはり、ロシア・ウクライナの工業都市が立地しました。

　石油は、ヨーロッパではイギリスとノルウェーの間に北海油田、ルーマニアにプロエシュティ油田、ロシアにウラル・ヴォルガ油田、チュメニ油田があり、原油パイプラインで国内や周辺諸国に輸送されます。

　鉄鉱石は、ヨーロッパではスウェーデンにキルナ・イェリヴァレ・マルムベリェト鉄山があって高品位で輸出され、フランスのロレーヌ鉄山は低品位で閉山しました。ロシアにニジニータギル・マグニトゴルスク鉄山があり、ウクライナにクリボイログ鉄山があり、輸出されます。

　ボーキサイトはフランス・ロシアで、天然ガスはロシア・ノルウェーで、ダイヤモンド・金・銀・銅・ニッケルはロシアで産出します。

(19) ヨーロッパとロシア・ウクライナの鉱業生産

　ヨーロッパでの資源産出は、停滞・減少期ですが、ロシアは資源開発を進め、重要な輸出品という、発展途上国型の貿易を行っています。

　石炭の産出は、ロシアが世界第五位・ポーランドが世界第十位（2019年）、石炭の輸出は、ロシアが世界第三位（2019年）、原油の産出は、ロシアが世界第二位（2020年）、原油の輸出は、ロシアが世界第二位（2019年）、天然ガスの産出は、ロシアが世界第二位・ノルウェーが世界第八位（2020年）、天然ガスの輸出は、ロシアが世界第一位・ノルウェーが世界第四位（2019年）、鉄鉱石の産出は、ロシアが世界第五位・ウクライナが世界第七

位・スウェーデンが世界第十一位（2018年）、鉄鉱石の輸出は、ウクライナが世界第五位（2021年）、金鉱の産出は、ロシアが世界第三位（2018年）、銀鉱の産出は、ロシアが世界第四位（2017年）、銅鉱の産出は、ロシアが世界第九位（2017年）、ニッケル鉱の産出は、ロシアが世界第五位（2017年）、ダイヤモンドの産出は、ロシアが世界第一位（2018年）で、ロシアが多くの資源で上位の産出量です。また、ポーランド・ウクライナ・ノルウェー・スウェーデンも世界的な産出の資源があります。

(20) ヨーロッパの工業地域と都市

　ヨーロッパの工業地域は、石炭や鉄鉱石の原料産地立地から、海外からの輸入に便利な港湾立地へ変化しています。但し、比較的平坦で河川交通が発達しているため、ライン川・エルベ川の河川港湾も立地地点です。

　ヨーロッパで、ＥＵ（ヨーロッパ連合）の商工業の中心地を取り囲むとバナナ型となり、ＥＵ（ヨーロッパ連合）のシンボルカラーが「青」であるところから、ヨーロッパの商工業地帯を「青いバナナ」と呼称されます。

　まず、イギリスはロンドン周辺で、かつては、ランカシャーのマンチェスター・ヨークシャーのリーズ・ミッドランドのバーミンガムなどの中部が工業の中心でした。ベルギーのブリュッセルを経て、オランダはライン川河口のロッテルダム周辺、かつては干拓地での農業国でしたが、輸入原料を使用して工業化を推進、中継ぎ貿易も行われます。ドイツはルール工業地帯であるエッセンやデュッセルドルフなどライン川流域に工業都市が並び、かつては「ザールの振り子」と称されてフランスと領有を争ったザール工業地帯のザールブリュッケンがあり、フランスはロレーヌ、パリ周辺、リヨンからローヌ川を下って地中海に面したマルセイユ、そして、イタリアは北部のミラノ・トリノ・ジェノバに工業が集中しています。

(21) ロシアの工業地域と都市

　ロシアは、ソビエト連邦時代に、国内資源を活用、炭田・鉄山等を結び付けて、コンビナート整備しました。

　工業都市には、バルト海に面したサンクトペテルブルグ（旧・レニン

グラード)、首都モスクワ、ウラル山脈のウラル地方で石炭・石油・鉄鉱石・銅鉱石等の資源を豊富に産出するペルミ・ニジニータギル・エカテリンブルグ・チェリャビンスク・ウファ・マグニトゴルスク、シベリア鉄道沿線のクズネツクで石炭・鉄鉱石を産出するノヴォシビルスクやノヴォクズネック、バイカル湖の畔のアンガラ＝バイカルで鉄鉱石と銅鉱石を産出するイルクーツク、極東の沿海州ではハバロフスクがあります。

　シベリア鉄道などの鉄道や石油・天然ガスパイプラインといった輸送手段が整備されていますが、国土が広大で、冬季には凍結、春季には雪解けでぬかるみが発生するなど、厳しい自然環境のため、作業期間が限定され、開発・輸送コストが高いといった問題があります。そのため、資源輸出が中心となり、他国との競争により価格は低くなり、開発・輸送コストが高いことから利益は低くなり、新たな開発費用の調達問題があります。

(22) ヨーロッパ・ロシアの特色ある都市

　ヨーロッパの都市には、歴史が古い都市があり、古代では、ギリシャのアテネやスパルタなどのポリス（都市国家）、ローマ帝国のローマやポンペイ（遺跡）があり、中世では地中海商業都市としてイタリアのベネチア・フィレンツェ・ジェノバ、バルト海ハンザ同盟商業都市のポーランドのダンチヒやドイツのハンブルクがあります。近代では、ポルトガルのリスボン、スペインのバルセロナ、オランダのアムステルダム、イギリスのロンドンが、植民地から輸入された物資が集まる世界貿易都市となりました。

　交通都市としては、ドーバー海峡に面したイギリスのドーバーとフランスのカレーがあり、現在は海底トンネルで結ばれています。学術研究都市では、大学があるドイツのハイデルベルグや、イギリスのオックスフォード・ケンブリッジが有名です。山岳観光都市ではスイスのインターラーケン・ルツェルン・ジュネーブ、温泉保養都市ではドイツのバーデンバーデン、避寒地ではフランスのニース・カンヌ、モナコがあります。

　特色ある街路網を持った都市としては、放射環状路型の街路網を持ったロシアのモスクワ、フランスのパリがあり、特にドイツのカールスルーエは定規とコンパスを使用したかのような、見事な放射環状路街路網です。

(23) ヨーロッパの諸課題

　まず、第二次世界大戦後に、地位の低下したヨーロッパを復権させるためには、ヨーロッパの統合が必要とされ、ＥＥＣ（ヨーロッパ経済共同体）などからＥＵ（ヨーロッパ連合）ができました。しかし、ＥＵ（ヨーロッパ連合）未加盟国の存在や離脱国の出現といった課題があります。ノルウェー・スイス・リヒテンシュタイン・アイスランドが未加盟で、対抗してＥＦＴＡ（ヨーロッパ自由貿易連合）を結成、2020年にはイギリスが離脱しました。ノルウェーとイギリスの共通点は、北海油田を有することです。ついで、ＥＵ（ヨーロッパ連合）内の国家間の経済格差問題もあります。すなわち、経済が好調な、西ヨーロッパや北西ヨーロッパに対して、経済が低調な、南ヨーロッパや東ヨーロッパとの、国家間の経済格差問題です。

　また、国内の地域格差や地域対立の問題があります。イギリスではイングランドとスコットランド、ドイツでは旧・西ドイツと旧・東ドイツ、イタリアでは北部と南部、ベルギーでは北部と南部の各地域間です。

　さらに、移民増加による、経済格差や文化差異の問題があります。ドイツでは、早期に移民が増加、経済が好調ですが、フランスでは、近年増加、経済・文化ともに摩擦が生じるという問題があります。

「まとめ」：
ヨーロッパの気候と農業による区分を示すと、どう区分されるか。
ヨーロッパの地域区分とその歴史を示すと、どうなるか。
ロシアの地形には、何があるか。

「考察」：
西ヨーロッパが先進国となった理由は、何か。
北ヨーロッパが社会保障・社会福祉の先進国となった理由は、何か。
ヨーロッパの諸問題の発生理由は、何か。

【14】 アングロアメリカ・ラテンアメリカの地誌

（1）アメリカ合衆国の絶妙な自然環境

　アメリカ合衆国は、北アメリカ大陸中央、北緯49°〜25°の緯度に位置、絶妙な自然環境の場所で、他に、アラスカ・ハワイ諸島もあります。大陸両岸は太平洋・大西洋の両大洋に面し、アジア・ヨーロッパと海で直接つながり、特に狭い海峡や人工運河を通らずに行けるのが利点です。

　気候では、アメリカ合衆国が位置する緯度は、温帯気候の温暖湿潤気候を中心として、多様な気候が分布します。温帯気候では、温暖湿潤気候・西岸海洋性気候・地中海性気候、冷帯気候では、冷帯湿潤気候、熱帯気候では、熱帯雨林気候、乾燥帯気候では、砂漠気候・ステップ気候です。多様な気候のため、多様な農産物の生産が可能、さらに安定陸塊の広大な大平原が広がっています。大西洋岸は、沖合を流れるメキシコ湾流が暖流であるため、緯度に比べて暖かく、高緯度まで農業が可能となります。

　地形では、大地形の安定陸塊・古期造山帯・新期造山帯のすべてがアメリカ合衆国にあり、その結果、多様な資源を産出、特に安定陸塊の鉄鉱石と、古期造山帯の石炭、新期造山帯の銅鉱は重要な資源です。

　自然災害では、メキシコ湾岸での熱帯性低気圧、大平原での竜巻、新期造山帯での地震等、一部地域では、特定の自然災害が発生します。

（2）アメリカ合衆国の歴史概観

　アメリカ合衆国の歴史は、先住民のインディアンの居住があり、15世紀のコロンブスの西インド諸島上陸、その後の航海で、アメリカ大陸にも上陸、「インド到達」を信じますが、アメリゴ＝ベスプッチの「ここはインドではない」「新大陸確認」によって、注目されたことから始まります。

　16世紀にフランスとスペインが植民開始、17世紀にイギリスがヴァージニア植民地を創設、清教徒がプリマスに上陸、イギリス中心の植民地の歴史が始まります。18世紀の「ボストン茶会事件」の後、アメリカ合衆国が独立、19世紀に南北戦争が発生、北部の勝利で国家が統一され、南部を中心とした農業国から、北部を中心とした工業国へと発展します。

20世紀に第一次世界大戦が発生、その結果、欧州の富が米州に移動、その後の好景気の後に、世界大恐慌が発生、ニューディール政策を行い、アメリカ合衆国が発展、相対的にヨーロッパが衰退することとなります。

第二次世界大戦、アメリカ合衆国とソビエト連邦の二大超大国体制が確立、ソビエト連邦解体で、唯一の超大国となり、21世紀に入って同時多発テロ発生、中国台頭もあり、世界の構図が変化することとなります。

（3）アメリカ合衆国の国土拡大

1776年、マサチューセッツ・ニューヨーク・ペンシルベニア・ヴァージニア・ジョージア・コネチカット・ノースカロライナ・サウスカロライナ・デェラウェア・ニュージャージー・ニューハンプシャー・メリーランド・ロングアイランドの東部13植民地が独立、アメリカ合衆国が誕生します。

1783年に、ウィスコンシン・ミシガン・オハイオ・インディアナ・イリノイ・ケンタッキー・テネシー・アラバマ・ミシシッピ・の中部9州をイギリスより割譲され、1803年に、ミネソタ・アイオワ・ミズーリ・カンザス・オクラホマ・アーカンソー・ルイジアナ・モンタナ・ノースダコタ・サウスダコタ・ワイオミング・ネブラスカ・コロラドの中西部13州をフランスより購入、それによって南部、メキシコ湾へ拡大しました。1819年に、フロリダをスペインより譲渡、1845年に、テキサス・ニューメキシコを併合、1846年に、ワシントン・オレゴン・アイダホを併合、太平洋側へ拡大、1848年に、カリフォルニア・ネバダ・ユタ・アリゾナをメキシコより割譲、太平洋側地域が拡大、1867年に、アラスカをロシアより購入しました。

このように、独立から約90年で、現在の国土に近い領土となりました。

（4）アメリカ合衆国の地域区分

アメリカ合衆国は、特定の経度・緯度によって4地域に区分され、それぞれ、産業で、農業や鉱工業、商業が異なります。東西の区分は、西経100°で、年降水量では500mmの境界ラインとなります。南北の区分は、北

緯 37°で、南はサンベルト・北はスノーベルトと称されます。

　東北部は、農業では酪農・園芸農業地域、五大湖周辺では、湖岸の港湾立地の工業が発達、また大西洋岸は商工業が発達し、ボストン・プロヴィデンス・ハートフォード・ニューヨーク・フィラデルフィア・ボルティモア・ワシントンと都市が連続する連接都市のメガロポリスがあります。

　東南部は、農業は、ミシシッピ川流域の大平原での混合農業・綿花栽培・園芸農業があり、鉱工業は、石油を産出して原料産地立地の工業がダラス・ヒューストン・ニューオーリンズなどで発達しています。

　西北部は、新期造山帯のロッキー山脈の山岳地帯を中心に農業は企業的牧畜や灌漑での企業的穀物農業、鉱業ではビュート・ビンガムで銅を産出、工業では太平洋岸のシアトルでの航空機工業が知られています。

　西南部は、太平洋側、地中海性気候での地中海式農業、工業では、カリフォルニアのシリコンバレーでの先端ＩＴ産業が有名です。

（5）カナダの歴史・気候・地形・産業

　カナダの歴史は、16 世紀にイギリスがニューファンドランド島に植民地を建設、17 世紀にフランスがケベックに進出、17 〜 18 世紀にイギリスとフランスで植民地争奪の「7 年戦争」が発生、1763 年にイギリスの支配権が確立しました。1867 年にカナダ自治領となり、第二次世界大戦前の、1926 年にカナダは主権国家となります。この経緯から、ケベック州においてはフランス系住民が多く、宗教はキリスト教のカトリックで、カナダの公用語が英語とフランス語となります。

　カナダの気候は、ほとんどが冷帯気候の冷帯湿潤気候、太平洋側の一部に温帯気候の西岸海洋性気候、北東部の北極海に面した地域に寒帯気候のツンドラ気候が分布します。

　カナダの地形は、西部に新期造山帯の環太平洋造山帯のロッキー山脈、中部・東部にハドソン湾を中心に安定陸塊のカナダ楯状地があります。

　カナダの産業は、農牧業では小麦栽培などの企業的穀物農業や企業的牧畜、林業では針葉樹林伐採、鉱業では原油・天然ガス・鉄鉱石を産出、豊富な電力資源を活用して、アルミニウム工業などの金属工業もあります。

（6）アングロアメリカの大地形と資源

　北アメリカのアメリカ合衆国・カナダは、ゲルマン民族のアングロサク
ソン人が多く移民したところから、アングロアメリカと称されます。

　アングロアメリカには、大地形で、安定陸塊・古期造山帯・新期造山帯、
すべてがあり、鉄鉱石・石炭・銅鉱石と、重要な資源を産出します。

　安定陸塊は、北西部のハドソン湾を中心としてカナダ楯状地が分布、資
源は鉄鉱石を産出、氷河の侵食で地表に露出、露天掘り可能、アメリカ合
衆国のメサビ鉄山や、カナダのラブラドル高原が産出地として知られてい
ます。その鉄鉱石を原料として、鉄鋼業（製鉄工業）が発達しました。

　古期造山帯は、東部のアパラチア山脈に分布、資源は石炭を産出、ペン
シルヴェニア炭田・アパラチア炭田があり、その石炭を活用して、アパラ
チア山中に、産業革命前から、水車を動力源とした工業都市が立地・発達
しました。まさしくアパラチアは、アメリカ合衆国工業化の原点です。

　新期造山帯は、環太平洋造山帯で、西部のロッキー山脈に分布、資源は
銅鉱石を産出、特に、銅はエレクトロニクス産業、ＩＴ産業に欠かせない
資源で、この分野で世界をリードしたのは、銅鉱石産出のおかげです。ま
た、金・石油も産出、アメリカ合衆国発展の原動力になりました。

（7）アングロアメリカの小地形

　アングロアメリカの小地形には、断層地形・侵食地形・氷河地形・河川
地形・海岸地形・海底地形があります。

　断層地形は、太平洋プレートと北アメリカプレートの境界がカリフォ
ルニアを通過、横ずれ断層のサンアンドレアス断層があり、過去に大地震
を引き起こしています。侵食地形は、アリゾナ州に、グランドキャニオン
の峡谷地形、硬軟の平坦な地層が浸食されたモニュメントバレーのメサ・
ビュートの地形があり、いずれも観光地となっています。氷河地形は、ア
メリカ合衆国・カナダの五大湖である、スペリオル・ミシガン・ヒューロ
ン・エリー・オンタリオ湖が氷河浸食による氷河湖で、湖は運河でつなが
り、沿岸に工業都市が多く立地しています。河川地形は、オンタリオ湖か
ら流れ出るセントローレンス川が安定陸塊のエスチュアリーで、河口部の

沈降で河口が広く、交通路となっています。また、ミシシッピ川デルタは鳥趾状三角州で、メキシコ湾に長く伸びています。海岸地形は、カロライナ州の大西洋岸が海底隆起による海岸平野で、堆積地形の沿岸洲とラグーン、コッド岬の砂嘴があります。海底地形は、ニューファンドランド島沖のグランドバンクなど、浅堆が多く、好漁場となっています。

（8）アメリカ合衆国の工業地域と都市

　アメリカ合衆国の工業地域には、大きく、原料産地立地と港湾（湖・河川港湾含む）立地があり、原料産地立地としては、東部アパラチアの石炭と鉄鉱石産出による、鉄鋼業都市ピッツバーグやバーミンガム、南部テキサスの石油産出による石油化学工業都市ダラス・ヒューストン・ニューオーリンズ等が知られていますが、現在は、港湾立地へと移行しています。

　アパラチア・テキサス以外では、北東部の五大湖から大西洋岸の工業地帯が大きく、スペリオル湖の鉄鋼業のダルース、ミシガン湖の石油化学・鉄鋼・食品のシカゴ、醸造業のミルウォーキー、エリー湖の自動車のデトロイト、鉄鋼業のクリーブランド・バッファロー、大西洋岸のボストン・プロヴィデンス・フィラデルフィア・リッチモンドも工業都市です。

　内陸のミッシシッピー川流域では、カンザスシティ・セントルイスの製粉工業、太平洋岸では、航空機工業のシアトル、カリフォルニア州のサンフランシスコ・ロサンゼルスも工業都市でもあり、サンノゼなど、内陸の盆地等に、エレクトロニクス・ＩＴなどの先端鉱業も立地しています。

（9）アメリカ合衆国の諸課題①

「フロンティアスピリット（開拓者精神）」は、アメリカ合衆国で培われた精神です。これは、19世紀後半、1848年にカリフォルニアで金鉱が発見されてゴールドラッシュが発生、1869年に最初の大陸横断鉄道が開通、西部へと人々が向かう西部開拓時代に培われました。この開拓者精神によって、新大陸で歴史が浅く、多様な地形・気候・資源・民族から構成されるアメリカ合衆国において、特に、旧来に縛られない、幅広さと柔軟性で、エジソンに代表される優れた発明など、世界最先端を生み出しました。

「最先端を行く」ということは、課題も「最先端の課題」が発生します。解決には新たな挑戦が必要です。解決でプラスになる場合もあれば、解決できずにマイナスとなる場合もあります。「新しい」は、「リスクもある」との認識が必要です。また、「世界への影響が大きい」わけですが、それは、政治・経済のみならず、文化（芸能や観光）にも影響します。したがって、世界を見る時に、アメリカ合衆国に、常に注目する必要があります。さらに、その影響は、プラス面・マイナス面の両面があることも考慮しなければなりません。やはり、バランス感覚を持つことが重要となります。

(10) アメリカ合衆国の諸課題②

「フロンティアスピリット（開拓者精神）」には、西部開拓で、人々が直面した「目の前の開拓対応」とともに、継続・発展のためには「未来への展望」も大切で、この両者でもって西部開拓が進められ、西部で産業の育成と定住化が図られました。「目の前の開拓対応」では、「役に立つことが優先」され、「未来への展望」では、「長期的戦略の重視」があります。

「役に立つことが優先」されるため、いわゆる「実用主義（pragmatism）」の国で、必ずしも「実力主義（meritocracy）」ではないわけです。そこから、アメリカでの成功を求める、いわゆる、「アメリカンドリーム」の実現は可能かを考える時、アメリカ社会の正確な理解が必要となります。多くの学校・職場を経験していることが評価されるのは、多くの人々と知り合いである、それが「役に立つ」というわけです。

「長期的戦略の重視」では、ＩＴ産業に代表される莫大な投資があり、世界各国からの投資では、「安定的な長期投資」が重視されます。

現在、移民増加で、経済格差や文化差異の課題がありますが、過去・現在・未来、いずれも、多民族国家が活力源という視点が必要です。

(11) ラテンアメリカの国々（中央アメリカ）

中央および南アメリカは、ラテン民族のスペイン人やポルトガル人などが多く移民したところから、ラテンアメリカと称されます。

中央アメリカの国々は、多くは、かつてスペインの植民地でした。

　メキシコは、首都がメキシコシティで内陸の高原都市、麓の海岸地域は熱帯気候ですが、メキシコ高原では高山気候となり、3世紀マヤ文明、14世紀アステカ文明が栄えました。16世紀スペイン植民地に、19世紀独立、当初は、石油・金・銀・銅・鉛・亜鉛の資源採掘と輸出のモノカルチャー経済の鉱業国でしたが、陸続きのアメリカ合衆国と部品輸入や製品輸出を行い、特に、安い人件費を活用した工業化を推進しています。

　パナマは、首都がパナマシティ、20世紀コロンビアから独立、1914年パナマ運河開通、1999年運河がアメリカ合衆国から返還、2016年拡張パナマ運河が開通しました。キューバは、首都がバハマ、16世紀スペイン領、19世紀アメリカ合衆国を経て、20世紀独立、1961年社会主義国となりました。ジャマイカは、首都がキングストン、15世紀スペイン領、17世紀イギリス領、20世紀独立、ボーキサイト・コーヒー豆が有名、イスパニョーラ島には、ハイチ（旧フランス領）・ドミニカ（旧スペイン領）があります。

(12) ラテンアメリカの国々（南アメリカ）

　南アメリカの国々は、かつて、東部のブラジルが、ポルトガルの植民地、西部の国々は、ガイアナ・スリナム以外は、スペインの植民地でした。

　太平洋とカリブ海に面するコロンビアは、首都がボゴタ、19世紀独立、コーヒー豆を生産します。太平洋側の国では、エクアドルは、首都がキト、19世紀独立、赤道が通過、バナナを生産、ペルーは、首都がリマ、19世紀独立、銀・銅を産出、マチュピチュ遺跡で有名、チリは、首都がサンティアゴ、19世紀独立、銅鉱を産出します。大西洋側の国では、ベネズエラは、首都がカラカス、19世紀独立、マラカイボ油田で原油を産出、ガイアナは、首都がジョージタウン、20世紀イギリスから独立、ボーキサイトを産出、スリナムは、首都がパラマリボ、20世紀オランダから独立、ボーキサイトを産出、ブラジルは、首都がブラジリア、19世紀独立、赤道が通過、農業・鉱工業が発達、熱帯林伐採・環境破壊が問題です。ウルグアイは、首都がモンテビデオ、19世紀独立、農業国、アルゼンチンは、首都がブエノスアイレス、19世紀独立、小麦と畜産で知られる農業国です。内陸国では、ボリビアは、首都がラパス、19世紀独立、錫・銀・鉛・亜

鉛を産出、パラグアイは、首都がアスンシオン、19世紀独立、農業国です。

(13) ラテンアメリカの地形

ラテンアメリカには、大地形で、安定陸塊・古期造山帯・新期造山帯のすべてが分布、多様な重要資源を多く産出します。

安定陸塊は、南アメリカ大陸東部を中心に、赤道・アマゾン川の北側のギアナ高地にギアナ楯状地、赤道・アマゾン川の南側のブラジル高原にブラジル楯状地が分布します。ガイアナ・スリナムで、ボーキサイトを産出、ブラジルで、鉄鉱石を産出します。ブラジルは、ラテンアメリカで最も工業が発達した国ですが、大地形が安定陸塊であるため、鉄鉱石の産出が多く、熱帯気候であるため、高温多雨による活発な浸食で鉄鉱床が地表近くに露出、露天掘りが可能で、これにより、1990年代に急成長した国々であるBRICs（ブラジル・ロシア・インド・中国）の一員となりました。

古期造山帯は、アルゼンチンのパンパにわずかに分布、石炭産出もわずか、ラテンアメリカ全体で、工業化が進まない要因となっています。

新期造山帯は、環太平洋造山帯のメキシコ高原・アンデス山脈に分布、石油・銅鉱・銀鉱・錫鉱・鉛鉱・亜鉛鉱・アンチモン鉱・モリブデン鉱・コバルト鉱など、多様な資源を産出します。特に、銀鉱は、この地を植民地としたスペインに大きな富をもたらしました。

(14) ラテンアメリカの気候

ラテンアメリカには、熱帯気候・乾燥帯気候・温帯気候・高山気候が分布します。しかし、高緯度の陸地部分が狭いため、冷帯気候は分布せず、寒帯のツンドラ気候がチリ南端のフェゴ島に僅かに分布するのみです。

熱帯気候は、赤道付近のアマゾン川流域、セルバと称される内陸のアマゾン低地を中心に、中央アメリカにも分布します。ジャングル地帯が広がっていますが、その熱帯林伐採が進行して干ばつが発生、環境問題となっています。熱帯サバナ気候は、北緯20°付近まで、リャノと称されるオリノコ川流域・ギアナ高地とカンポと称されるブラジル高原に分布、中央アメリカの熱帯雨林気候の周囲やカリブ海の西インド諸島にも分布します。

　乾燥帯気候は、メキシコ高原中央やカリフォルニア半島、アルゼンチンのパタゴニア、寒流のペルー（フンボルト）海流の影響で、チリ北部沿岸部にも砂漠気候が分布、その周囲にステップ気候が分布します。

　温帯気候は、温帯夏雨気候がブラジル南部に、温暖湿潤気候がブラジル南端とウルグアイ・アルゼンチンのパンパに分布、地中海性気候は、チリ中部に分布、西岸海洋性気候は、チリ南部に分布します。

　高山気候は、メキシコ高原や、ボリビアのラパス周辺に分布します。

(15) アングロ・ラテンアメリカの農業

　アングロ・ラテンアメリカの農業には、伝統的農業の移動式焼畑農業、商業的農業の混合農業・酪農・園芸農業・地中海式農業、企業的農業のプランテーション農業・企業的穀物農業・企業的牧畜があり、遊牧・オアシス農業、アジア式稲作農業や畑作農業はほとんど行われていません。

　移動式焼畑農業は、アマゾン川流域のセルバの熱帯雨林気候地域で、プランテーション農業は、アメリカ合衆国南部、中央アメリカ、カリブ海の島々、コロンビア、ブラジルの、主として熱帯サバナ気候地域で行われています。企業的牧畜は、アメリカ合衆国のロッキー山中、メキシコ高原、アルゼンチンのパタゴニアの乾燥帯気候地域で、企業的穀物農業は、アメリカ合衆国・カナダのグレートプレーンズ、アルゼンチンの乾燥パンパといった乾燥帯気候のステップ気候地域で行われています。混合農業は、アメリカ合衆国南東部内陸や南アメリカ大陸の湿潤パンパで、温帯気候の温暖湿潤気候地域で、園芸農業は、アメリカ合衆国南東部沿岸、温帯気候の温暖湿潤気候地域で、酪農は、アメリカ合衆国・カナダの五大湖周辺、冷帯気候の冷帯湿潤気候地域で、地中海式農業は、アメリカ合衆国カリフォルニア・チリ中部の地中海性気候地域で行われています。

(16) アングロアメリカの農業生産・輸出

　アメリカ合衆国は、米の輸出は世界第五位（2020年）、小麦の生産は世界第四位（2020年）・輸出は世界第二位（2020年）、とうもろこしの生産は世界第一位（2020年）・輸出は世界第一位（2020年）、大豆の生産は世界第二

位(2020年)・輸出は世界第二位(2020年)、ばれいしょの生産は世界第五位(2020年)、りんごの生産は世界第二位（2020年）、オレンジ類の生産は世界第四位（2020年）、グレープフルーツの生産は世界第三位（2020年）、ぶどうの生産は世界第五位（2020年）、ワインの生産は世界第四位（2019年）、トマトの生産は世界第四位（2020年）、てんさいの生産は世界第二位（2020年）、ホップの生産は世界第二位（2020年）、落花生の生産は世界第四位（2020年）、綿花の生産は世界第三位（2019年）・輸出は世界第一位（2020年）、牛肉の生産は世界第一位（2020年）、バターの生産は世界第三位（2019年）、チーズの生産は世界第一位（2019年）、牛乳の生産は世界第一位（2020年）、豚肉の生産は世界第二位（2020年）、鶏卵の生産は世界第二位（2020年）、馬の頭数は世界第一位（2020年）です。カナダは、小麦の生産が世界五位（2020年）・輸出は世界第三位（2020年）、大麦の生産は世界第四位（2020年）・輸出は世界第五位（2020年）、えん麦の生産は世界第一位（2020年）です。

(17) ラテンアメリカの農業生産・輸出

　ブラジルは、とうもろこしの生産が世界第三位（2020年）・輸出が世界第三位（2020年）、大豆の生産が世界第一位（2020年）・輸出が世界第一位（2020年）、オレンジ類の生産が世界第二位（2020年）、パイナップルの生産が世界第三位（2020年）、バナナの生産が世界第四位（2020年）、コーヒー豆の生産が世界第一位（2020年）・輸出が世界第一位（2020年）、さとうきびの生産が世界第一位（2020年）、綿花の生産が世界第一位（2019年）、サイザル麻の生産が世界第一位（2020年）、牛肉の生産が世界第二位（2020年）・輸出が世界第一位（2020年）です。アルゼンチンは、とうもろこしの生産が世界第四位（2020年）・輸出が世界第二位（2020年）、大豆の生産が世界第三位（2020年）・輸出が世界第四位（2020年）、レモン・ライムの生産が世界第四位（2020年）、牛肉の輸出が世界第二位（2020年）です。大豆の輸出はパラグアイが世界第三位（2020年）、グレープフルーツの生産はメキシコが世界第四位（2020年）、レモン・ライムの生産はメキシコが世界第二位（2020年）、パイナップルの生産はコスタリカが世界第二位（2020年）、バナナの輸出はエクアドルが世界第一位・コスタリカが世界第二位・グアテマ

ラが世界第三位・コロンビアが世界第四位（2020年）、コーヒー豆の生産は
コロンビアが生産で世界第三位（2020年）・輸出で世界第三位（2020年）です。

(18) アングロ・ラテンアメリカの鉱業

　アングロ・ラテンアメリカのアメリカ大陸は、大地形で、安定陸塊・古
期造山帯・新期造山帯と、すべて分布するため、多様な資源を産出します
が、その産出国および産出地域は限定される傾向にあります。

　石炭は、古期造山帯を中心に、アングロアメリカでは、アメリカ合衆国
のアパラチア炭田や、西部中央炭田・東部中央炭田で産出します。石油・
天然ガスは、新期造山帯を中心に、アングロアメリカでは、アメリカ合衆
国のアパラチア油田・メキシコ湾岸油田・内陸油田・カリフォルニア油田、
カナダのロッキー山地油田、ラテンアメリカでは、メキシコのタンピコ油
田、ベネズエラのマラカイボ油田で産出します。鉄鉱石は、安定陸塊を中
心に、アングロアメリカでは、アメリカ合衆国のメサビ、カナダのラブラ
ドル、ラテンアメリカでは、ブラジルのイタビラ・カラジャスで産出しま
す。ボーキサイトは、熱帯気候地域のジャマイカ・ガイアナ・スリナム・
ブラジルで産出します。他に、新期造山帯の環太平洋造山帯であるメキシ
コ高原やアンデス山脈で、銀鉱がメキシコのチワワやペルーのセロデパス
コで、銅鉱がチリのチュキカマタで、錫鉱がボリビアのオルロで、鉛鉱お
よび亜鉛鉱がペルーのセロデパスコで産出します。

(19) アングロアメリカの鉱業生産・貿易

　アメリカ合衆国は、石炭の産出が世界第六位（2019年）・輸出が世界第
四位、亜炭・褐炭の産出が世界第一位（2019年）、原油の産出が世界第一
位（2020年）・輸出が世界第五位（2019年）、天然ガスの産出が世界第一位
（2020年）・輸出世界第三位（2019年）、鉄鉱石の産出が世界第九位（2018
年）・輸出は世界第七位（2021年）、銅鉱の産出が世界第四位（2017年）、金
鉱の産出が世界第四位（2018年）、白金（プラチナ）の産出が世界第五位
（2018年）、鉛鉱の産出が世界第三位（2017年）、亜鉛鉱の産出が世界第四位
（2018年）、リン鉱石の産出が世界第三位（2017年）、モリブデン鉱の産出が

世界第三位（2018年）、ジルコニウム鉱の産出が世界第五位（2017年）です。

カナダは、原油の産出が世界第六位（2020年）・輸出が世界第四位（2019年）、天然ガスの産出が世界第五位（2020年）・輸出が世界第六位（2019年）、鉄鉱石の産出は世界第八位（2018年）・輸出は世界第四位（2021年）、金鉱の産出は世界第五位（2018年）、白金（プラチナ）の産出が世界第四位（2018年）、ダイヤモンドの産出が世界第三位（2018年）、ウラン鉱の産出が世界第三位（2021年）、ニッケル鉱の産出が世界第四位（2017年）、チタン鉱の産出が世界第三位（2017年）、タングステン鉱の産出が世界第四位（2018年）です。

(20) ラテンアメリカの鉱業生産・貿易

ブラジルは、鉄鉱石の産出が世界第二位（2018年）・輸出が世界第二位（2021年）、錫鉱の産出が世界第五位（2017年）、ボーキサイトの産出が世界第四位（2018年）、マグネシウムの産出が世界第三位（2018年）、リン鉱石の産出が世界第六位（2017年）、マンガン鉱の産出が世界第五位（2017年）です。メキシコは、銀鉱の産出が世界第一位（2017年）、亜鉛鉱の産出が世界第六位（2018年）、鉛鉱の産出が世界第五位（2017年）、モリブデン鉱の産出が世界第五位（2018年）です。ペルーは、銅鉱の産出が世界第二位（2017年）、銀鉱の産出が世界第二位（2017年）、錫鉱の産出が世界第六位（2017年）、鉛鉱の産出が世界第四位（2017年）、亜鉛鉱の産出が世界第二位（2018年）、モリブデン鉱の産出が世界第四位（2018年）です。チリは、銅鉱の産出が世界第一位（2017年）、銀鉱の産出が世界第六位（2017年）、モリブデン鉱の産出が世界第二位（2018年）です。ボリビアは、錫鉱の産出が世界第四位（2017年）、アンチモン鉱の産出が世界第五位（2017年）です。ギニアは、ボーキサイトの産出が世界第三位（2018年）です。

(21) ラテンアメリカの諸課題①

ラテンアメリカの国々は、多くは、南ヨーロッパのスペインとポルトガルの植民地でした。多くの国々は、鉱産資源に恵まれ、農牧業も盛ん、大地形が新期造山帯や、安定陸塊でも高地・高原となり、赤道が通過しますが気温が下がって高山気候となり、南回帰線が通過しますが、比較的砂漠

気候の面積が狭いという、有利な自然条件があります。原住民・白人・黒人の混血が早くに進行、人種問題が比較的ですが少ないといわれます。

　宗主国のスペイン・ポルトガルの弱体化によって、比較的早くに独立しましたが、農業での大地主制などが残り、貧富の差が大きい状態での独立となった結果、植民地時代のモノカルチャー経済が継続、そのため、特定農産物や特定鉱産資源の輸出に依存、国内農産物や国内資源を活用した工業化がほとんどの国で進まず、経済発展が停滞して発展途上国の状態が継続、経済の影響を受けて政情が不安定となり、それがまた経済に影響するという状況となっています。

　ラテンアメリカは、ブラジルを中心として、近代期に農業移民が多く、第二次世界大戦後も継続しました。現在、そのかつての移民の二世・三世といった日系人の日本での就労が、地方工業都市で増加しています。

(22) ラテンアメリカの諸課題②

　ラテンアメリカでは、かつてＡＢＣ三国と称して、アルゼンチン・ブラジル・チリが、比較的大国で、将来の発展が期待されました。そして、ブラジルがＢＲＩＣｓの一員となりました。

　アルゼンチンは、温帯気候の肥沃な土壌が分布するパンパなどの豊かな農業地帯に恵まれ、小麦や肉牛などの農畜産物の生産が多く、発展が期待されましたが、莫大な債務返済問題を抱えています。

　チリは、温帯気候も分布、様々な資源を産出、資源輸出に依存しており、それらを国内の工業原料に活用した工業化が進んでいません。

　ブラジルは、プランテーション農業の農業国、鉄鉱石を産出する鉱業国から、工業が発展、エンブラエルの航空機工業がその代表例で、ラテンアメリカで先進国化が最も期待される国です。しかしながら、自動車用燃料としてサトウキビからバイオエタノールを開発、サトウキビ農地を拡大するために熱帯林を大規模に伐採、熱帯林はすぐに戻らず干ばつが発生、それも頻繁化、農業に大きな影響を与え、特に零細農民への被害が大きく、それが政情不安定となり、経済が停滞することとなりました。

(23) アングロ・ラテンアメリカの民族と宗教

　アングロ・ラテンアメリカは、ヨーロッパの植民地で移民が多く、宗教はキリスト教が中心、先住民には、自然崇拝も残っています。アングロアメリカは、イギリスの植民地、当初、清教徒が移住したため、多くはプロテスタントです。カナダ・ケベック州はフランスからの移住で、仏系住民の多くはカトリックです。アメリカ合衆国西部では、西部開拓で、ユタ州ソルトレークシティにモルモン教が成立、また、ユダヤ民族はユダヤ教です。ラテンアメリカは、スペイン・ポルトガルの植民地で、多くはカトリックです。しかし、アジアからの移民増加による民族の多様化、仏教・イスラームの増加による宗教の多様化が、予想されます。

　アングロアメリカの民族は、アメリカ合衆国で、スペイン語系のヒスパニックの割合が約2割、黒人の比率を上回っています。カナダはヨーロッパ系が約8割、アジア系が約1割と増加しています。ラテンアメリカの民族は、地形に対応して、平原・高原国のウルグアイ・アルゼンチン・ブラジルでは白人が多く、高山を中心とした国のエクアドル・チリ・ベネズエラ・メキシコ・コロンビアでは白人と先住民の混血のメスチソが多く、特に山岳地帯中心の国のペルーとボリビアは先住民とメスチソが多い。

「まとめ」：
アメリカ合衆国の地域区分方法とその区分を示すと、どうなるか。
アングロアメリカの大地形と資源には、何があるか。
ラテンアメリカの大地形と資源には、何があるか。

「考察」：
アメリカ合衆国の諸問題の発生理由は、何か。
ラテンアメリカの諸問題の発生理由は、何か。
アングロアメリカ・ラテンアメリカの宗教と宗主国の関係を示すと、どうなるか。

【15】 オセアニアの地誌と世界の地域区分

（1） オーストラリアの位置と活用

　オーストラリアは、南半球に位置することから、南半球の有利性を最大限に活用しています。すなわち、南半球は北半球と季節が逆ということの活用です。ちなみに、同じ南半球の競争相手のアフリカ南部・ラテンアメリカは、それをあまり活用していません。オーストラリアと異なり、宗主国がイギリスではなく、近代的な開発が遅れることとなっています。

　北半球と季節が逆であることを活用とは、北半球で農産物の収穫期でないときに収穫が可能で、小麦の収穫の時期を示した小麦カレンダーでよくあらわされ、有利な取引ができます。他の南半球の国々は、あまり活用していません。農産物以外に、冬のスキーや夏のマリンスポーツなどの観光でも、季節が逆であることを活用して、観光客を集客しています。

　不利性の最大限の活用も注目点です。すなわち、開発の歴史が新しい、歴史・伝統がない不利性を、歴史・伝統に縛られない、最新の確立した方法がすぐに導入できると発想転換しています。他の南半球の国々は、従来の古い方法から抜け出せない、モノカルチャー経済が継続しています。

　自然環境に恵まれているだけでなく、南半球の有利性・歴史が新しい不利性を最大限に活用している点に、まずは、注目したいところです。

（2） オーストラリアの歴史概観

　オーストラリアの先住民は、アボリジニーで、先住民の自然崇拝が残っています。「荒れるインド洋」と称されたように、南半球は陸地が少ないために海がよく荒れ、近づきにくいため、ヨーロッパ人による発見が遅れました。17世紀の1642年にオランダ人タスマンが、タスマニア島とニュージーランドに到達、オーストラリア大陸には至らず、18世紀の1770年にイギリス人クックがオーストラリアのシドニー湾に上陸、イギリスが領有宣言、1788年にイギリスから移民団到着、19世紀の1828年に全土がイギリスの植民地となりました。1851年に金鉱が発見され、ゴールドラッシュが発生、ヨーロッパ以外からの移民が増加、摩擦が発生、移

民の人種差別条項がある白豪主義となり、約100年間継続することとなりました。

　20世紀の1931年にオーストラリアは独立、第二次世界大戦前です。1973年にようやく白豪主義の移民の人種差別条項撤廃により、アジアからの移民が急増、多民族・多文化社会化が進行することとなり、21世紀の2008年にアボリジニー政策を撤回しました。

　民族は、ヨーロッパ系が約9割、アジア系と先住民のアボリジニーが約1割、宗教では、比較的多いのがキリスト教のプロテスタントです。

（3）オーストラリアの気候と地形

　オーストラリアの気候は、中西部の広大な安定陸塊の大平原に乾燥帯気候の砂漠気候とステップ気候が広く分布、広大な未利用地が存在したため、新しい開発が可能です。大鑽井盆地では、地質構造が掘り抜き井戸を設置すると地下水が自噴する構造で、灌漑により農牧業が可能となります。また、鉱業も裸地が広がるため、資源探査が容易であり、多様な資源を産出、風化による浸食で資源が地表近くに露出しているため、極めて大規模な露天掘りが可能となります。交通は直線道路や直線鉄道を建設することが可能となるため、積出港まで最短距離で輸送路が設置できます。また、東部の古期造山帯に温帯気候の温暖湿潤気候・西岸海洋性気候・地中海性気候が分布、さらに、北部には熱帯気候の熱帯サバナ気候が分布、熱帯気候・乾燥帯気候・温帯気候と多様な気候が分布するため、多様な農牧業が可能、多様な農畜産物を生産、農牧業大国です。

　オーストラリアの大地形は、安定陸塊・古期造山帯で、鉄鉱石と石炭を産出、新期造山帯がないため、火山噴火・地震ほとんどありません。太平洋側にグレートバリアリーフの堡礁のサンゴ礁があり、沖合で津波が発生しても、津波が弱くなる防波堤の役割を果たしてくれます。

（4）オーストラリアの地域区分

　オーストラリアは、地形・気候・農業・人口・都市により、中西部と東部の2地域に大きく区分され、地形・気候・農業・人口・都市いずれも大

きく異なります。

　地形は、大地形で、中西部が安定陸塊、東部が古期造山帯です。

　気候は、中西部では、ほとんどが乾燥帯気候の砂漠気候で周囲にステップ気候、ステップ気候に必ず隣接する温帯気候の地中海性気候が中西部南端に、中西部北端に熱帯気候の熱帯サバナ気候が分布します。東部では、温帯気候の温暖湿潤気候が広がり、南端とタスマニア島が西岸海洋性気候で、温帯気候では比較的すごしやすい気候です。

　農牧業は、中西部は、企業的農業の企業的放牧・企業的穀物農業で、羊・牛の飼育、小麦の栽培、東部は、企業的農業のプランテーション農業でサトウキビ栽培、商業的農業の園芸農業で野菜の栽培、酪農でバター・チーズの生産が行われます。

　人口・都市は、中西部は、人口密度が低く、都市が少ないのですが、東部は、人口密度が比較的高く、都市も比較的多く分布します。

（5）ニュージーランドの歴史・気候・地形・産業

　ニュージーランドの歴史は、8世紀ごろにポリネシア系のマオリ人が発見・上陸、17世紀の1642年にオランダ人タスマンが到達・調査、18世紀の1769年にイギリス人クックが探検、19世紀の1840年にイギリス植民地となりました。新期造山帯の環太平洋造山帯であり、火山があるため金を産出、金鉱発見によるゴールドラッシュで労働者が流入、20世紀の1947年にニュージーランドは独立、第二次世界大戦後です。

　気候は、すべて温帯の西岸海洋性気候、地形は、すべて新期造山帯の環太平洋造山帯、そのため火山噴火や地震が多く、イギリスの植民地であったために、地震のないイギリスの建築様式による建物が多く、都市の古い建物の耐震については注意が必要とされます。

　産業は、農牧業中心で、酪農でのバター・チーズの生産、企業的放牧での羊の飼育による羊毛の生産で、従来は羊毛の輸出が多かったのですが、19世紀末の冷凍船の発明により、20世紀に北半球へ輸出するための乳製品加工品であるバター・チーズの生産が増加しました。酪農・企業的放牧以外、園芸農業・混合農業も行われます。

（6）オセアニアの気候

　オセアニアの気候は、熱帯気候・乾燥帯気候・温帯気候が分布、冷帯気候・寒帯気候・高山気候は分布していません。

　熱帯気候は、熱帯雨林気候が、メラネシアのニューギニア島海岸部やソロモン諸島・フィジー諸島など、ミクロネシアやポリネシアの赤道を中心とした低緯度の島々に分布します。熱帯サバナ気候は、オーストラリア北部やフランス領ニューカレドニア、ニューギニア島南端に分布します。

　乾燥帯気候は、グレートサンディ砂漠・グレートビクトリア砂漠の砂漠気候がオーストラリア中西部に、その周囲にステップ気候が分布します。

　温帯気候は、ステップ気候に隣接して地中海性気候がオーストラリア南端の東西に分布、温暖湿潤気候はオーストラリア東部のグレートディヴァイディング山脈を中心に分布、西岸海洋性気候はオーストラリア東南端に分布、大陸の東岸にも関わらず、西岸海洋性気候が分布するのは、オーストラリア大陸が大陸としては狭いことが要因です。ニューギニア島山間部の中央部、タスマニア島・ニュージーランドも西岸海洋性気候です。温帯夏雨気候は熱帯サバナ気候に隣接して、オーストラリア北東の内陸部に僅かですが分布します。

（7）オセアニアの農業

　オセアニアの農業は、伝統的農業では焼畑農業、商業的農業では混合農業・酪農・園芸農業、企業的農業では企業的牧畜、企業的穀物農業、プランテーション農業が行われます。歴史が新しいため、商業的農業と企業的農業が中心です。

　焼畑農業は、熱帯気候の熱帯雨林気候のニューギニアで行われます。

　プランテーション農業は、熱帯気候の熱帯サバナ気候や温帯気候の温暖湿潤気候にて、さとうきび栽培と砂糖の生産が、オーストラリア北東部沿岸で行われます。

　企業的放牧は、乾燥帯気候のステップ気候にて、羊や肉牛の飼育が、オーストラリア中西部で行われます。

　企業的穀物農業は、乾燥帯気候のステップ気候にて、小麦の栽培が、

オーストラリア南東部、マリー川・ダーリング川流域で行われます。

酪農・園芸農業・混合農業は、温帯気候の温帯湿潤気候や西岸海洋性気候にて、乳牛を飼育してバター・チーズの生産、野菜栽培など、オーストラリア南東部沿岸やニュージーランドで行われます。

（8）オーストラリア・ニュージーランドの農業生産・輸出

オーストラリアは、小麦の生産が世界第十三位（2020年）・輸出が世界第六位（2020年）、大麦の生産が世界第六位（2020年）・輸出が世界第四位（2020年）、えん麦の生産が世界第六位（2020年）と、穀物で生産に比べて輸出が多く、人口が比較的少ないことが、輸出に多く回せる理由です。ワインの生産が世界第七位（2019年）、さとうきびの生産が世界第八位（2020年）、砂糖の生産が世界第十位（2019年）・輸出が世界第四位（2019年）と、砂糖においても生産順位よりも輸出順位が上位です。綿花の生産が世界第八位（2019年）、なたねの生産が世界第九位（2020年）、羊の頭数が世界第三位（2020年）、羊毛の生産が世界第二位（2020年）・輸出が世界第一位（2020年）で、世界の44.1％を占めます。牛肉の生産が世界第五位（2020年）・輸出が世界第二位（2020年）で、やはり生産順位よりも輸出順位が上位です。

ニュージーランドは、羊毛の生産が世界第三位（2020年）・輸出が世界第二位（2020年）で、世界の15.6％を占め、オーストラリアとニュージーランドで世界の約6割を占めます。バターの生産が世界第四位（2019年）・輸出が世界第一位（2019年）で、世界の23.6％と約4分の1、牛乳の生産が世界第九位（2020年）です。

（9）オーストラリアの大地形と資源の産出・輸出

オーストラリアは、中西部が安定陸塊、東部が古期造山帯で、多様な資源を産出します。なお、新期造山帯は分布しません。

安定陸塊のオーストラリア楯状地で鉄鉱石を産出、輸出しています。西北部のハマーズリー山脈のピルバラ地区で、マウントニューマン・マウントホエールバック・マウントトムプライス鉱山があり、鉄道でインド洋に面した積み出し港のダンピアへ運ばれます。金鉱は、西南部のカルグー

リー・クルガーディで産出、ボーキサイトは西南部のダーリングレンジや、北部のゴブ・ウェイパで産出、ウランは北部のレンジャーで産出します。南西部のブロークンヒルでは、亜鉛鉱・鉛鉱・銀鉱を産出、オリンピックダムでは銅鉱・金鉱を産出、北東部のマウントアイザでは銅鉱・銀鉱・鉛鉱・亜鉛鉱を産出、北部のグレートアイランドでマンガン鉱を産出、南西部でニッケル鉱・チタン鉱を産出、他に、タングステン鉱を産出、中央部のマクドネル山脈では石油・天然ガスが開発されています。

　古期造山帯のグレートディヴァイディング山脈では石炭を産出、輸出しています。東部のモウラ炭田等があり、鉄道で太平洋側に面した積み出し港のロックハンプトン等へ運ばれます。

（10）オーストラリアの鉱業生産・貿易

　石炭の産出は世界第四位（2019 年）・輸出は世界第二位（2019 年）で、世界の 27.8％、4 分の 1 以上、輸出先は、第一位日本で 29.4％、第二位中国で 22.3％、亜炭・褐炭の産出は世界第五位（2019 年）、天然ガスの産出は世界第七位（2020 年）・輸出は世界第五位（2019 年）、日本の輸入はオーストラリアからが第一位（2021 年）で 35.8％、3 分の 1 以上です。鉄鉱石の産出は世界第一位（2018 年）で世界の 36.7％と 3 分の 1 以上、輸出が世界第一位（2021 年）で世界の 52.7％と半分以上です。金鉱の産出は世界第二位（2018 年）、銀鉱の産出は世界第八位（2017 年）、銅鉱の産出は世界第六位（2017 年）、錫鉱の産出は世界第八位（2017 年）、鉛鉱の産出は世界第二位（2017 年）、亜鉛鉱の産出は世界第三位（2018 年）、ボーキサイトの産出は世界第一位（2018 年）で世界の 26.4％と約 4 分の 1、ダイヤモンドの産出は世界第五位（2018 年）、ウランの産出が世界第四位（2021 年）・埋蔵量は世界第一位（2019 年）の 27.5％、ニッケル鉱の産出は世界第六位（2017 年）、マグネシウム鉱の産出は世界第五位（2018 年）、アンチモン鉱の産出は世界第四位（2017 年）、チタン鉱の産出は世界第二位（2017 年）、ジルコニウム鉱の産出は世界第一位（2017 年）、タングステン鉱の産出は世界第八位（2018 年）です。

(11) オセアニアの小地形

　オセアニアの小地形には、サンゴ礁地形・氷河地形・侵食地形があります。

　サンゴ礁地形は、大陸や島の海岸線にサンゴ礁が形成される裾礁、大陸や島の海岸線から距離をおいてサンゴ礁が形成、海岸線の間は礁湖となる堡礁、円形のサンゴ礁のみで内側は礁湖となる環礁の３つに区分されます。オーストラリア大陸の東岸沖には、大堡礁のグレートバリアリーフが南北に広がっています。また、北太平洋のミクロネシアに堡礁や環礁、南半球のメラネシアやポリネシアにも堡礁と環礁が多く分布します。この太平洋上のサンゴ礁の島々は、水没の危機にあるとされています。

　氷河地形は、ニュージーランド南島のサザンアルプスに分布、カール・U字谷・フィヨルドがあり、観光地ともなっています。

　侵食地形は、オーストラリアの安定陸塊の浸食平野で、準平原の中に浸食から取り残された残丘があり、ウルル（エアーズロック）が代表例で、崇拝の対象になっています。また、構造平野で浸食から取り残されたメサ・ビュート地形も見られます。

(12) オーストラリア・ニュージーランドの都市

　オーストラリアの首都はキャンベラで、海抜 580 m の地に建設された放射環状路の街路網を持つ計画的都市、気候は西岸海洋性気候、人口約 37 万人（2013 年）で内陸部最大の都市、1927 年に首都となりました。シドニーは、太平洋のシドニー湾に面した東部の経済的中心都市、人口は 523 万人（2021 年）でオーストラリア最大の都市、イギリス最初の植民地です。メルボルンは、ポート・フィリップ湾に面した南東部の経済的中心都市、気候は西岸海洋性気候、人口は 508 万人（2019 年）で、オーストラリア第二の都市です。パースは、南西部の中心都市、気候は地中海性気候、ダーウィンは、北部の中心都市、気候はサバナ気候、ケアンズとゴールドコーストは、東北部の観光都市、アリススプリングスは、内陸部の中心都市でウルル（エアーズロック）観光の拠点、気候はステップ気候です。シドニー・メルボルンから、パース・ダーウィンまでは、大陸横断鉄道であるグレートサザン鉄道のインディアンパシフィック号やザ・ガン号で結ばれ

ています。

　ニュージーランドの首都はウェリントンで、クック海峡に面した北島南端、北島の中心都市がオークランドで海外からの玄関口、クライストチャーチは、南島の中心都市で、観光の拠点となっています。

(13) オーストラリアの諸課題

　オーストラリアは、経済的に先進国ながら、一次産品（農産物・鉱産物）の輸出が中心で、歴史の新しさもありますが、農産物の風評被害を防ぐため、公害の心配がある工業の発達には積極的ではなく、ウラン鉱を多く産出しますが、発電では原子力発電を行っていません。輸出が中心のため、相手国の状況が大きく影響することになります。特に近年は、中国への輸出比率が増加しています。また、季節が逆という有利性はあるものの、南半球から北半球へは遠く、輸送コストが高いという課題があります。関税の撤廃等のＴＰＰ（Trans‐Pacific Partnership Agreement，環太平洋パートナーシップ協定）により、従来以上の輸出先の確保・増加が期待されますが、世界的な感染症、地域紛争など、世界情勢で貿易が大きく左右されるという課題があります。

　また、移民増加による、経済格差や文化差異の問題があります。すなわち、従来、欧州が移民の中心でしたが、近年、欧州以外の移民が増加、人口密度が低いため、顕在化はまだですが、国際情勢とともに、国内の政治情勢もあり、今後は政策等の変化が予想されます。

(14) ニュージーランドの諸課題

　ニュージーランドは、経済的に先進国ながら、一次産品（農産物）の輸出が中心で、オーストラリアと異なって、平地が少ないこともあり、畜産物への依存度が極めて高い状況です。畜産物加工品のバターやチーズは、冷凍船の使用となるため、輸送コストが高いという問題があります。

　農業は、国土がすべて温帯気候の西岸海洋性気候で、様々な気候がないため、農産物生産も制約されます。また、国土がすべて新期造山帯で、平地が乏しく、氷河によって浸食された氷河地形が分布、土壌が削られて、

あまり肥沃でない土地です。したがって、酪農・放牧などが中心となり、特定の農産物生産など、今後の産業発展の制約条件となります。

　鉱産資源が乏しく、オーストラリアのように代表的な鉱産物がありません。国土がすべて新期造山帯の環太平洋造山帯で、火山活動や地震が多く、英国風の耐震設計でない古い建物が多いというのも、課題です。

　空港は、首都のウェリントンにもありますが、クック海峡は風が強く、大型機の離発着ができないため、国際線はオーランドとクライストチャーチが中心となり、国内移動が比較的不便となっています。

(15) オセアニアの島々・国々

　オセアニアの島々は、大きく、ミクロネシア・メラネシア・ポリネシアに分かれます。

　ミクロネシアは、「小さい島々」という意味で、北太平洋西部、日付変更線の西部に分布、パラオ諸島のパラオ共和国、カロリン諸島のミクロネシア連邦、マーシャル諸島のマーシャル諸島共和国、ナウル共和国、アメリカ合衆国領のマリアナ諸島（サイパン島・テニアン島・グアム島など）があります。

　メラネシアは、「黒い島々」という意味で、南太平洋西部、日付変更線の西部に分布、ニューギニア島東部のパプアニューギニア、ソロモン諸島のソロモン、フィジー諸島のバヌアツ共和国・フィジー共和国、仏領ニューカレドニアがあります。

　ポリネシアは、「多くの島々」という意味で、南太平洋東部、キリバス（経度では日付変更線の西部に相当しますが、東部に突出）など以外は日付変更線の東部に分布、ツバル（フナフティ環礁）・キリバス共和国・サモア独立国・トンガ王国・ニウエ・クック諸島・仏領ソシエテ諸島・英領ヘンダーソン島・チリ領ラパヌイ島（イースター島）があります。

(16) オセアニアの島々・国々の諸課題

　オセアニアの島々・国々の諸課題としては、経済的な自立が困難、水没の危険性、寄港地としての価値低下という課題があります。

リン鉱石産出のナウルやニッケル鉱産出の仏領ニューカレドニア、タヒチ島（裾礁）・ボラボラ島（堡礁）・チリ領ラパヌイ島（イースター島）のように観光で有名な島々もありますが、全般的に、経済的自立が困難な国々・島々が多い状況です。多くは、国際援助で成り立っています。そして、国際援助の多い国・島に、人口が集中する傾向があります。

　氷河期に北極・南極での氷河拡大で海面低下、サンゴ礁が相対的に隆起してできたサンゴ礁島は、間氷期に入って北極・南極の氷河溶解で海面が上昇、水没の危険性があります。また、サンゴ礁島の砂浜は波の浸食に弱くて農業が困難、サンゴ礁島以外の火山島では雨が降り、土壌が比較的肥沃で、地質がしっかりしていて水没の危険性が低く、農業が可能です。

　帆船時代は、寄港地として、オセアニアの島々は重要性があった時期もありました。航空の時代となり、その初期は航空機の航続距離が短く、滑走路のある島は寄港地としての価値がありました。現在は、航空機の航続距離が飛躍的に長くなり、寄港地としての価値は大幅に低下しました。

(17) 世界の大陸・島嶼による地域区分

　世界の地域区分に「六大州」区分があり、アジア大陸とその周辺の島嶼のアジア州、ヨーロッパ大陸とその周辺の島嶼のヨーロッパ州、アフリカ大陸とその周辺の島嶼のアフリカ州、北アメリカ大陸とその周辺の島嶼の北アメリカ州、南アメリカ大陸とその周辺の島嶼の南アメリカ州、オーストラリア大陸とその周辺及び太平洋の島嶼のオセアニア州です。南北アメリカで一州として「五大州」、南極を加えて「七大州」もあります。

　五大陸は、旧大陸のユーラシア大陸・アフリカ大陸に、新大陸のアメリカ大陸・オーストラリア大陸・南極大陸に加える区分と、ユーラシア大陸をアジア大陸とヨーロッパ大陸に分割、南極大陸を外す区分があります。

　なお、ヨーロッパ大陸とアジア大陸の境界は、ウラル山脈・カスピ海・アラル海・カフカス山脈・黒海・ボスポラス海峡・マルマラ海・ダーダネルス海峡・エーゲ海で、ロシアが両方にまたがり、トルコの領土の一部がヨーロッパ側にもあります。アジア大陸とアフリカ大陸の境界は、スエズ地峡（スエズ運河がある）で、エジプト・アラブ共和国の領土の一部がアジ

ア側にもあります。北アメリカ大陸と南アメリカ大陸の境界は、パナマ地峡ですが、国ではパナマとコロンビアの国境を境界としています。

(18) 世界の地形・鉱業による地域区分

　プレートテクトニクスでは、大陸プレートの、ユーラシアプレートにユーラシア大陸、アフリカプレートにアフリカ大陸、北アメリカプレートに北アメリカ大陸、南アメリカプレートに南アメリカ大陸、インド・オーストラリアプレートにインド亜大陸とオーストラリア大陸、南極プレートに南極大陸の、各大陸があります。各大陸プレートに安定陸塊・古期造山帯が分布、大陸プレートどうしの境界や大陸プレートと海洋プレートの境界付近に、新期造山帯が分布します。大陸プレートのユーラシアプレートと、エーゲ海、イラン、インド・オーストラリアプレートとの境界付近にアルプス・ヒマラヤ造山帯があり、海洋プレートの太平洋プレート、フィリピン海プレート、ココスプレート、ナスカプレートと、大陸プレートの南アメリカプレート、北アメリカプレート、ユーラシアプレート、インド・オーストラリアプレートとの境界付近に環太平洋造山帯が分布します。

　世界の地形・鉱業による地域区分では、プレートテクトニクスによる、安定陸塊・古期造山帯・新期造山帯の大地形で地域区分、安定陸塊では鉄鉱石・ダイヤモンド、古期造山帯では石炭、新期造山帯では石油・天然ガス・金鉱・銀鉱・銅鉱・鉛鉱・亜鉛鉱・錫鉱等を、多く産出します。

(19) 世界の気候・農業による地域区分

　世界の気候・農業による地域区分では、ケッペンの気候区分をもとに、その気候で行われる農業とあわせて、地域区分されます。

　熱帯気候では、赤道を中心に、おおむね北緯・南緯約15°付近までに分布、年中高温多雨で有樹木気候、農業は移動式焼畑農業、アジア式稲作農業、プランテーション農業が行われます。乾燥帯気候は、南北回帰線を中心に、おおむね北緯・南緯15°〜30°と、大陸の内陸の北緯・南緯40°付近に分布、年中高温少雨で無樹木気候、農業は遊牧・オアシス農業・企業的牧畜・企業的穀物農業が行われます。温帯気候は、おおむね北緯・南

緯 40°付近が中心で、大陸東岸に温暖湿潤気候、大陸西岸に西岸海洋性気候、熱帯サバナ気候に隣接して温帯夏雨気候、ステップ気候に隣接して地中海性気候が分布、通年で適度な気温と降雨で有樹木気候、アジア式稲作農業・混合農業・園芸農業・地中海式農業が行われます。冷帯気候は、おおむね北緯 50° ～ 60° の北半球の大陸に分布、年中低温で有樹木気候、アジア式畑作農業・混合農業・酪農・企業的穀物農業が行われます。寒帯気候は、おおむね北極圏・南極圏に分布、年中低温で無樹木気候、遊牧や非農業地域となっています。

(20) 世界の政治状況による地域区分

　世界の政治情勢による地域区分では、近現代期における政治体制、政治・軍事機構体制で、自由主義国と社会主義国などに、地域区分されます。

　第一次世界大戦期では、連合国（協商国）と同盟国とで戦われ、ベルサイユ体制が成立しました。第二次世界大戦期では、連合国と同盟国（枢軸国）とで戦われました。第二次世界大戦後の現代期に、欧米では、北大西洋条約機構（ＮＡＴＯ）が発足、これに対抗して、ワルシャワ条約機構（ＷＰＯ）がソビエト連邦を中心として発足、自由主義国である西欧・南欧・北欧、米州・日本などの国々と、社会主義国であるソビエト連邦・中華人民共和国、東欧とモンゴルなどの国々との対立が発生、冷戦と称され、両者以外を第三世界と称しました。特に、朝鮮半島・ベトナムが南北に分裂、ドイツが東西に分裂、ヨーロッパにおいて西側が自由主義国、東側が社会主義国であるところから、東西問題とも称されました。ベトナム・ドイツは統一を達成、朝鮮半島は継続しています。ワルシャワ条約機構（ＷＰＯ）は、1991 年に解散、同年にソビエト連邦崩壊、東欧では東欧革命が発生、北大西洋条約機構（ＮＡＴＯ）に東欧の国々も加盟することになりました。2001 年には、上海協力機構（ＳＣＯ）が中国を中心として発足しました。

(21) 世界の経済状況による地域区分

　世界の経済状況による地域区分では、近現代期における経済体制、経済的機構体制により、先進国・発展途上国などに、地域区分されます。

　18世紀半ばから19世紀の産業革命で資本主義が誕生、20世紀の1917年のロシア革命で社会主義国が誕生しました。産業革命を早期に成し遂げた国々は、石炭を燃料に蒸気機関を動力源とした機械化生産で工業化を推進、第一次産業から第二次産業へと転換を進め、さらに第三次産業へと先に進む先進国となりました。それに対して、植民地から、第二次世界大戦後に独立を果たした国々は、植民地時代の農産物や鉱産物の一次産品輸出といったモノカルチャー経済が継続、工業化といった第二次産業や、さらに第三次産業へはまだ至らず、発展途上国の状況が継続しています。

　1人あたりの国民総所得（GNI）では、西欧・北欧・南欧・北米・日本・豪州が高く、他の国々が低い状況です。すなわち、豪州を除く、比較的北の国々に高い国々が多く、比較的南の国々に低い国々が多いことから、経済の「南北問題」と称されることがあります。さらに、比較的南の国々のなかでも、中央アフリカを中心とした国々で特に低い国々があり、南の国々の中でも格差がある「南南問題」と称されることがあります。

(22) 世界の歴史・文化状況による地域区分

　世界の歴史・文化状況による地域区分では、古代からの歴史や、衣食住・文化・宗教によって、東洋と西洋などに、地域区分されます。東洋は絹・米・茶・穀物酒・木造・仏教などを中心とし、西洋は羊毛・麦・コーヒー・果実酒・石造・キリスト教などを中心としています。歴史学でも、中国史を中心として東洋史が、ヨーロッパ史を中心として西洋史が、そして両者の結びつきの東西交流史が、研究・教育されています。

　紀元前、メソポタミア文明・エジプト文明、オリエント文明、ギリシャ・ローマ帝国と、中近東からヨーロッパにかけて、古代において西洋文明が成立。また、黄河文明、殷・周・秦・漢・後漢・魏蜀呉・晋・五胡十六国と、中国で、古代において東洋文明が成立しました。当時、東洋と西洋を結んだのが、シルクロード、陸上以外に、海のシルクロードもありました。現在でも、蚕の繭からとる「生糸」は、圧倒的に東洋の産物です。

　西洋のヨーロッパから見て、「東」は、「近東」「中東」「極東」と区分されました。「近東」は、バルカン諸国・トルコ・シリア・エジプトなど旧

オスマン帝国領、「中東」はペルシャとその周辺の西アジア、「極東」は中国・朝鮮・日本などの東アジアとされました。ただし、時代で変化します。

(23) 世界の地域区分のまとめ

　本書の世界の６地域区分で、気候・農業・宗教のまとめを示します。

　東アジア・東南アジア・南アジアは、気候は熱帯気候・温帯気候が中心、農業はアジア式農業が中心、宗教は仏教が中心としてイスラーム・民族宗教（ヒンドゥー教）です。中央アジア・西アジア・アフリカは、気候は乾燥帯気候・熱帯気候が中心、農業は遊牧・焼畑・プランテーション農業が中心、宗教はイスラームが中心です。ヨーロッパ・ロシアは、気候は温帯気候・冷帯気候が中心、農業は混合農業・地中海式農業が中心、宗教はキリスト教（カトリック・プロテスタント・正教会）が中心です。アングロアメリカは、気候は温帯気候・冷帯気候が中心、農業は企業的農業が中心、宗教はキリスト教（プロテスタント）中心です。ラテンアメリカは、気候は熱帯気候・温帯気候が中心、農業は企業的農業（プランテーション農業等）が中心、宗教はキリスト教（カトリック）が中心です。オセアニアは、気候は温帯気候・乾燥帯気候が中心、農業は企業的農業が中心、宗教はキリスト教（プロテスタント）が中心です。

「まとめ」：
オーストラリアの諸問題は、何か。
ニュージーランドの諸問題は、何か。
オセアニアの島々の問題点は、何か。

「考察」：
オーストラリアが南半球の先進国となった理由は、何か。
オーストラリアがインド洋・気候・大地形で有利とされる理由は、何か。
オーストラリアが白豪主義を採用・継続した理由は、何か。

【16】 おわりに

　本書の書名は、『日本と世界の地域学』としました。これは、従来、「地誌学」として学ばれていた内容を基礎に、さらなる飛躍の意味を込めて「地域学」とさせていただいた次第です。したがって、「地理学」にとらわれず、日本と世界を幅広く、包括的に学んでいただきたいと考えています。「地誌学」は、地理学とされる「系統地理学」に対して、「地域地理学」とも称され、「地域」を対象とするため、その「地域区分」の検討が必須です。本書でも、最初に様々な指標で、日本の東西地域区分（勿論、南北区分も）を検討しました。地域区分は、動態的な側面があり、決定的な地域区分が困難な点はありますが、日本での地方や都道府県区分、世界での大陸や大陸内区分、それらが長い時代を経ても、基本的な地域区分として重要で、本書でも伝統的な地域区分にしたがって、構成・論述しています。「地誌学」を「みわたす」ためには、日本全体を「みわたす」、世界全体を「みわたす」ことが必要で、日本の一部、世界の一部だけ取り上げて、「みわたす」ことは困難です。ちなみに、日本では、「中部地方」は東西南北を考えるうえで、「九州地方」は歴史や産業を考えるうえで、当然触れるべき地域で、日本地誌に欠かせません。世界では、歴史的にみても、アジアの農業は古代文明以来の歴史があって東洋及び仏教を考えるうえで、アメリカ合衆国の東部はアメリカ合衆国発祥の地であって、世界の中心としてのアメリカ合衆国を考えるうえで、中南米の高山地域はマヤ・アステカ・インカの中南米の文明や高山気候を考えるうえで、オセアニアは環太平洋時代を考えるうえで、世界地誌に欠かせません。「地誌学」という学問だからこそ、「全体」を取り上げることが可能であり、それが「独自性」でもあります。また、「地誌学」で「つなげる」ためには、「地域区分」による地域で、自然（気候・地形）、歴史、産業（農林水産業・鉱工業）、都市、交通（陸路・海路・空路）、文化（衣食住・民族・宗教）、地域課題を「つなげる」ことでもって考察することが重要で、本書でも、この順番で論述しています。このように、日本全体・世界全体と、その地域で自然・歴史・産業・都市・交通・文化・課題を取り上げてこそ、「みわたす」「つなげる」

「地誌学」となり、他の地域との「共通点」「相違点」を見出すことができ、さらに、「要因」「相互関係」を追求する「学問」へと深化できることとなります。また、日本は島国で、数百の有人島があり、本書でも、本土側のみならず、周辺離島も取り上げました。ちなみに、その離島居住の歴史はほとんどが近世以前で、近代以降からの居住は極めて少ないのです。したがって、20世紀からの居住の離島は確実に稀少で明確な例外事例、特に沖縄離島ならばなおさらです。一部の事例の「地誌」では、学習者がそれを「中心的」「代表的」「重要」と解してしまうことも予想され、本来の「地誌」の趣旨とはかけ離れたものとなるでしょう。勿論、卒業論文等のフィールド選択の参考とする場合には、その点をまず明確にする必要があります。「地誌学」は、勿論、地理学専攻者が、地理学の一環で受講することも想定されますが、歴史学専攻者で「高等学校地理歴史科」教員免許を取得しようという人、文・教育・社会・法・経済・経営・商学部等の専攻者で「中学校社会科」教員免許を取得しようという人、これらの人々が、「地誌学」の受講生の中心を占めるのが、現実と想定されます。「高等学校地理歴史科」や「中学校社会科」の授業では、「地理」を担当することは、当然ありうることです。特に、中学校・高等学校ともに1年生の担任となった場合に、1年生に「地理」科目が設定されている場合が多く、必然的に「地理」授業を行うこととなります。さらには、初めての担任で、はじめて「地理」授業を担当する場面が想定され、「役立つ」「使える」地誌学・地域学の学習が、大学生時代に求められることとなります。すなわち、日本全体・世界全体、自然・歴史・産業・都市・交通・文化・課題を、「包括的」「具体的」に取り上げた授業が、大学での教職課程科目に求められます。当然ながら、大学で授業を担当するものが、適切な教材を使用するとともに、実際の中等学校の教育現場での豊富な指導経験を活用・教授することによって、「使える」「役立つ」こととなるのは言うまでもありません。本書が、教職課程地誌学の教科書として利用され、将来、「高等学校地理歴史科」教員、「中学校社会科」教員、それぞれの教員として「地理」を担当した場合に、少しでも「役立つ」「使える」ことにつながれば、幸いです。

　役所・企業等の現場でも、担当者になってから、日本全体・世界全体、

自然・歴史・産業・都市・交通・文化・課題を、新たに学ぶことは至難の業であり、「浅く」「広く」でも、大学までに学んでおきたいところです。すなわち、役所・企業等においても、日本と世界の地域の学びは必要です。自己の生活の場として、自己の仕事の場として、日本や世界の各地に行く可能性は十分あり、教員にならなくても、日本全体・世界全体を学んだならば、「役立つ」「使える」こととなります。一部の地域の特定の内容のみの学びならば、まったく「関係ない学び」ということも生じるのです。社会科を、「地理」→「歴史」→「公民（公共）」と学ぶのは、「地理」が社会科の「ベース」であり、「地域」の視点の重要性を示唆しているのです。それも、日本全体・世界全体を学んでこそ「ベース」となるのです。

　勿論、生活・仕事だけではなく、純粋に、「日本各地」「世界各地」への旅行は楽しいものです。なんといっても、視野が広がります。よく言われるのが、「井の中の蛙、大海を知らず」です。「可愛い子には旅をさせよ」と言いますが、これは、「試練の経験」という意味合いに使うものの、「視野の拡大」につながることがあるからです。現在では、テレビやバーチャルで現地に行ったと同様の経験ができるとされますが、計画を立て、準備をし、移動に時間をかけ、現地でくまなくまわり、写真などで記録を残し、余韻に浸りながら移動して戻り、撮影した写真で振り返る、さらには他の人々に感動を伝える、時間と労力を要しますが、貴重な得難い体験です。やはり、「現地に行っている」ということは、「強み」です。筆者も実際、日本では北は北海道の宗谷岬から東の納沙布岬、南は沖縄県の波照間島から西は与那国島まで、北海道・本州・四国・九州は勿論、北海道日本海側離島では、利尻・礼文・天売・焼尻・奥尻、佐渡、隠岐、山口県の萩諸島まで、本州・四国太平洋側では、宮城県の金華山から、伊豆諸島、愛知県の島々、愛媛県の宇和海離島、高知県の柏島まで、瀬戸内海諸島の多くの島々は勿論、九州離島は、壱岐・対馬・五島・甑島・種子島・屋久島、そして奄美群島、沖縄離島は、伊平屋・伊是名・久米島、慶良間諸島、大東諸島、宮古列島、八重山群島まで、まわりました。本書でも、その訪問時の写真を掲載しています。やはり、「地理学あっての地理教育」です。授業では、かつては教室を暗くしてスライド映写機で、現在は中央の大型モ

ニターに、パソコンソフトのパワーポイントで映し出しています。

　筆者の高校生時代は、１年生で「地理」が必修科目であり、大学で取得した教員免許は「高等学校社会科」で、「高等学校地理歴史科」と「高等学校公民科」に教員免許が分かれる以前でした。大学院修士課程においてもまだ「高等学校社会科」の時代で、実際、所有している教員免許状は「高等学校専修免許社会科」です。ちなみに、「高等学校社会科」免許取得者は、「高等学校地理歴史科」「高等学校公民科」免許の両方取得者と同等の扱いです。また、各都道府県の高等学校教員採用試験を受験する場合、社会科関係は、「高等学校地理歴史科」「高等学校公民科」両免許取得者を条件にしている場合が多く、私学の中高一貫校では、さらに「中学校社会科」免許取得が求められることを、教員希望者は心得ておきたいところです。

　かつては「社会科」免許であったため、高校教員免許取得のための教科専門科目は、「地理（地理学・地誌学）」「歴史（日本史・外国史）」「政治・経済」「哲学・倫理」などでした。したがって、文学部・法学部・経済学部等、幅広い学部での専門科目を履修するのが当然でした。地理学では、地理学概論・人文地理学・自然地理学・地誌学・地理学外書購読（Ⅰ・Ⅱ・Ⅲ）、地理学特殊講義等、履修・単位取得ができる地理学科目をすべて履修・単位習得しました。大学院修士課程においても、人文地理学・自然地理学・地誌学・地理教育を履修・単位取得、大学院博士課程後期課程においても、人文地理学・自然地理学を履修・単位習得しました。学部・修士・博士後期のいずれにおいても、人文地理学と自然地理学を一貫して履修・単位習得しています。大学４年生の時に、公立高等学校地理教員採用試験に合格、大学院修士課程地理学講座も９月入試で合格しました。大学卒業後すぐに高等学校教諭（地理）となり、同時に大学院修士課程地理学講座にも進学しました。いわゆる、「二足の草鞋」です。現在と異なり、上越教育・兵庫教育・鳴門教育等の大学院を併設した教育大学は開学前であり、夜間大学院はほとんどなく、基本的に社会人大学院生の入学を想定していない（定職を持ったものの入学を認めない）大学院がほとんどでした。したがって、「二足の草鞋」が可能な大学院は極めて限られており、勤務先との通勤通学をさらに考えると、「１か０」ということになります。各都道府県には、師

範学校を起源とする教員養成系大学や教育養成系学部が設置されていましたが、教員養成系で大学院が設置されていたのは、東京学芸大学と大阪教育大学のみでした。大学院修士課程地理学講座は最短の２年で修了、大学院博士課程後期課程地理学専攻も、高等学校地理教諭の現職のまま進学と、やはり「二足の草鞋」、最短の３年で修了、課程博士号を取得させていただきました。半世紀前の当時は、今ほど大学進学率は高くなく、ましてや大学院修士課程（博士課程前期課程）進学者は少なく、大学院も博士課程後期課程進学者はさらに少ない状況でした。一部の理系大学院を除いて、博士課程後期課程を修了して課程博士号取得者はかなり少なく、単位取得中退、のちに論文博士号を取得するものが一部あったという程度で、その少なさは課程博士号の学位記番号で見て取れます。そこから、博士の学位だけでなく、課程博士か論文博士（本来、論文博と称する）かは勿論、是非とも学位記番号にも注目したいところです。ただし、現在では、理系大学院は勿論、文系大学院でも、相当数の課程博士号取得者が出ています。学位記番号で言えば、三桁から、理系では四桁になっている大学院もあります。なお、大学院修士課程や博士課程後期課程が設置されている場合でも、他の専攻に「間借り」している場合もあり、名目上、地理学専攻や地理学講座所属ではないこともあります。大学院だけでなく、大学学部の学科でも、地理学科と称するのは、西日本では奈良大学だけとなり、特に、西日本方面では、大学学部学科から修士課程・博士課程前期課程、そして博士課程後期課程に至るまで、「地理学」の名称が使用されず、複合的な名称が使用されている場合などがあり、「地理学や地理教育が専門です」と称される方々でも、名目上は、所属の名称に「地理学」が使用されていないことも多いのが実情で、「自称」という可能性も推察されるわけです。

　筆者は、大学卒業後すぐに高等学校地理教諭となり、その後、大学地理学教員に転じ、本書刊行時点で、実に実年数48年の現役地理学教員です。おそらく、高等学校・大学ともに、現役の地理学教員ではトップクラスの教員年数であり、修士号・課程博士号を地理学講座・地理学専攻で取得していることも合わせると、稀少な存在と思われます。そこで、最後に一句、「古稀を越え、現役続く、地理教師」。

● 著者略歴

奥野 一生（おくの　かずお）

大阪府立　千里　高等学校　卒業

関西学院大学　法学部　政治学科　卒業　　法学士

大阪教育大学　大学院　教育学研究科

　社会科教育専攻　地理学講座　修士課程　修了　　教育学修士

関西大学　大学院　文学研究科　地理学専攻

　博士課程　後期課程　修了　　博士（文学）学位取得

　　　　　　　　　　　　　　（関西大学　文博第五十三号）

現在，大学教員

主著：『日本のテーマパーク研究』竹林館，2003 年発行

　　　『日本の離島と高速船交通』竹林館，2003 年発行

　　　『新・日本のテーマパーク研究』竹林館，2008 年発行

　　　『レジャーの空間』ナカニシヤ出版，2009 年発行（分担執筆）

　　　『観光地域学』竹林館，2018 年発行

　　　『日本ネシア論』藤原書店，2019 年発行（分担執筆）

　　　『自然地域学』竹林館，2021 年発行

　　　『テーマパーク地域学』竹林館，2022 年発行

所属：日本地理学会会員

　　　（1998 ～ 2001 年度役員＜地理教育専門委員会専門委員＞）

　　　人文地理学会会員

　　　日本地理教育学会会員

　　　日本クルーズ＆フェリー学会会員（役員＜理事＞）

　　　日本島嶼学会会員（設立発起人，2005 ～ 2021 年役員＜理事＞）

観光地域学

Tourism Regionology　奥野一生著

新ソフィア叢書 No.1
ISBN978-4-86000-377-7・A5判・本体 1800 円＋税

旧版帝国図・地勢図・地形図計50点掲載
観光学総論・観光学概論テキストに最適！

■目次より

観光地理学・交通地理学と観光地域動向
観光地域と観光資源／地域振興政策と観光
鉄道資本と観光地域／船会社と観光
航空企業と観光地域
観光業界と地域社会、宿泊業界を中心として
産業観光と地域社会、鉱業地域を中心として
テーマパークと地域社会／日本の観光地域

```
●日本各地の観光地など
　各20選も表・分布図で掲載

　世界遺産
　世界ジオパークと離島を含む
　　国立公園
　アニメの聖地
　おもな火山
　おもな温泉
　おもな歴史的観光地
　おもな観光による地域振興事例
　テーマパーク・高級遊園地・
　　国際博覧会
　おすすめの観光地・施設 他
```

自然地域学

Natural Regionology　奥野一生著

新ソフィア叢書 No.2
ISBN978-4-86000-455-2・A5判・本体 1800 円＋税

旧版帝国図・地勢図・地形図50点掲載！
自然地理学概論・入門・教職テキストに！

今日、高等学校進学率は極めて高く、高等学校での教育と進路指導は、各自の人生に大きな影響を与える。高等学校の地理総合において、自然環境の学習にとどまらず、人間文化・人間社会に与える影響、そこに至る視点の指導が肝要となろう。勿論、部分的でなく包括的であることも大学教育に繋ぐ上で必要であり、教職を目指す場合、勿論、研究者を目指す場合も、基礎・基本となるはずである。本書では、その求められている状況に対し、大学での自然地理学の教科書として企画したものである。（「はじめに」より）

― 目次より ―
日本の自然地理と自然災害／大地形／安定陸塊地域／古期造山帯地域／新期造山帯地域／山地地形地域と平野地形地域／海岸地形地域とサンゴ礁地形地域／氷河地形地域・乾燥地形地域・カルスト地形地域／ケッペンの気候区分と日本の気候／熱帯気候地域／乾燥帯気候地域／温帯気候地域／冷帯気候地域・寒帯気候地域・高山気候地域／まとめ：日本の自然・鉱産物と歴史、世界の自然・鉱産物と歴史

日本と世界の地域学 *Regionology of Japan and World*　　新・ソフィア叢書 No.4

2023 年 4 月 20 日　第 1 刷発行
著　者　奥野一生
発行人　左子真由美
発行所　㈱ 竹林館
〒 530-0044 大阪市北区東天満 2-9-4 千代田ビル東館 7 階 FG
Tel　06-4801-6111　Fax　06-4801-6112
郵便振替　00980-9-44593
URL http://www.chikurinkan.co.jp
印刷・製本　モリモト印刷株式会社
〒 162-0813 東京都新宿区東五軒町 3-19

Ⓒ Okuno Kazuo　2023 Printed in Japan
ISBN978-4-86000-493-4　C3325